THE
PACIFIC
WAR

Clash of Empires
in World War II

太平洋战争

[英] 道格拉斯·福特 著
DOUGLAS FORD
刘建波 译

北京联合出版公司
Beijing United Publishing Co.,Ltd.

目 录

前 言 5

第 1 章　日本帝国的崛起，1860—1930　1
　　现代日本的崛起：原因与结果　3
　　《华盛顿条约》时代，1922—1929　10
　　日本的爆发，1930—1933　13

第 2 章　太平洋战争的序曲：中国问题，1931—1940　17
　　合作，1933—1937　19
　　侵华战争的政治与战略，1937—1940　21
　　对日本外交关系的影响　25
　　中日之战的教训　27
　　对华战争以及太平洋战争的缘起　33

第 3 章　通往珍珠港之路，1940—1941　35
　　左右命运的决定，1940 年 9 月至 1941 年夏　38
　　最后的交锋，1941 年秋　46

第4章　日本捷报频传，1941年12月至1942年春　55
　　日本获胜的原因　60
　　日本战争机器的缺陷　65
　　日本丧失主动权，1942年3月至6月　70

第5章　同盟国扭转局势，1942年6月至1943年1月　77
　　盟军战争计划的拟定，1941年12月至1942年春　79
　　南太平洋和缅甸的反击，1942年夏至1943年1月　84
　　太平洋战场的军事平衡，1943年1月　95

第6章　战争的动态表现：战略和行动　97
　　同盟国与日本战略的主要目标　101
　　同盟国指挥部与日本指挥部内部的利益冲突　107
　　良策的重要性　112
　　小　结　116

第7章　战术和技术　119
　　海　战　122
　　空　战　131
　　陆　战　135
　　小　结　138

第8章　士气和作战动机　141
　　种族仇恨和意识形态在保持士气中的作用：再看道尔的论文　144
　　灌输的局限性：士兵身上的"人性弱点"　152
　　运用心理战操控人性弱点　157
　　小　结　160

第 9 章　情报战　163
　　太平洋战争爆发前日本和同盟国的情报进展　166
　　战时的成就　170
　　小　结　180

第 10 章　战时经济　181
　　资源的获取　183
　　生产资料的管理　191
　　小　结　197

第 11 章　联盟战争　199
　　同盟国的外交：美国与英国　202
　　与非西方同盟国之间的关系：中国与苏联　211
　　轴心国联盟：只是名义上的联盟？　214
　　小　结　217

第 12 章　战争与大后方　219
　　公众舆论与战争　222
　　战争及其对平民生活的影响　227
　　战争及日本占领地区的亚洲各族人民　234
　　小　结　237

第 13 章　最后阶段，1944 年秋至 1945 年夏　239
　　同盟国：以结束太平洋战争为中心的战略　241
　　日本的选择　246
　　盟军战略的实施，1944 年 10 月至 1945 年 6 月　249
　　小　结　258

第 14 章　原子弹与太平洋战争的结束　259
　　动用原子弹的动机　262
　　原子弹与日本决定投降　271
　　小　结　278

第 15 章　结　论　281

出版后记　296

前　言

太平洋战争以日本向美国和盟国投降而告终，如今已经过去了近七十年，然而仍有许多读者十分关注在这场战争中所发生的一切。目前，已经有许多书籍记载太平洋战争的重大战役，还有许多备受赞誉的电视纪录片。在提及太平洋战争时，无论是专家还是普通读者都会回想起一些熟悉的画面。其中之一，是日本于1941年12月7日突袭珍珠港，打响了太平洋战争的第一枪，美国的多艘战舰被击沉，其中包括"亚利桑那"号（Arizona）战列舰。还有就是日本和美国庞大的航母舰队在太平洋海域对峙，以及美日两国在中途岛、瓜达尔卡纳尔岛和塞班岛等地爆发的空战。地面战中也有许多令人难忘的片段，如普利策新闻奖获奖照片：美国海军陆战队在硫磺岛主峰折钵山（Mt. Suribachi）竖起星条旗，象征美国军队在抗击敌军时所表现出的英勇精神。最后是1945年8月美国在日本投放的两颗原子弹（以及长崎和广岛上空升腾的标志性蘑菇云），而使用此类大规模杀伤性武器的道德合法性一直以来都备受争议。

人们对太平洋战争的兴趣持续不减，同样也是因为这场战争所呈现出的显著特征。首先，太平洋十分广阔，因此在太平洋战争中发生了许多大规模海战。将一国的军事力量部署在绵长的战线上，并投入大量军队与敌军作战，这就要求该国海军能够发明出新式武器。因此，美国和日本在船舰方面的科学技术取得了开拓性进展，如航空母舰、海上飞机及潜水艇等。在太平洋以及东南亚海域岛屿上的地面战中，士兵们也面临极其严峻的条件，例如崇山峻岭、灌木丛生，以及令人难以忍受的热带气候。士兵们的毅力和忍耐力面临着严峻的考验。盟军在海战、陆战和空战中大获全胜，不仅是因为盟军投入的军备比日本充足，更是因为西方武装部队更加擅长找到击败敌军的正确途径，而日本帝国军队的准备就没那么充分。

第二，太平洋战争的特征之一是其残酷程度在其他战争中闻所未闻。美国公众因珍珠港事件而怒气冲天，罗斯福政府借此机会向国会提议对日本发动全面战争，这一决议获得了国会的批准，此次战争行动一直持续到日本完全失去抵抗能力为止。随着战争不断向前推进，盟国中的大多数国家——如英国和中国——一致认为日本应无条件投降；而日本则认为太平洋战争是为了保护亚洲免受西方列强的侵犯剥削。随着战局对日本越发不利，日本的战争目的就变成了保卫祖国免受外国侵略。直至战争的最后阶段，东京政府仍不愿投降。盟国和日本都决心死战到底，双方完全不存在和平谈判的余地。事实上，太平洋战争结束之后，美国及其盟友长期占领日本本土，以确保日本不再有能力发动侵略战争。在人类文明史上，只有少数著名战役是以胜利者彻底改造失败者的政治、社会和经济结构作为结局的。为了理解日本为何会接受如此苛刻的条件，我们不仅要审视太平洋战争本身的性质，还要认识到最初引发这场战争的潜在紧张局势。

本书首先阐述日本发展为大国的原因及结果。随后分析20世纪30年代促使日本在亚洲大陆对外扩张的因素，以及西方国家对于危机日渐加剧的反应，这场危机最终于1941年12月达到顶点，太平洋战争因此爆发。本书随后探究日本在1942年年初迅速占领东南亚和西太平洋海域的原因，并详细分析其中的重大战役，如中途岛战役和瓜达尔卡纳尔岛战役，正是这些战役使得战局从1942年年末开始对盟军有利。随后，本书将焦点放在1943年至1945年战局的军事、政治、经济和外交特征上，在此期间，美国及其盟友的武装部队逐步将日本从其占领的领土上驱逐出去，并最终建立了将日本本土纳入打击范围的军事基地。在结论部分，本书探讨太平洋战争以日本无条件投降结束的原因所在；1945年8月，美国在长崎和广岛投放了两颗原子弹，人们对于这一行动的原因与后果也莫衷一是，本书最后还将试着解决这些形形色色的纷争。

虽然关于太平洋战争的文献已经汗牛充栋，但是大部分作品仅以美国的参战为重点。其中最著名的是约翰·科斯特洛（John Costello）和罗纳德·斯佩克特（Ronald Spector）的著作，他们十分详尽地描述了太平洋战争的整个过程，以及许多重大的战役。[1]然而，他们并没有同等考虑其他参战国发挥的作用，例如英国和澳大利亚。有些学者还记录了日本帝国的许多军事行动，如保罗·达尔（Paul Dull）和林三郎（Saburo Hayashi）。[2]本书旨在整合有关日本行动的相关研究，以便从更加广泛的、多国的角度来分析太平洋战争，从而对比研究作战双方的行为。现有的大量著作也只强调太平洋战争的军事方面。例如，美国海军、陆军、空军和海军陆战队的官方历史仅详细记载了许多大规模战役。[3]本书将从更为广泛的角度分析太平洋战争，重点也

---

[1] J. Costello, *The Pacific War, 1941–1945*（NY: Rawson-Wade, 1981）; and R. Spector, *The Eagle Against the Sun: the American war with Japan*（NY: Vintage Books, 1985）.

[2] S. Hayashi, in collaboration with A. Coox, *Kogun: the Japanese Army in the Pacific War*（Quantico, VA: Marine Corps Association, 1959）; and P. Dull, *A Battle History of the Imperial Japanese Navy, 1941–1945*（Annapolis, MD: Naval Institute Press, 1978）.

[3] For the US Navy, see S. Morison, *Coral Sea, Midway and Submarine Action, May 1942 to August 1942; The Struggle for Guadalcanal, August 1942 to February 1943; Breaking the Bismarcks Barrier, 22 July 1942 to 1 May 1944; Aleutians, Gilberts and Marshalls, June 1942 to April 1944; New Guinea and the Marianas, March 1944 to August 1944; Leyte, June 1944 to January 1945; The Liberation of the Philippines: Luzon, Mindanao, the Visayas, 1944–45; Victory in the Pacific, 1945*, in series *History of United States Naval Operations in World War II*, reprinted version,（Boston: Little, Brown & Co; Chicago: Illinois UP; Urbana: Illinois UP; and Edison, NJ; Castle Books, 1989–2002）.
For the US Army, see J. Miller, Jr. *Cartwheel; the Reduction of Rabaul*; P. Crowl and E. Love, *Seizure of the Gilberts and Marshalls*; P. A, Crowl, *Campaign in the Marianas*; R. Smith, *The Approach to the Philippines*; M. Cannon, *Leyte: the return to the Philippines*, and *Triumph in the Philippines*; R. Appleman, *Okinawa: the last battle*, in series *The US Army in World War II: The War in the Pacific*（Washington, DC: Historical Division, Department of the Army, 1944–1981）.
For an account of the operation of the US Army Air Forces, see W. Craven and J. Cate（eds.）, *The Army Air Forces in World War II, Vol.4, The Pacific Guadalcanal to Saipan, August 1942 to July 144*, and *Vol.5, The Pacific: Matterhorn to Nagasaki, June 1944 to August 1945*（Washington, DC: Office of Air Force History, 1983）.

不仅限于战场层面。本书还从军事高层指挥、政府以及公众的视角记述太平洋战争。最重要的一点是，现有的文献大多是20多年前的，而鲜有文章涉及最近从英国和美国档案馆解密的许多档案。这些材料进一步揭示了某些关键问题，如情报活动以及对敌方的认识是如何影响盟国和日本的战争活动的。

任何关于太平洋战争的研究都需要深入分析某些关键性问题。本书首先向读者介绍太平洋战争爆发的原因，详细探究敌方想要获取的利益。在欧洲战场，亚太地区的冲突主要是轴心国为了掠夺新领土实施了一系列举措，而这些举措侵犯了当时的世界强国——美国、英国和苏联——的利益。在太平洋战争爆发之前的几十年里，日本面临着许多政治问题和经济问题，与其盟友德国和意大利遭遇的问题十分相似。日本是自然资源匮乏的岛国，它只有通过外贸才能获得工业发展所需的原材料，同时外贸也能为其产品提供可靠的经济市场。19世纪末、20世纪初，日本效仿世界领先的强国，在亚洲建立海外殖民帝国。

然而，由于日本是参与殖民地争夺的后来者，其领导人发现更加强大的、已经建立殖民帝国的国家——尤其是英国——常常会妨碍日本的介图。美国也于19世纪末染指远东地区。日本根本就无法在不引起其他国家反对的前提下取得任何重大进展。同时，1918年"一战"结束之后，各国间的利益冲突变得更加明显，当时东京政府明确表示日本应获得奖励，以作为其支援西方国家与德国作战的回报。在1921年至1922年举行的华盛顿会议上，美国和英国劝服日本限制海军建设，并且不要再提出进一步的领土要求。尽管日本政府对于这一结果十分不满，但还是遵守了《华盛顿海军条约》的相关条款，原因在于日本不想与其他国家断绝贸易关系。要想保持经济持续增长，日本就必须与其他国家保持良好关系。1929年至1933年全球经济衰退，日本经济陷入低迷，因此日本军方决定占领亚洲大陆，以掠夺大陆上的自然资源，只有这样日本才能走出经济困境。20世纪30年代末，不满于现状的强国——德国、意大利和日本——引发了世界大战。

鉴于美国在日本的战败中扮演着最重要的角色，因此人们普遍认为，美国是日本的首要敌人，然而事实上，该战是由日本与其他国家之间的冲突所引发的，因此其他国家的重要作用不容忽视。[①] 最开始，中国是日本的主要敌人，1931年日本帝国占领中国东北的北部省份，试图重新划分远东地区的殖民地。1937年，日本与中国在北京发生冲突，随后日本发动全面侵华战争。此后，征服蒋介石领导的国民政府成了日本的主要目标，希望以此全面控制中国。然而这一计划最终失败，随后日本帝国的军队开始转向东南亚，企图包围中国。1940年年中，日本还因欧洲战场的战况而大受鼓舞，当时德国已经攻陷法国和荷兰，也就是说它们已经无暇顾及其在远东地区的殖民地。英国也无力维持其在亚洲地区的殖民地位，因为德国军队正对其虎视眈眈。随着日本的南下，欧洲殖民帝国的利益受到严重挑战。在经济危机尚未完全渡过的情形下，美国总统富兰克林·罗斯福（Franklin Roosevelt）为了支援美国的盟友，决定对日本实施经济制裁。当时东京政府领导人面临两难的境地，日本要么接受美国的要求以达到解除经济制裁的目的——即日本放弃其在亚洲大陆上所征服的大部分领土——要么吞并英属马来亚和荷属东印度群岛以获得新的原料来源地。后者显然会引发美日冲突，但是美国提出的恢复贸易的条件也同样毫无吸引力，对日本而言，这无异于向敲诈威胁屈服。日本领导人不愿意作出让步，因此决定向西方国家发动战争。由此可以看出，太平洋战争爆发的原因不仅仅是因为美日之间的冲突，亚洲以及其他地区发生的一系列战争都是原因的一部分。

太平洋战场上的战争还应与同时发生在欧洲战场上的战争联系在

[①] See A. Iriye, *The Origins of the Second World War in Asia and the Pacific* (London: Longman, 1987).

一起。站在轴心国的立场来看，日本与其盟友德国和意大利的意识形态十分接近：三者都想重新构建全球势力体系。为了实现这一目的，它们结盟以对抗共同的敌人——美国和英国。此外，虽然苏联直至"二战"后期才对日本宣战，但是消灭共产主义政权也是轴心国共同的目标。虽然日本、德国和意大利于1940年9月签订了《德意日三国同盟条约》，但是东京政府和柏林政府以及罗马政府之间的合作仍十分有限。关于轴心国未能协调总体战略的原因，以及日本发动战争造成的影响，本书将在后续章节详细论述。

站在同盟国的立场来看，德国是最具威胁的敌人。因此，欧洲战场常常被视为第一战场，而太平洋战场则被看作第二战场。基于此，我们必须以整个欧洲战场的战况进展为背景来看待抗击日本的战争行动。因为美国和英国无法派出同打击德国一样精锐的部队与日本作战，因此英美两国在亚太地区的战争行动会相互影响。

第二个关键性问题是同盟国战胜日本的主要原因。某些学者将其归因于物质因素，如经济能力和工业生产力。约翰·埃利斯（John Ellis）向我们展示了美国如何利用其丰富的物资供给以及生产工厂制造出数量远超日本的军舰、飞机以及其他相关设备。[1]近来，包括理查德·奥弗里（Richard Overy）在内的一些学者认为，物质上的数据并不能说明一切；他们指出，我们还应该看到同样重要的其他因素，如武器装备的质量以及它们在战场上的使用方式。[2]先进的工业技术固然使得同盟国赢得"二战"的概率更高，但是千万不要认为一切早

---

[1] J. Ellis, *Brute Force: Allied strategy and tactics in the Second World War* (London: Andre Deutsch, 1990), pp. 495, 538.Similar arguments can be found in P. Kennedy, *The Rise and Fall of the Great Powers: economic change and military conflict from 1500 to 2000* (London: Harper-Collins, 1988), pp. 456, 458–9; A. Millett and W. Murray, *A War to be Won: fighting the Second World War* (Cambridge, MA: Belknap, Harvard UP, 2000), pp. 204, 337–8, 351–2, 527–45; G. Weinberg, *A World at Arms: a global history of World War II* (Cambridge: CUP, 1994), p. 338.

[2] R. Overy, *Why the Allies Won* (NY: Norton, 1995), pp. 2, 5–6, 192, 318, 345.

已成定局。经济力量必须被用来建造高效的战争机器，而这台机器的表现不仅取决于定量的因素，还受到许多无形因素的影响，例如战斗人员的训练和技能，以及最高统帅所作的决策。

本书将会强调这样一种观点，有效的规划和恰到好处的物资调动与绝对的军事实力同样重要。毕竟，太平洋战争是一场全面战争，战争的胜利取决于参与各方是否有效利用本国的经济资源。美国及其盟国的处境更为有利，因为它们有更多的原材料、工厂和人力资源可供使用。然而，为了战胜敌人，这些资源必须被用来生产武器。政府常常会介入其中，以确保军工厂生产的武器型号和数量符合要求。政府也会向各个工厂分配原材料和人力资源，只有这样军工厂才能完成生产指标。就这点而言，同盟国对生产力的调节要比轴心国更有效率，当然也比日本效率更高。然而，日本的战败不仅是因为其经济产量难以与同盟国匹敌，同时也因为日本政府无法以最优的方式利用有限的资源。因此，仅就军备层面而言，对一国经济能力的管理协调极为重要。

在实际的战斗中，要想成功就必须在许多关键领域有出色的表现，例如战略领域和军事行动领域。亚太战场上难以进行大规模军事行动的主要原因之一是距离太过遥远——各国想要到达战争前线，首先要穿越浩瀚无垠的太平洋。举例来说，日本本土和新加坡之间相隔4800公里的水域，恰好是不列颠群岛与美国东海岸之间的距离。

日本距离美国珍珠港海军基地也同样遥远。同盟国的军队也面临着同样的难题。例如，美国特遣部队为了赶到盟军位于澳大利亚的前线基地，不得不从美国西海岸的港口（其中包括长滩、加利福尼亚港和圣弗朗西斯科港）横渡1.6万公里公海。西方国家和日本的移动能力远远无法满足当时的状况。因此，太平洋战场上的交战各国都争先恐后采用全新的海军和空军力量部署方式，这一点并非偶然，因为这对于抢占先机和赢得战争来说至关重要。军事基地的建立同样也要求海空两军具备迅速跨越海洋的能力，而且对防守严密的岛国发动突然袭击也能迅速瓦解其反抗力量。在遥远的地区——如新几内亚和太平洋上的岛屿——建立起为武装部队提供军需的后勤网络也绝对很有必要。

最初，日本帝国海军（IJN）和日本帝国陆军（IJA）在战略和战术层面上都占据优势地位。在"二战"初，盟军被日本赶出了其在东南亚和西太平洋建立的大本营，其原因在于日本海军拥有的船只和飞机数量远远超过了同盟国在这一地区的实力。而且日本军队背后还有一条长长的后勤链，为其源源不断地提供军需和补给。然而，至1942年中期，日本部队的战线拉得过长，以致无法再征服更多的领土。更糟糕的是，日本最高统帅部并没有预料到日本帝国会遭到大规模的防守式反击，因此在随后的战斗中，日本根本就没有时间充分准备。从另一方面来看，同盟国不仅能够建立起规模更加庞大的部队，还有能力提供充分的补给。同盟国的策略是逐步夺回日本所据领土，掌握太平洋的控制权，为最后袭击日本本土腾出空间。该计划后来被证明是实现同盟国最终目的的最佳途径。同盟国制定这一计划的初衷是为了将死亡人数降到最低，同时也是为了以最高效的途径击败最多的敌人。再次强调，以美国为首的盟国正是因为对军事力量的高效运用才得以实现了最初的目标。

制定正确的策略同样十分重要。鉴于海军和空军部队的部署受地理因素的影响，因此同盟国和日本都在该领域推陈出新。在地面战斗中，交战双方必须变更战斗方式，改变作战武器，这样他们才能在东南亚与太平洋岛屿普遍存在的崎岖地带以及丛林密布的地区作战。再次声明，日本在战斗初期一直处于优势地位，但最终还是被同盟国打垮了。日本帝国海军在地面和空中的作战能力首屈一指。日本鱼雷的杀伤力和杀伤范围远超西方国家，给盟军的特遣部队造成了严重的损失。日本空军研发出零式战斗机，其速度和机动性能远超对手的飞机。而且日本飞行员也十分擅长轰炸舰艇，击落敌军战机。日本帝国陆军的成功同样值得注意。日本陆军不依赖机动设备就能进行长途行军，而且可以凭借灵巧的机动能力，在不使用重型武器的情况下占据敌方阵地。相比之下，西方部队则极为依赖机械化装备，因此在崇山峻岭、灌木丛生的地带，其机动能力就大大受限。然而，日本只有在面对比它弱的对手时才能一直稳坐胜利的宝座。1943年，盟军投入使用更大规模的现代军备。相反，日本在战争期间一直无法取得重大技术突破，其主要原因在于日本帝国的军官认为他们的技术和装备是世界一流的。这种观念更加速了日本陆军和海军的战败。同样，同盟国也意识到需要研发出战斗效率更高的作战方式，而这也是盟军大获全胜的关键因素之一。

　　第三，同时也是最后一个关键问题，是极具争议性的种族和意识形态问题。同盟国与日本之间的种族差异对交战双方的观念造成了深远的影响，少数历史学家——约翰·道尔（John Dower）除外——甚至还详细研究了该问题。[1]道尔更为关注的是日本和美国民众所持的观点，以及在前线交战的士兵的态度。从他的著作来看，双方都认为对方没有人性，而且相互之间的仇视也促使太平洋战争的暴力程度远超其他战争。对日本人来说，太平洋战争是为了完成他们的国家使命，即将亚洲人民从西方殖民帝国的统治中解放出来。大和魂（Yamato tamashii）精神宣称日本人都是太阳神的后裔，他们与生俱来就是远东地区的主宰民族，正是这种精神推动日本军官和决策者作出各种决定。此外，日本人认为他们与西方帝国主义之间的战争是一场神圣的战争，而日本士兵和平民正是在这种狂热信念的驱使下义无反顾地投入战斗。无论是在战争前线还是战争后方，人们对战争的热情也在这种思想的支撑下得以维系，而日本人也在这种信念的驱使下不愿投降，这一点已经被无数日本人证实。同样，对美国及其西方盟友而言，太

---

[1] J. Dower, *War Without Mercy: race and power in the Pacific War* (NY: Pantheon, 1986).

平洋战争就是为了消灭所谓的"黄祸"①。在"二战"之前，西方人常常觉得日本是不发达国家，因此也没有能力造成任何军事威胁。因此，日本在战争初期大获全胜的消息既令人不安，又让人觉得羞耻。同盟国认为日本既残忍又野蛮，不值得以人道主义的方式对待他们。道尔认为，在决策者看来，战斗人员和平民一样，被敌人羞辱的感觉是发动战争最为关键的激励因素。

本书将会重新研究上文提到的种种论点，并向大家解释种族观念和意识形态观念是如何成为造就战争行为的诸多因素之一的。对于高居庙堂之上的决策者以及在战场冲锋陷阵的士兵来说，各种决定常常会被实际情况左右，例如如何最有效率地击溃敌军。因此，对军事需要的考虑，以及对胜利的渴望更加决定了太平洋战争的战斗方式。

接下来的章节将会让读者更加深入地了解经济、政治以及战略的因素，20世纪30年代的日本正是在它们的推动下在亚洲大陆实行扩张政策，而日本于1941年12月与西方国家开战的根本原因也是它们。本书将会解释日本在战争初期迅速占领东南亚和西太平洋的原因，以及试图攻入日本本土的美国及其盟国所面临的复杂局面。此外，后续章节将详细分析日本在战争中的优缺点。最后，读者将更加明白，为什么太平洋战争在原子弹的爆炸声中结束，以及日本为什么会无条件投降。

---

① 黄祸论是针对亚洲黄种人的一种理论，宣扬以中国人为主的黄种人对白种人构成了危胁，白种人应该联合起来对付黄种人。——编者注

第 1 章

日本帝国的崛起，1860—1930

日本在19世纪末、20世纪初发展为现代化国家，亚洲的政治格局和战略格局也因此发生了重大变化。日本的崛起也对那些已经在亚洲建立势力范围的强国——英国、俄国和美国——构成了威胁。直至1900年，这三大强国占领了亚洲的大部分领土，并控制了进出亚洲的各个通道。西方列强的统治地位在很大程度上仍十分稳固，因为当时远东地区没有哪个国家具有改变现状的军事实力和经济能力。然而，随着日本逐渐发展为世界强国，日本与亚洲大陆比邻的地理位置更为日本军队的转移以及发展成为帝国提供了得天独厚的条件。在东京政府公然昭示其想要在亚太地区分一杯羹的企图之后，日不落帝国带来的威胁也成为现实。不过，虽然日本国力的发展确实引起了西方国家的担忧，但是直到第一次世界大战（1914—1918）之后，除了俄国之外，没有一个国家有与日本发生冲突的理由。日本领导者明确表示，日本希望能与其他国家保持友好关系，而且当时的日本确实没有侵略扩张的企图，直到经济大萧条对日本经济造成了巨大的影响，日本军方认为日本的问题只有通过征服新的领土才能解决，即使这种行为有激怒外国列强的风险也在所不惜。

现代日本的崛起：原因与结果

直至19世纪中叶，在亚洲占领领土最多的国家是大英帝国。英国控制了印度次大陆，在中国建立了一系列商业往来的渠道，同时还在马来半岛和加里曼丹岛北部地区建立了殖民统治。俄国则是远东地区的另一个强国。沙俄帝国不断向其欧洲本土以外的地区扩张；1860年，俄国在日本海建立港口城市符拉迪沃斯托克之后将其占领，使之成为俄国在太平洋上的据点；俄国还企图侵略中国和朝鲜等国家的领土。虽然当时美国并没有介入国际事务，并且采取孤立主义政策，但是美国的商船早已在远东地区的海域上乘风破浪了。因此美国也有了在该区域打击敌对国家的动机。

日本无法成为世界领先的强国，至少在18世纪后期绝无可能。当时日本的社会制度就像是中世纪的采邑制度，被称为大名主（daimyo）的领主以及统治阶层的武士（samurai）所统治。当时日本没有中央政府，因此无法进行帝国主义式的扩张。日本人还有意将自身与外界影响隔绝开来，自16世纪德川（Tokugawa）时期开始，日本就采取闭关锁国政策，不让外国人进入其领土。日本的闭关锁国就等于将科学和技术知识拒之门外，而这些正是日本实现现代化所必需的。实际上，日本甚至不是一个单一民族国家。

然而，半个多世纪之后，日本就发展成为国际事务中的重要玩家。1854年美国海军准将马修·佩里（Matthew Perry）率领"黑船"驶入江户湾（东京湾）时，日本几个世纪以来紧锁的大门被强行打开，佩里还要求日本政府准许美国的捕鲸船进入日本领土使用燃料和供给设施。随后，日本内部分为两派，一派希望打开国门与外国通商，而另一派则想要继续闭关锁国，日本因此陷入内战。这场纷争一直持续到1868年才结束，幕府统治被推翻，明治天皇成了日本的最高统治者。中央集权的政府得以建立，而且这是日本在其2000多年的历史上第一次统一。接下来的几十年里，日本迅速实行现代化，日本人民齐心协力发展政治、经济和军事。1894年至1895年，日本军队击败中国并占领台湾，日本作为现代化强国的地位得以确立。1902年，在日本与英国签订了第一个正式的条约之后，其身份才被国际社会认可。两年之后，即1904年，日本向俄国宣战，并于次年的对马海战中击沉了沙皇的舰队；同时也在中国东北平原摧毁了俄国军队。日俄战争是有史以来欧洲强国第一次被非西方国家击败的战争。在美国总统西奥多·罗斯福（Theodore Roosevelt）的调停下，日俄签订了《朴次茅斯和约》，该和约规定俄国将其在黄海海岸占领的旅顺港让给日本，同时还有库页岛以南部分。1911年，日本在朝鲜半岛建立殖民地之后继续扩张，试图征服更多的领土。1914年至1918年的"一战"中，日本加入协约国一方。日本帝国军队不仅占领了太平洋以南地区，还夺走了德国在亚洲的所有殖民地。第一次世界大战之后，日本海军迅速跃居世界第三，仅次于美国和英国。在1919年的巴黎和会上，日本领导人受邀作为盟国及其相关国家的"五强国"（Big Five）成员之一列席会议。

因此问题就来了，日本这个资源匮乏的小岛国是如何在这么短的时间里崛起为世界强国的？许多因素促成了日本的发展，其中第一个因素是日本统治精英决意不受西方国家控制的决心。[①]日本领导人已经注意到中国遭到西方国家的经济剥削，东南亚的大片地区也在同样的方式下被殖民化，因此他们得出结论，日本要想避免同样的命运，必须进行彻底的改革。简而言之，经济上以及军事上的扩张是日本保障国家安全的必要手段。日本煞费苦心努力按照西方的模式来发展自己。仅1871年至1873年两年时间里，日本就派出了350多名公民前往海外学习有关国家的重要知识，如政府管理、现代化和军事建制等。[②]随后便是日本迅速变革的时期。日本以普鲁士为样本制定宪法和法典；教育系统不断扩大，因此当时日本的文化普及率高得惊人。同时，日本政府向各大企业提供补贴，使得日本最终在纺织品出口上占据领先地位。日本政府还鼓励修建公路、电话和铁路系统，开发海运航线。为了建立强大的海军，日本还从英国皇家海军以及法国和德国的总参谋部引进专家。日本认为，要

[①] Kennedy, 1988, pp. 265-9.
[②] W. Beasley, *The Rise of Modern Japan*（NY: St. Martin's 1990）, pp. 87-8.

想不被西方国家控制就必须效仿它们实现经济繁荣的途径——即建立海外殖民地。这样做不仅能攫取原材料，还可以为各种产品建立垄断市场。虽然日本的统治阶层将推动改革作为防御的手段，但是建立帝国是这一战略中至关重要的一环。① 1900 年，虽然日本在经济发展方面仍远远落后于西方国家，但是它已然具备实施帝国主义政策的必要条件，例如足够的资本盈余和工业产量，再加上足够强大的军事力量。

还有另外两个因素促进了日本的发展，第一个是士气。日本人拥有很强烈的文化认同感，而且日本领导人还定期宣传这样一种理念，即他们在国际社会中处于特殊的地位。日本的世界观很大程度上是由数个世纪传承下来的传统理念塑造而成的，传统理念鼓吹大和民族的优越性，宣称他们是太阳神的后裔。因此，神话是政治生活中极其重要的一部分。朝拜皇帝的传统，再加上教育体制对纪律和忠于国家的强调，因此，日本民族能够保持较高程度的民族凝聚力，人民也具有强烈的职业道德感，国家也就能优化其资源配置。日本军事力量的增强也同样与士气有关。日本武士阶级重视荣耀的民族气质，以及号召武士为主君和国家牺牲生命的"武士道"（bushido）精神，这些时刻铭记于每个士兵的心中，从 19 世纪末 20 世纪初日本人与中国和俄国的交战表现就可以看到这一点。毫无疑问，士气对于增强日本陆军和海军的作战能力大有裨益，有时候足以弥补他们在物质和技术上的欠缺。

日本在公众中大力推广泛亚细亚主义（Pan-Asianism）的理念，即日本有道德上的义务将远东地区从西方国家的剥削中解放出来。明治天皇在位的时期，资深政治家、商业巨头以及知识分子等统治精英一起编造了一种国家意识形态，宣称日本命中注定就是要

---

① E. Norman, *Japan's Emergence as a Modern State: political and economic problems of the Meiji Period*, Reprinted version (Westport: Greenwood, 1973), pp.121–5.

在亚洲担任领头羊的大国。① 其目的是为了统一民众共同向着现代化前进，并让公众支持政府的行为。日本于 1890 年首次公开宣布要建立日本人统治的亚洲的政策，当时的日本首相山县有朋（Yamagata Aritomo）在备忘录中宣称，为了自力更生跻身世界强国之列，日本必须要界定其"主权的界线"②。更明确地说，其影响力的范围被界定在日本本土及其毗邻地区，其中包括朝鲜和中国。备忘录的内容暗示日本要采取坚决的行动以保卫大日本帝国，即使要将亚太地区的外国列强驱逐出去也在所不惜。广大日本百姓已经接受这种关于日本特殊角色的观念。爱国组织四处宣扬亚洲已经被西方帝国主义包围，军界公然表示，如果放任远东地区沦为殖民地，那么日本将自身难保。换句话说，日本人将自己视为解放者，其职责是建立以他们为中心的新秩序，并帮助邻国走上发展之路。日本帝国军队在与中国和俄国的对战中很快就取得了胜利，这一点也强化了他们心中的优越感，日本领导人也更加有胆量去扩大日本的势力范围。

对日本有利的第二个因素是地理因素，日本本土及其主要势力范围离强大的对手十分遥远。亚洲大陆上只有正在衰亡的大清帝国。此外，西方列强在亚洲建立殖民统治的时候，日本因为地理邻近更有利于在亚洲大陆上建立势力范围。俄国在 1904 年至 1905 年的战争中以高昂的代价吸取了一次教训，英国和美国在太平洋战争前夕试图保住它们在马来亚、菲律宾和香港的殖民地时也被日本教训了一番。地理因素更为重要，它让日本处于开拓海外市场的绝佳位置。日本本土则可以远望连接北美和亚洲的太平洋。同时还有许多深水港，如东京湾

---

① See W. Beasley, *Japanese Imperialism*, *1894–1945*（Oxford: OUP, 1987）, chapter 3; R. Benedict, *The Chrysanthemum and the Sword: patterns in Japanese culture*（Cambridge, MA: Riverside, 1946）, chapter 4; C. Gluck, *Japan's Modern Myths: ideology in the late Meiji period*（Princeton: Princeton UP, 1985）, especially chapters 1–2, 8 and Epilogue; C. Tsuzuki, *The Pursuit of Power in Modern Japan*, *1825–1995*（Oxford: OUP, 2000）, pp. 133–15.
② R. Story, *Japan and the Decline of the West in Asia*, *1894–1943*（London: Longman's, 1979）, pp.15–17.

和濑户内海,商船可以在那里补充物资。因此,日本从成为世界上最重要的贸易航线之一中获得了许多重大利益。

然而,虽然日本已经占据一定的优势,日本政客也发出了野心勃勃的言论,但是扩张主义政策的实现仍面临重重困难,其中最大的困难是日本没有足够的资源可以支撑它发动一场大规模战争。政治领导人也意识到日本经济的持续增长越来越依赖西方国家以及日本与外界的繁荣贸易。基于此,日本政府希望与西方国家——尤其是英美两国——保持良好的关系。日本的目标是成为国际社会中受人尊重的一员,而且为了避免国家分裂以及国家利益受损,用某位历史学家的话来讲,日本"行事谨慎、现实"[①]。

对那些在亚洲享有利益的西方国家而言,日本的崛起显然是个威胁。1905年俄国战败之后,暂时停止了其在远东地区的帝国主义活动,并开始将注意力集中在巴尔干半岛地区,因此只有美国和英国限制着日本的扩张。然而,直到20世纪20年代,两国都没有极具说服力的理由来发动战争。从英国的角度来看,日本帝国海军的出现确实是不容忽视的挑战。而且,局势更为复杂的是,大英帝国在1900年过分扩张其在亚洲和非洲的领土,因此得罪了法国、俄国和德国,而且很有可能会与它们产生冲突。伦敦政府的政客坚信,要不是英国不想招惹太多的敌人,日本必将被征服。英日于1902年签订条约,它们之间的冲突因此得以缓和。基于该条约,英日两国承诺互不侵犯各自的利益,并且在一方与第三方发生冲突时,另一方保持中立。它们之间结盟的亲密关系一直维持到"一战"结束。

美国也在日本的扩张中损失惨重,并意识到其在太平洋的地位正受到威胁。美国与中国建立了许多重要的经济纽带,同时还建立了一系列岛屿基地以确保其海上通道,其中包括夏威夷、关岛和菲律宾。

[①] A. Iriye, *After Imperialism: the search for a New Order in the Far East*, 1921–31 (Cambridge, MA: Harvard UP, 1965), p. 6.

早在1907年，美国海军就制定了假设美国与日本海军爆发冲突的"橙色战争计划"（War Plan Orange）。如果发生战争，美国舰队将驶向菲律宾，再北上与日本帝国海军联合舰队展开决战，然后封锁日本本土以阻断其物资供给。[1]然而，我们不能夸大该战争计划的重要性。该战略是以美国海军必须准备好与最强大的海军舰队作战为中心思想而制定的。对日本的敌意被限定在美国部分民众身上，特别是那些生活在西海岸各州的公民——日本移民大量流入这些州。而其他州的民众则倾向于与日本和平共处。1911年美日之间达成贸易协定，以确保双方每年进行一定程度的贸易活动，这也预示着美日之间的关系更加紧密。因此，在西方国家的眼中，日本是潜在的对手，但是绝不可能打破亚洲地区的势力均衡。人们普遍认为，只要英国和美国投之以桃，日本就会报之以李。

然而，第一次世界大战期间，局势发生了相当大的改变。日本的行为使得各国开始怀疑其想要侵犯其他国家的利益。1914年年末，日本在加入"一战"的几个月里占有了德国在中国的所有特权，其中包括青岛以及德国在太平洋上赤道以北的岛屿。随着日本迅速取得胜利，日本政府壮着胆子试图强化其在亚洲的影响力。1915年5月，日本外相加藤高明（Kato Takaaki）向中国提出"二十一条"要求，其中包括控制中国的邮政系统和海关，以及保证日本顾问在行政部门任职。这"二十一条"要求无异于要求最大化的领土权利。中国政府默许了这些要求，虽然日本取得了突破性进展，但是它的名声也毁于一旦。1918年，"一战"临近结束，美国和英国开始担忧日本的称霸野心。美国尤为担心太平洋地区发生海军军备竞赛，也害怕日本的行为打破亚洲的势力均衡。英国政治家同样对此表示担忧。英国外交部以及首相劳合·乔治（Lloyd George）及其之后的政府都怀疑，保持英日之

---

[1] E. Miller, *War Plan Orange: the US Strategy to defeat Japan, 1897–1945* (Annapolis: Naval Institute Press, 1991), pp. 19–114. "Orange" was the color code which US defense planners designated for Japan's forces.

间的联盟是否是明智之举。随着美国和日本之间的不信任感与日俱增，如果英国继续与日本保持联盟关系，英美之间的关系可能会疏远。同时，如果废除该条约，日本就会成为敌人。然而，英国在经历过"一战"之后，其经济资源和人力资源已经不足以支撑起另一场战争。

《华盛顿条约》时代，1922—1929

美国担忧美日关系持续恶化会引发远东地区的战争，因此美国总统沃伦·哈定（Warren Harding）于1921年至1922年召开了华盛顿会议。三大海洋强国，美国、英国和日本分别派代表参加了此次会议，同时出席的还有许多欧洲国家的代表，此次会议的目的是签订条约，以维持现状。会议上达成了许多协定，其中最重要的是对海军配额的限定。美国海军、英国皇家海军以及日本帝国海军将主力舰的总吨位明确限定在5∶5∶3的比例。并且在接下来的10年里不准再制造新的主力舰，一切关于船舰的制造工作全部暂停。因此，20世纪20年代日本被迫放弃"八八舰队"计划，该体系要求建造8艘新的战列舰和巡洋舰。美国和英国因此认为日本已经失去对它们的利益造成威胁的能力。

至于领土问题，《九国公约》规定包括日本在内的各签署国禁止对中国提出进一步的领土要求。攫取经济特权的问题被搁置，贸易及经济上的纠纷要与中国协商和平解决，若不能解决，则与九大国商议。最后，引起美国强烈不满的英日同盟被《四国条约》所替代，由美、日、英、法共同签署。

尽管《华盛顿条约》最初是为了给出一系列切实可行的解决方案，然而侵蚀西方利益的危险并未消除。首先，日本军界与海军对该条约十分不满。[①]四国中，日本配给的海军军舰吨位是最低的，而且在日

[①] See S. Asada, "From Washington to London: the Imperial Japanese Navy and the politics of naval limitation, 1921–30", and D. Armstrong, "China's Place in the New Pacific Order", in E. Goldstein and J. Maurer (eds.), *The Washington Conference, 1921–1922: naval rivalry, East Asian stability and the road to Pearl Harbor* (London, Frank Cass, 1994), pp. 156–62, 255–6.

本看来，英日之间的条约被取消，就是图谋取消日本的特权。在整个20世纪20年代，海军军令部部长加藤宽治（Kato Kanji）手下的许多海军军官将推翻该条约作为自己的主要目标。日本帝国陆军也对于禁止日本在中国获取更多领土的条款感到愤慨。西方国家也意识到与日本之间的和平关系并不能保持长久。美国的国防官员认为战争在所难免。美国为制定海军和陆军联合作战计划而设立的联合委员会，也将日本标记为"极有可能成为敌人的国家"[1]。同样，英国人也认为，英日之间关系日渐恶化，英国需要为可能的战争作好准备。1919年早期，在第一海务大臣（First Sea Lord）约翰·杰利科（John Jellicoe）和其继任者贝蒂伯爵（Lord Beatty）的支持下，英国海军部计划在新加坡建立前线基地，以便在远东地区爆发战争时，英国皇家海军能够从该基地出发参战。内阁于1921年接受了该议案。

更要命的是，《华盛顿条约》并没有建立确切的机制，以确定日本是否遵守了军备限制的约定。这在很大程度上要归因于美国的孤立主义情绪。美国领导人所关心的仅仅是停止海军军备竞赛，而没有任何意图去建立一个组织以防止此类事件再次发生。[2]在此情形下，从长远来看，对日本的约束前景并不乐观。

就战略层面而言，该条约规定战争中的日本帝国海军可以在西太平洋水域四处移动而不会遭到反对。"不设防"条款禁止美国在关岛和菲律宾建立基地，因此美国要想在极为贴近日本本土的水域维持和平时期驻军就十分困难。[3]英国同样不准在新加坡以北（如香港）设立基地。整个20世纪20年代，经济问题也束缚着英国，使其无法在新加坡建立基地，而且这个时期的英国也无心保护其在亚

---

[1] L. Morton, *Strategy and Command: the first two years*, in series United States Army in World War II: The War in the Pacific（Washington, DC: Office of the Chief of Military History, 1962-89）, p.27.
[2] T. Buckley, "The Icarus Factor: the American pursuit of myth in naval arms control, 1921–36", in Goldstein and Maurer（eds.）, 1994, pp. 134-6.
[3] Miller, 1991, pp. 75-6, 114.

洲的利益。[①]1941年，西方国家与日本爆发战争的可能性越来越大，而它们无力在远东地区维持大规模驻军的坏处也越来越明显。

尽管《华盛顿条约》存在许多漏洞，然而20世纪20年代的大部分时间里，亚洲局势还是十分稳定的。日本文人领袖在广大人民群众的支持下统治日本政府，此时日本议会中和平派系仍占多数席位。执政党倡导不侵犯政策，这一点与日本"一战"之前领导人的想法相同。[②]军队中要求迅速重整军备并实行帝国主义扩张的强硬派因此受到约束。1923年关东大地震的余波进一步强化了日本与美国保持友好关系的需要，在这次地震中东京的大部分地区以及邻近的横滨港损失极为惨重。当时日本经济面临着衰退的危险，在美国为其提供了大量财政支持和物质援助之后才得以幸免。日本在此次事件中再次发现了与西方国家维持友好关系的重要性。

远东地区安全问题的主要威胁来自中国爆发的内战。清朝在1911年被推翻，袁世凯担任中国首位总统。然而，北京中央政府因缺乏民众的支持，其根基日益不稳，同时还要与许多敌对派系作斗争，其中最重要的一派是国民党。中国共产党也在这场权力之争中扮演着重要角色。国民党和共产党都想让中国摆脱外国势力的影响，并且反对北京政权仍允许西方列强在中国强加经济和政治影响力的政策。北京政权还要应付手中控制着大片土地的军阀发出的各种反对声音。1924年，这种动荡局面出现了戏剧性的转变，北洋军阀张作霖率领部队向长江流域进军。国民党决定采取极端的措施。1925年，国民党领导人孙中山逝世，蒋介石被选为党中央执行委员，他提议向中国东海岸的主要港口发起北伐运动。1927年，国民党抵达中部地区，并于次年在南京建立南京国民政府。

这些进展引起了日本人的担忧，他们觉得日本在中国的利益受到

[①] S. Kirby, *Singapore: the chain of disaster*（London: Cassell, 1971）, pp. 11–18.
[②] Iriye, 1965, pp. 24–8.

了威胁。东京政府认为，不属于日本的领土始终都在中国的掌控之下，而且日本帝国陆军没有权利介入其中。这一政策遭到政府中好战派的反对。具体而言，他们对于政府的无动于衷感到愤怒。田中义一（Tanaka Giichi）及其立宪政友会于1927年掌权之后，日本就开始使用武力来保卫其在中国的利益，并出兵中国山东。与此同时，日本在几个月之后退兵，日本首相田中义一还发表书面声明，正式承认国民党所取得的领土，并宣称日本将会支持温和夺权的政党。

然而，直至20世纪20年代末，日本的侵略扩张主义还处于萌芽阶段。以保护日本在华利益为己任的关东军渐渐获得了政策的控制权。其中最暴力的事件是1928年6月对张作霖的暗杀。张作霖在前往奉天与日本谈判的火车上被炸死。河本大作（Komoto Daisaku）麾下的军官认为消灭张作霖有助于加强他们在中国东北的影响。回到东京，田中义一提出的与中国合作的政策遭到了反对党的抨击。此时，日本着手实施领土扩张政策所需要的是一场重大危机，足以引起国内人们普遍要求进行此类行动的危机。

日本的爆发，1930—1933

1929年至1933年全球经济衰退，日本政坛陷入一片混乱，而这一切为军事领导人落实前进政策提供了理想的条件。日本经济在大萧条中损失惨重。对美国的丝绸出口是日本国家收入的主要来源。然而，美国国会为了保护美国生产商不受外国竞争之害而提高了关税，日本丝绸的出口量减少了90%。商品消费的需求下降同样也引发了工业生产的低迷，而且随着与外国贸易的戛然而止，日本银行为了保住日元而不得不将日元汇率维持在一个很高的比率。

政府很快就因在经济混乱面前无能为力而失去了民众的信任，海军和陆军终于能够冲出文官政府的藩篱。反对1930年《伦敦海军条约》的声音以及1931年的"九一八"事变，都标志着日本外交政策在以下两个方面发生了巨大改变。[1]第一，这些标志着文人掌控政府时代的结束，同时也预示着军方开始占据上风。第二，日本不再认为国际合作是保护其在中国利益的最佳途径，并采取军事行动来保障国家安全。

瓦解《华盛顿条约》的第一步是海军总参谋部着手实施的。1929年年末，伦敦海军会议顺利召开，外务省命令日本代表团不要与美国撕破脸皮，虽然海军军官坚持的比例是10∶7。1930年3月，在经过了长时间的争吵之后，日本终于接受继续沿用之前在《华盛顿条约》中确定的10∶6的比例。然而，许多日本海军军官认为在如此低的比例之下，日本保护其在亚洲利益的能力会受到限制，从而危及日本自身的战略地位。日本海军准备批准《伦敦海军条约》，但是受到了最高指挥部中许多派系的阻挠。为了避免出现日本无法履行条约义务的尴尬情形，日本首相浜口雄幸（Hamaguchi Osachi）从裕仁天皇处获得许可，要求在伦敦的代表团签署该条约。然而，该条约却引起海军领导人的愤怒。最高军事委员会正式告知裕仁天皇，一旦该条约于1936年到期，日本再也不会签署任何军控条约。当年11月，首相浜口被日本右翼国家主义分子暗杀，该海军条约越来越不得人心。20世纪30年代，日本人民强烈反对《伦敦海军条约》，这也为日本海军扩张奠定了基础。承诺军控的军官被杀害，而反条约派系开始逐步掌控最高统帅部。最终，日本于1934年公开宣称，再也不会签署任何不平等条约，这也象征着"一战"后海军军控条约的终结。

日本帝国陆军的所作所为在日本踏上侵略国之路的过程中同样起着重大的作用。全球经济大萧条带来的经济影响使得大部分军官认为，与西方合作再也无法保障日本的利益了。社会民众很容易产生不满。农业部门的许多中层官员的生活状况因美国奢侈品（如丝绸）购买力的下滑而严重受损。造成的结果是，陆军军官不愿受政府的约束，不愿执行放弃领土要求的政策。鉴于中国东北诸省为日本提供了大量

---

[1] Iriye, 1965, pp. 283–5.

的煤和铁等原材料，它一直就被日本视为利益丰厚的礼物。该地区还盛产粮食作物，如小麦和大豆，而且该地区幅员辽阔，日本可以在此地建立殖民地，在一定程度上解决日本人口过剩的问题。石原莞尔（Ishiwara Kanji）领导下的关东军认为，采取行动的时机已经成熟了。1931年9月18日，日本军队制造了南满铁路爆炸案，爆炸地点就在奉天城外，并将爆炸嫁祸于中国人，以便为侵略找一个借口。让我们回到东京，日本内阁已经认识到军队不受其掌控这一事实。全面侵华战争已经启动，而且该行动获得了日本媒体的广泛认可。1932年2月，日本军队插手上海地区发生的小规模冲突之后，国际社会越发排斥日本了。3月1日，日本公然宣告伪"满洲国"成立。1933年日本退出"国际联盟"之后，其不愿与西方国家合作之心更是昭然若揭。

"九一八"事变也表明，除非是《华盛顿条约》的签署国愿意对违反条约的国家采取惩罚措施，否则该条约就是一纸空文。美国和英国正忙于应付本国内部的经济问题而无暇抽身，更别说对日本施加制裁了。英美两国希望东京政府的文人领袖能够接受国际社会反对日本侵略中国东北的声音，并进一步约束陆军。1931年9月22日，中国将此事件提交到"国际联盟"，此时采取实际行动的需要越发紧迫了。伦敦政府和华盛顿政府请求"国际联盟"理事会商讨出解决方案。然而，鉴于"国际联盟"的主要成员国并不准备针对日本采取具体行动，因此"国际联盟"仅对日本进行了口头上的谴责。"国际联盟"派出调查团，以英国的李顿勋爵（Lord Lytton）为首，调查远东地区发生事件的真相。调查团于1932年秋天返回并得出结论，认为日本在中国东北的行动明确违反了"国际联盟"的规定。"国际联盟"仅表示不承认伪"满洲国"政权。世界各国的领导人同样对日本无动于衷，也不愿意采取任何积极对抗的措施。例如，美国国务卿亨利·史汀生（Henry Stimson）公开发表演讲，谴责通过武力取得领土的方式。然而，除非世界上的几个大国愿意针对日本采取军事行动或是施加经济制裁以惩罚日本，否则国际社会的不满是无法阻止日本的行为的。

因此，"九一八"事变也意味着日本已经对东亚地区的安全构成严重的威胁。或许更为重要的是，日本对中国东北的占领促成了日本接下来的一系列行动，太平洋战争也因此于1941年12月爆发。在整个20世纪30年代，日本的主要目标是夺取中国经济和政治的主导权，而在该目标未能达成之后，日本帝国军队开始将目标放在东南亚地区。而日本也因进军东南亚而与英国以及随后的美国发生冲突。然而，1931年的日本在决意向西方国家发动战争之前还有很长的一段路。因此，随后两章的主要目的是向读者阐释日本帝国军队野心膨胀的过程，即从最初的保卫日本亚洲本土的利益扩张至全方位征服东南亚以及西太平洋地区的过程，日本正是在此过程中向美国宣战的。

第 2 章

太平洋战争的序曲：
中国问题，1931—1940

1933年，日本完全占领了中国东北，并开始进入巩固利益的阶段。然而，1937年，日本军队又发动了另一场战争，这一次日本的目标是完全控制中国。中日之间的冲突在很多层面上都标志着太平洋战争的序曲已经奏响。就战略层面而言，日本的行为使得其武装力量过度延伸。尤其是在日本军队陷入拉锯战之后，其向东南亚等地区扩张的难度也越来越大。与此同时，日本在攻占中国失败之后，开始寻求其他途径来确保其目标的实现，于是日本开始攻占法属印度支那地区，希望以此包围敌军，并阻断敌军的供给线。日本的行为让英国和美国越发怀疑日本的险恶用心，同时两国也被激怒，开始对日本施加经济制裁，这也奠定了太平洋战争爆发的基础。从战争经验的角度来看，日本已经取得了很大程度上的成功。然而，日本在侵华战争中获胜之后，开始滋生出某种病态的优越感，正因为如此，日本在随后与更强大的敌人（包括美国）发生冲突时变得不知所措。而英美两国的政府军官也因日本未能剿灭反抗力量而认为日本不足为虑，根本就不是它们这些西方强国的对手。日本军事力量被低估，而且同盟国的错误估计也让它们在太平洋战争的前期阶段狼狈不堪。

合作，1933—1937

1933年5月，日本关东军指挥官与国民党签订了《塘沽协定》，该协定规定双方的控制区域以长城为界，其中北平仍属于中国的领土。尽管日本同意尊重中国的边界，但是日本帝国陆军的指挥官仍一心准备进一步的扩张。经济的需求，如对保障原材料供应以及工业产品市场的需求，仍深深影响着日本政策的制定。由于日本的外交政策逐步被军方控制，因此日本只有占领亚洲大陆才能确保经济的安全。

中国内战战况的演变也为日本敲响了警钟。国民党政府在取得了南京等几个东部沿海重要城市的控制权之后，开始逐步向农村地区扩张，以期获得农民的支持，但是国民党在农村地区仍征收高税收来支撑其战事开支，同时也未能实施具有重大意义的土地再分配政策，因此农村的农民并不欢迎国民党。与此同时，根据地位于江西省的共产党在毛泽东的带领下不断迎击国民党。1934年年中，共产党最高领导人在国民党的"围剿"之下决定放弃江西省，自1934年10月开始突围，以著名的长征开始，并以次年顺利到达陕西省结束。此次突围，只有十分之一的军事力量得以保存，同时毛泽东领导下的共产党失去了对中国南部和东部的控制权，然而共产党在长征途中也顺利地进行了政治宣传，覆盖了黄河流域的大片区域。共产党力量的不断壮大也引起了日本方面的关注。1936年12月的西安事变中，中国人民的反日情绪十分高涨，在此事变中蒋介石被前东北军阀软禁。[①]之后蒋介石以接受共产党提出的团结一致抵抗外敌的政策为条件被释放。国共合作为日本在中国攫取利益带来了巨大的阻碍。

除了经济上和政治上的因素之外，意识形态层面的信念也开始大力推进日本的帝国主义运动。历史学家对日本是否已经成为与德国和意大利一样的法西斯主义国家而展开了激烈的讨论。[②]从一方面来看，日本制定的政策通常是以日本民族是更加优越的民族这一信念为基础

[①] A. Itiye, *The Origins of the Second World War in Asia and the Pacific* (London: Longman's 1987), pp. 35-6.

[②] See I. Morris (ed.), *Japan, 1931-1945 militarism, fascism, Japanism?* (NY: D. C. Health & Co, 1963), especially Part 2; M. Maruyama, *Thought and Behaviour in Japanese Politics*, edited by I. Morris (Oxford: OUP, 1963), chapters 2, 4-5.

的，而且日本政治家常常向民众表达统治邻国的意愿。日本与欧洲的法西斯主义国家结盟的意愿也在1936年的《反共产国际协定》中得以体现。尽管该协定的主要目的是为了牵制苏联的行动，但是该协定同时也表明东京政府与英美两国的关系更加疏远了，因为日本表态支持那些"修正主义强国"（revisionist power）。日本军队开始光明正大地倡导领土征服政策，而且政府军官也一致同意通过占领中国来实现经济自足的政策。

然而，虽说日本领导人有着十分"宏伟"的志向，但是日本缺少一个希特勒式或是墨索里尼式的强大独裁者来向民众阐述本民族的终极目标。此外，虽然军方左右着日本的决策过程，但是军队中存在着非常多的不同意见。日俄战争之后不久制定的陆军国防政策认为，日本的目标是占领亚洲大陆，并作好与苏联决一死战的准备；而海军则一心想要占领资源丰富的荷属东印度群岛，将日本建设成为海洋大国。海陆两军之间的分歧致使日本无法开展连贯一致的战略，而且日本领导人也很少会去详细确定日本的目标以及实现该目标所要采取的手段。日本一味地扩张领土仅仅是为了解决当下的问题，而对长期的战略问题和经济问题从来没有深思熟虑。1937年日本向中国发起全面进攻正是这一趋势的真实写照。

侵华战争的政治与战略，1937—1940

1937年7月7日，日本驻华的一支小分队在北京郊外的卢沟桥附近进行军事演习时借口一名士兵"失踪"，要求进入县城搜查被拒，日本帝国陆军遂向中国发起了全面进攻。回望东京，当时的日本领导人近卫文麿（Fumimaro Konoe）完全支持此次报复性行动，并决意迫使中国人停止对日本利益的"侵犯"。然而，此次行动存在的主要问题是，日本军方并没有确定要占领多少领土。陆军军队确实准备占据中国的沿海地区，并认为一旦该目标实现，中国一定会寻求和平。此次行动的成功取决于中国人愿意让中国的大部分领土被外国势力占领。若该设想未能实现,那么日本就得发动一场旷日持久的战争。若真要进行持久战的话,那么无论日本占据了多少领土,它也没有足够的军力在幅员如此辽阔的中国土地上消灭所有的反抗力量。然而,日本的最高指挥官并没有意识到日本根本就没有足够的资源进行一场大获全胜的战争,日本帝国军队也因这个疏忽陷入了困境难以脱身。①

最初,日本军队明确表示不会进攻北京以南,因为如果进攻,日本军队的有生力量会过于分散。然而,日本军队于当年8月入侵上海,以保护其在上海的贸易和商业利益。11月,日本外务省发出声明,要求在华北建立非军事区,成立新的亲日政权。东京政府还要求国民党与日本合作打击共产党。同时,日本军队坚信,一旦将国民党政府的首府南京占领,中国人会因此遭到致命的打击。然而,12月南京陷落之后,蒋介石在汉口建立新的首府。日本进一步提高了要求,坚持要在中国中部建立非军事区,还要求中国承认伪"满洲国"政权并进行赔偿。日本陆军司令部誓要继续战斗直到中国不再反抗。1938年10月,日本向中国南方进军。广州和汉口被日本攻陷之后,中国几个重要的港口也都被占领。1939年2月,水陆两栖部队占领了中国南部的海南岛,中国与外部世界的水上交通至此大受遏制。

在侵华战争的前两年里,中国军队损失了80万人,而日本的伤亡总人数不到5万人,该组数据明确表明日本帝国陆军的效率远远高于其对手。该组数据的差异之所以如此之大很大程度上是因为日本的军备和战术更加优越。日本帝国陆军十分擅长在森林茂密的山丘地带作战,在这些地带通信十分不便,因此难以运输重型武器和机动车辆。在此情形下,恰当地部署步兵单位是最为重要的。日本在沿海地带进行的两栖作战行动也极有效率。抢滩登陆很少会引起敌人的警觉,并

---

① M. Barnhart, "Japanese intelligence before the Second World War: 'best case' analysis", in E. May (ed.), *Knowing One's Enemies: intelligence assessment before the two World Wars* (Princeton, NJ: Princeton UP, 1984), pp. 432-5.

且针对内陆目标的进攻一般都是在对方反击之前就已经开始了。就武器层面来看，日本在很多方面都占据着决定性的优势，比如大炮和坦克。日本帝国海军的空中力量也被用来支援陆军的军事行动。[①]尽管日本的航空队在战争初期损失十分惨重，但是日本发明了防御性能更好的飞机，为轰炸机中队提供更加强劲的战斗支援。随着战争的发展，飞行员的准确性得到了很大的提高，而且航空部队能够有效地压制重要铁路和道路上的交通。日本对中国城市地区的袭击也摧毁了中国大部分的基础设施。

中国陆军的缺陷也加速了日本帝国陆军的进攻。光从纸面上看，日本总兵力约 180 个师，200 万人左右，而中国的军队大部分是小规模的步兵小组，大多数士兵只有步枪、轻型机枪和迫击炮。而且中国士兵的士气也不怎么高。许多士兵仍靠山吃饭，领着微薄的薪资，因此士兵不愿意前往远离家乡的地区作战。就领导力层面来说，因为国民党不受人民大众的支持，中国的陆军良莠不齐、鱼目混杂。因此中国很难建立整齐划一的军队，大部分小组编队都混在一起抗日，根本就无法进行统一的行动。

然而，即便日本帝国陆军已经取得了一定的成果，但是日本在消灭抵抗力量上需要克服一个实质性的问题。蒋介石在采取一切必要措施抗日的问题上不仅面临着来自共产党的压力，还有来自内部的压力。国民党人拒绝与日本谈判，除非日本军队撤回长城以北。在此情形下，要想达成停火协议几乎是不可能的。英美等西方国家向国民党提供了许多物质援助，另外还有一些同情中国的国家也为中国提供了援助，比如德国和苏联。人们都希望外国的援助能够帮助中国抵御外敌的入侵。然而，日本的火力太过强大，中国军队不得不改变策略，转战内陆腹地，迫使日本将军需补给线拉长。与此同时，游击队一直在前线

[①] M. Peattie, *Sunburst: the rise of Japanese naval air power, 1909-1941* (Annapolis: Naval Institute Press, 2001), pp. 109-21.

地区骚扰日军，阻挠日军的军事行动。中国农民也可以组建成民兵组织，尽管他们无法形成有组织的抵抗力量，但是在保卫家乡上，他们斗志昂扬。此外，游击队员在自己家乡的土地上作战占据着极大的优势。日本军队根本就不可能完全消灭所有的反对势力，他们也不可能占领沿海地带以外的其他重要地区。即使是在沿海地区，日本帝国陆军也无法安稳地占领远离主要城区的地方。除了这种战略上的复杂之外，中国人的不断抗争也拖垮了日本经济。日本政府从一开始就勉强依靠税收来维系战事，而后日本的工业就无法为武装部队生产出足够数量的武器和军备。

  鉴于日本军队可能遇到的反抗力量的量级和性质，日本面对的困难很大程度上来源于陆军指挥官最初作出的错误估计。日本军方预计可以一击击败中国，而这种想法也体现了日本人常常低估他们的敌人。日本民族是个更加优秀的种族这一信念已经深深扎根于日本人的心中，而且它还是日本军事思想的基础之一。同时，社会上也禁止出现质疑日本帝国军队军事实力的言论。因此，日本的战略评估并非是基于客观事实，而是基于这样一种观念，即日本必将在东亚地区建立起以日本为主导的新秩序，日本的敌人必将被消灭。[1]其结果是，日本军官常常忽视对敌方作出审慎精确判断这一需要。1939年苏日诺门坎边界冲突事件中的总参谋长闲院宫载仁亲王（Prince Kan'in）就日本帝国陆军对情报的态度得出了自己的结论，他称"把敌人看得太高容易滋生失败和怯懦的情绪，会腐蚀我军的士气"[2]。深入分析敌军的相关情报被看成是懦弱和畏首畏尾的行为。在日本这个视勇敢为传统的国家，无论怎样的战况也不允许出现这样的行为。

  因此，军事考量反映了日本对外国武装部队毫不掩饰的蔑视。

---

[1] J. Chapman, "Japanese intelligence, 1918–1945: a suitable case for treatment", in C. Andrew and J. Noakes（eds.）, *Intelligence and International Relations, 1900–1945*（Exeter: Exeter UP, 1987）, pp. 168–9.

[2] A. Coox, *Nomonhan: Japan against Russia, 1939*（Stanford: Stanford UP, 1985）, p. 1027.

1932年，日本观察人士形容中国军队是"一群穿着军装的乌合之众……他们未经训练而且胆小怯懦、阴险狡诈、唯利是图，还缺乏爱国之心，他们根本就没有士兵该有的样子"。中日之间的战争爆发之后不久，日本军部的一名参谋官向其部门长官再三保证，"一旦日本舰队靠近中国海岸，中日战争就会成为定局"①。日本帝国陆军指挥官并没有预料到中国会有正规军和游击队进行长期抵抗。即使是在战争最为艰难的时候，日本方面还认为只要再派出几支分队，日本定然能赢得战争。然而，日本尝到的是长达8年之久的胶着战的恶果。但是，日本帝国陆军在亚洲大陆上所遇到的困境并没有促使日本的指挥官反思日本是否真的有能力赢得战争。日本仍沉溺于胜利之中，自信心不断膨胀。1941年之后，日本与西方国家之间的战斗完全证明了，低估外国武装力量是极其错误的做法。

对日本外交关系的影响

虽说日本已经很小心地避免与西方强国发生冲突了，但是1937年以来，日本在中国采取的行动也着实有损其外交关系。一方面，日本的当务之急是击败中国，为了实现这一目标，日本军方和日本政府都愿意冒着与第三方发生冲突的风险。举例来说，日本飞行员意外地击沉了美国炮舰"班乃"号（Panay）及许多英国船只之后，东京政府立即发出正式的道歉，并赔偿了受害者的家属。除此之外，日本还需要尽量避免会引发英美两国对其实施经济制裁的行为，因为一旦如此，日本在中国的战事将举步维艰。1939年冬，德国向日本主张将《反共产国际协定》确立为正式的军事盟约，但是日本害怕西方国家会限制日本对原材料的进口，因此外务省拒绝了德国的提议。

---

① Barnhart, "Japanese intelligence", in May（ed.）, 1984, pp.？？？

起初，西方国家犹豫不决，不知如何是好。罗斯福政府因公众和国会不愿意看到美国卷入外国的冲突而束手束脚，而在没有美国支持的情况下，英国也不愿意对日本施加制裁。虽然如此，英美两国还是意识到了日本对中国的侵略会威胁到它们的利益，1938年，英美两国为保卫自身利益采取了一系列具体的措施。美国派遣了一支以英格索尔上校（Captain Ingersoll）为首的海军使团前往伦敦，讨论英美采取联合行动的问题。虽然美国代表团迫于孤立主义的压力而无法作出坚定的承诺，但是英美这两个大国也确实在为实现更加强有力的合作而努力。1939年7月，美国宣布其与日本的贸易条约在次年到期之后，将不再续约。

日本在中国的军事行动使得日本在国际社会中的地位日益低下。尤其是在1940年，日本政府和军方开始试图将日本的势力范围扩展至东南亚地区时，这种地位低下的境况愈发明显。日本向东南亚的扩张行为，部分原因在于日本试图长期封锁及进攻中国，希望以此击败中国。日军指挥官认为，国民党军队之所以能继续作战，主要的原因是他们能通过两大要道获取战争物资的供给，它们分别是英国曾使用的法属印度支那铁路和滇缅公路。日本开始想办法截断这两条供给线，而当年春天机会恰恰出现了，这要感谢欧洲战场发生的变化。当时德国占领了法国，此时法国在亚洲的殖民地就是块任人宰割的肥肉。英国也忙于应付德国对英国本土的入侵，而且当年夏天，英国皇家海军要去守护跨大西洋贸易航线免受德国U型潜艇的袭击。日本充分利用时下的战况，首相米内光政（Yonai Mitsumasa）于当年6月要求英国和法国停止向中国运输军备。欧洲列强根本就没有足够的军事力量守住其在远东地区的利益，而美国也没有为它们提供援助，因为当时的美国根本就不想与日本发生冲突。因此，英国和法国除了默许日本的行为之外别无选择，它们答应日本将这两条供给线关闭，并将缅甸及印度支那边境地区交通运输的控制权交给日本的观察员。然而，日本并不满足，数月之后，日本进一步要求在印度支那地区建立航空基地，如此日本就可以肆意轰炸中国中部地区。

日本政府的政策也开始有了反西方国家的腔调。近卫文麿第二次出任首相时，日本内阁中的许多重要人物将日本引上了战争之路，其中最重要的人物有公然宣称改变亚洲势力现状的日本外相松冈洋右（Yosuke Matsuoka），以及陆军大臣东条英机（Hideki Tojo）——他后来还成了日本的战时首相。1940年9月，日本派遣代表前往柏林与德国和意大利签订《德意日三国同盟条约》之后，英美两国对日本更加不满。该条约规定，只要缔约国的一方与美国发生战争，其他两国就必须给予援助。与此同时，西方国家也采取了一系列的措施来加强它们之间的同盟关系。在法国沦陷之后，罗斯福政府来不及向侵略国宣战就立即采取一切可能的手段来支援英国。美国与英国签订了《驱逐舰换基地》协议，该协议约定美国向英国出租船只以帮助英国抵御德国的潜艇舰队，美国也因此逐渐抛弃了孤立主义的立场，开始在国际事务中发挥越来越大的作用。最值得注意的是，1940年9月，美国首次对日本实施经济制裁，并明确表示，日本的侵略行为将会受到惩罚。日本帝国陆军在印度支那北部与维希法国的部队发生冲突。日本军队战胜了法国军队，同时东京政府下令占领印度支那的北部地区。日本的行为使得美国不再向日本出售航空燃料和二级钢铁。英国也启用滇缅公路作为对日本行为的回应。因此，日本与中国的战争并没有加强日本在国际上的地位，反而对日本与西方之间的关系造成了无法弥补的损失，同时日本与西方世界爆发武装冲突的可能性也因此提高了许多。

中日之战的教训

就战役和战术之道而言，日本帝国军队在中国的种种行为不仅为日本带来了一系列不利的影响，英美两国也深受影响，英美的军官已经注意到亚洲大陆的战事进展。就日本武装部队而言，他们沉溺于先前的胜利，滋生出了一种病态的优越感，也不再有改进作战方式的动力。同样，就西方武装部队而言，日本帝国陆军和海军迟迟无法战胜中国强化了日本根本无法应付严峻挑战的观念。太平洋战争期间，双方的错误观念在吃过大亏之后才得以纠正。

日本军官基于日本帝国陆军在中国的实践认为，日本的技术足以击败所有敌人。在两次世界大战期间，日本的战略原则都以步兵部队为主，完全倚仗具备勇敢精神的士兵，日本将之称为"诚心"（seishin）。日本在1904年至1905年的日俄战争中取得的胜利更是确立了步兵的首要地位，而与西方国家不同的是，日本在第一次世界大战中没有经历过"战火的洗礼"[①]。毕竟，日本对"一战"的介入程度很低，所采取的行动也十分有限。因此，日本帝国陆军并没有完全理解现代武器——如坦克、重型火炮和机关枪——的杀伤力。日本在发展现代武器装备的过程中所遇到的困难，很大一部分是因为日本缺乏足够的工业资源，因此其重型机关枪、重型火炮、坦克以及飞机的产量大受限制，无法大规模量产。鉴于日本无法获得大量的重型装备，因此制定恰当的作战方针对日本来说十分困难。

日本帝国陆军也确实向世人展示了其步兵卓越的作战技巧。由于缺乏机械化部队，日本的战略方针只能依靠速度和突袭来包抄敌军。[②]步兵也偏爱使用轻型武器作战，还喜欢用刺刀拼杀。就战斗精神而言，日本步兵具有高度的献身精神，即使面对强大的对手也愿意勇往直前。

然而，日本被在中国取得的短暂胜利冲昏了头脑，产生了安心的错觉，这些优点同时也被遗忘了。日本仍极度依赖战术技能和精神训

[①] L. Humphreys, *The Way of the Heavenly Sword: The Japanese Army in the 1920s* (Stanford: Stanford UP, 1998), p.15, 79–83.
[②] E. Drea, *In the Service of the Emperor: essays on the Imperial Japanese Army* (Lincoln: Nebraska UP, 1998), pp. 64–5.

练,一位美国观察人士指出日本"缺乏对现代军火的鉴赏能力"①。1939年日本与苏联红军在诺门坎边境爆发的冲突足以说明日本军官无法改革其战略。诺门坎战役中,苏联几乎在各个方面都完胜日本,同时日本军方高层意识到日本正是由于缺乏军备和战术技能才有了如今惨败的局面。日本天皇发布敕令,要求各单位装备坦克和重型武器。② 然而,日本对装甲和炮兵的错误运用也阻碍了日本的现代化进程。结果是,整个太平洋战争期间,日本的战术集中在步兵单位上,而且日本步兵的部署远远达不到西方机械化部队部署的复杂程度。因此,日本帝国陆军在中国的作战经验是不全面的,而正因为如此,日本在遇到更加先进的同盟国部队时尝到了致命的恶果。

日本帝国海军的航空部队同样也吸取了许多教训。虽然日本航空队给中国造成了难以估量的损失,但是其主要原因是中国太弱小。然而,日本军官并没有意识到这一点,反而认为日本已经战无不胜,哪怕对手是资源和技术极其优厚的美国。③ 日本的航空部队与陆军一样认为,虽然日本无法制造出与同盟国一样高品质的武器,但是可以用数量来弥补。日本制造轰炸机,同时还训练飞行员,其主要目的是为了通过战术天赋来战胜对手。在战争初期,日本海军航空兵远远胜过那些海洋强国。零式战斗机在当时是最先进的战斗机之一。就飞行技巧而言,日本培养了一批具有献身精神的飞行员,他们能顺利完成日本帝国海军的主要任务,即在日本部队作战的区域占据空中优势。

日本失败的主要原因在于日本航空部队并没有进行长期战斗的觉悟。与西方国家相比,日本轰炸机的产量目标十分低下,而且日本战斗机和轰炸机的设计也无法进行激烈的战斗。具体而言,日本的飞机

---

① United States National Archives and Records Administration, College Park, MD (NARA 2), RG 165, War Department, Military Intelligence Division, M-1216, General correspondence regarding conditions in Japan, 1918-1941 (hereafter M-1216), Roll 25, MID 2023-1005, Tactical Doctrine of the Japanese Army, by Captain Maxwell D, Taylor (Field Artillery), 1 April 1939.
② Coox, 1985, pp. 1009-32.
③ Peattie, 2001, pp. 109-21.

只装载了少量的军备。考虑到日本原材料的匮乏及其工厂的生产力，这是很正常的情况，反过来这也制约了日本工业生产轰炸机的数量。然而，日本的缺点在于，日本始终错误地认为日本航空兵的表现足以弥补同盟军所享有的材料优势。日本在中国的行动损失相对较小，于是日本就因此认为它的航空队战无不胜。日本制造飞机并不是为了强化作战行动，海军航空队也因该缺陷而在与西方对战中损失惨重。

日本在与中国作战的过程中吸取到了许多不全面的教训，然而，大多数西方军事专家对于日本军队的表现有着很不好的印象。太平洋战争之前的几年里，英国和美国根本就看不起日本的军事素质。[①]部分原因在于西方国家普遍存在种族歧视的观念，他们一向无视非西方军事组织的战斗潜力。然而，更重要的原因在于，无论是日本帝国陆军还是日本帝国海军，在1904年至1905年日俄战争之后就再也没有打过重大战役。因此，我们缺乏足够确凿的证据来评判日本。更重要的是，日本成功地躲过了外国观察人士的眼线，开启重整军备的计划，因此外国人士也不清楚日本军方的实力到底有多强。

关于日本帝国陆军的报道表明，日本军队的能力处于二流的水准。例如，美国的观察家就曾指出，日本将其供给线拉得过长，并且没有能力剿灭中国的残余部队，只能任由他们撤往中国内陆腹地。[②]而来自中国的战地报道也证实，日本遇到了许多独特的障碍这种观念是多么的错误。与紧凑的马来亚战场或是菲律宾战场相比，中国战场的广

[①] See: A. Best, *British Intelligence and the Japanese Challenge in Asia, 1914–1941* (London: Macmillan, 2002); J. Ferris, "Worthy of some better enemy？: the British estimate of the Imperial Japanese Army, and the fall of Singapore, 1919–1941", in *Canadian Journal of History*, 28/2, (1993), pp. 223-56; D. Ford, "The best equipped army in Asia？: US military intelligence and the Imperial Japanese Army before the Pacific War, 1919–1941", in *International Journal of Intelligence and Counterintelligence*, 21/1, (2008), pp. 86-121; T. Mahnken, *Uncovering Ways of War: US intelligence and foreign military innovation, 1918–1941* (Ithaca: Cornell UP, 2002); A. Marder, *Old Friends, New Enemies: the Royal Navy and the Imperial Japanese Navy, 1936-45, Vol.1: Strategic illusions, 1936–41* (Oxford: OUP, 1981).

[②] NARA 2, RG 16, M-1444, Roll 10, MID 2637-I-276, Reports on Military Events by Military Attache (China), 12 January and 6 April 1938.

衷同时也意味着日本帝国军队会在防守反击与后勤方面遇到更大的困难。此外，鉴于中国是在本土作战，其供给储备几乎无穷无尽，因此相比于千里迢迢过来作战的西方部队，中国部队的抵抗更有效果。最重要的是，中国游击队以及正规军有着远高于守卫东南亚的同盟国军队的训练标准。

西方国家认为，日本获得的每一场胜利都是因为它所遇到的对手一个比一个弱。特别是在英美两国试着评估日本的两栖登陆和丛林作战能力之后，这一说法更是显得有据可依。这种错误观念很大程度上来自这样一种观点，即西方部队不管在怎样的环境中都能占据上风。例如，如果联合行动顺利完成，那么之所以会如此轻松是因为抢滩登陆时没怎么遭到航空和海军力量的反击。如果对那些固若金汤的对手发起同样的行动的话，也许结果就不会这么乐观了。1940年4月，驻扎在马来半岛的英国军队指挥官提醒英国，日本会在马来半岛登陆，因此有必要加强该地区的海防。然而，远在伦敦的战争部办公厅断然拒绝了他的请求，"鉴于日本抢滩登陆的能力，普遍认为……在他们是否具备与欧洲军队和轰炸机相抗衡的能力这一点上仍存在疑问"[1]。他们对日本丛林作战能力的推测也差不多如此。西方国家还认为日本绝对无法穿过马来半岛到达新加坡，因为在他们看来，日本一旦离开他们的滩头阵地就会困难重重。英国首相温斯顿·丘吉尔（Winston Churchill）就十分支持这种观点，他在1940年9月给国防部官员的备忘录就提到："侵略者千里迢迢远离家乡来到沼泽和丛林地带，他们的境况更加绝望。"[2]

他们对日本海军航空部队的评价也同样轻蔑。西方军官并没有将焦点放在日本成功摧毁中国工业设施和通信路线上，而只看到了日本

---

[1] United Kingdom National Archives, London（UKNA）, WO 106/2440 Appreciation by General L. V. Bond（GOC Malaya）, 13 April 1940, and comments by General Staff, War Office, 5 May 1940.
[2] O. Chung, *Operation Matador*, *Britain's war plans against the Japanese*, *1918–41*（Singapore: Times Academic Press, 1997）, pp. 133–41.

的不足之处。举例来讲，英国政府的联合情报委员会就中国地区的对空战役作了一份报告，报告的结论之上是一篇充满轻视意味的序言，"得出结论需要保持谨慎，虽然这个结论可能对于一流国家之间的战争没什么用"①。甚至是在有证据表明日本航空队的作战能力时，他们都不愿意接受它。1941年春天，就有观察人士注意到了零式战斗机并向美国飞行员提交了报告，然而，直到当年秋季，相关信息才出现在舰队空中战术分队的公报中。②据称，零式战斗机的性能几乎在每个方面都"远优于（美国的）所有战斗机"，特别是在机动性和速度方面。一些飞行人员将该信息视为是必须制定恰当对抗战略的风向标，然而大多数军官选择蔑视日本。当年9月，《航空》（*Aviation*）杂志上的一篇文章生动地反映了当时普遍的观念，这篇文章称日本的航空设计完全来自西方国家出版的"宣传册"。③

虽然英美两国犯下了如此偏激的错误，但是我们必须知道，当时关于日本的可靠消息源都是日本帝国军队在中国的战事，而正是这些战事奠定了日本负面形象的基础。西方军官并没有完全意识到，日本已经有能力在西太平洋地区建立霸权了。确实，英国和美国所持的观点都是以它们的部队更加优秀为基础的。然而，日本帝国军队成功躲过了外国观察人士的耳目，隐瞒了其所取得的成就，因此在没有确凿的证据证明日本有能力发动战争时，西方国家对日本的负面观念是不可能改变的。在与日本发生正面冲突，全面了解日本军队的实力之前，同盟国是不可能清楚地认识他们所要对付的敌人的。

---

① UKNA, CAB 56/4 JIC 90 Intelligence Regarding Air Warfare in Spain and China: Report No.2–Air Cooperation with Land Forces, 10 June 1939.

② J. Thach, "Butch O'Hare and the Thach Weave", in E. Wooldridge (ed.), *Carrier Warfare in the Pacific: an oral history collection* (Washington, DC: Smithsonian Institution, 1993), pp. 10–12; J. Rearden, *Cracking the Zero Mystery: how the US learned to beat Japan's vaunted WWII fighter plane* (Harrisburg, PA: Stackpole, 1990), p. 17.

③ M. Okumlya and J. Horikoshi, with M. Caidin, *Zero!: the story of the Japanese Navy Air Force, 1937–1945* (London: Cassell, 1956), pp. 38–9.

对华战争以及太平洋战争的缘起

中日之间的战争为1941年12月日本与西方国家之间的战争埋下了伏笔。从政治的立场来看，日本在亚洲大陆上取得的进展加重了英美两国对日本的怀疑，并极大地提高了战争爆发的可能性。从战略的层面来看，日本帝国陆军战线拉得过长，深陷中国战场，因此日本没有余力介入其他战场。而且，日本在随后与同盟国爆发正面冲突之时，也没有足够的兵力去守住先前占领的领土——东南亚地区以及西太平洋地区。随着战况的发展，日本完全无力抵御英美两国的攻击，而导致这种情形的关键因素之一是日本自身的缺陷。最后，日本在中国取得了一定的成果，于是他们开始对自己的作战能力极度自信，而反过来，日本也因此未能改革作战方式，以应对更强劲的对手——西方国家的武装部队。英美两国的军事人员也总结道，日本未能全面战胜中国意味着日本只是个二流的对手，不足为惧。于是，双方都错误估计了对方的实力，而一旦太平洋战争爆发，它们都为对方感到吃惊。

第 3 章

通往珍珠港之路，1940—1941

日本帝国于1931年至1940年间的所作所为大大增加了日本与英美两国发生冲突的可能性，然而，在1941年秋天以前，日本政府以及日本军方高层都还未制定出与西方国家发起战争的具体计划。当时，日本的首要目标仍然是征服中国，吞并欧洲各国在东南亚地区的殖民地是第二目标。然而，1941年7月，日本占领了印度支那南部地区之后，富兰克林·罗斯福总统领导下的美国政府开始对日本实施经济制裁，一举切断了日本原材料的供给线。东京政府面临两难的选择，要么为了让美国解除禁运，答应美国的要求，从亚洲大陆撤兵；要么就去占领英属马来亚和荷属东印度群岛以开辟新的补给线。显然，后者将会触犯包括美国在内的其他国家在该地区的利益，日本与这些国家极有可能爆发武装冲突。因此可以说，日本发动战争既是日本经年累月的野心的体现，同时也是在投机主义驱使下的行为的结果。

同样，在1941年12月日本袭击珍珠港和东南亚之前，英国和美国都不相信太平洋地区会突然爆发战争。两国均没有作好与日本开战的准备，很大程度上是因为它们将主要精力放在遏制日渐强大的纳粹德国上，以避免北大西洋地区落入德国人的手中。它们断定日本绝不可能发动战争，因为西方国家已经明确表示，犯其利益者，必将遭到报复。之所以有上述判断，是因为西方国家认为日本已经认识到若与西方诸国进行持久战，日本根本就没有足够的资源确保战争胜利，因此日本定然会谨慎行事。

左右命运的决定，1940 年 9 月至 1941 年夏

1940 年 9 月，日本与德国和意大利签署了《德意日三国同盟条约》，之后的几个月可以说是最为关键的时期。虽然西方国家和日本都采取了一定措施激化了矛盾，但是双方都不愿作出发动战争的具体决定。

就东京政府而言，《德意日三国同盟条约》让日本领导人有了与美国叫板的底气。日本海军军方认为，一旦爆发战争，德国会将美国的舰队牵制在大西洋地区，这样一来日本在太平洋采取的军事行动就不会受到实质性干涉。日本内阁高层领导人举行了一次会议，裕仁天皇出席了此次会议，会上日本外相松冈洋右称"该条约是针对美国的军事同盟条约"[①]。同样重要的是，日本一直试图进一步深入东南亚地区。在占领了印度支那北部地区之后，日本政府与泰国建立了亲密的关系，并开始调停泰国与印度支那的边界纠纷。1941 年 3 月，法国与泰国双方在日本东京谈判签订《法泰条约》，根据该条约，泰国将获得柬埔寨的大片领土。这一举措更是增强了日本在东南亚地区的影响力，这也有利于日本以此为基地向更远的地区——马来亚和缅甸——进军。

尽管日本正逐步瓦解西方国家在亚洲地区的据点，但是其仍没有确定长期的战略。

东京政府的军官心里明白，吞并了英国与荷兰在亚洲的领地之后必将引来美国的介入，他们对此十分谨慎。日本军方发起一致行动的计划因陆军与海军之间的分歧而搁浅。陆军方面仍将苏联视为最终的敌人，并坚持要为来自西伯利亚的入侵作好准备。1939 年年末，日本与苏联之间的诺门坎边境冲突更是强化了这种观点，即苏联仍威胁着日本的北翼。1941 年 4 月，苏日签订了互不侵犯条约，该条约确实降

[①] A. Iriye, *The Origins of the Second World War in Asia and the Pacific* (London: Longman's 1987), pp. 116.

低了日苏爆发冲突的可能性。然而，当年6月德国对苏联发起了"巴尔巴罗萨"行动（Barbarossa），此时日本帝国陆军主张，若苏联战败解体，日本有必要作好瓜分苏联的准备，因此有必要在诺门坎与西伯利亚边境处留驻大批军队随时待命。陆军领导人因此认为向南扩张到印度支那就足矣，这样还能避免与英美开战。然而，日本帝国海军试图全面占领南部地区，一旦如此就必须作好与西方国家宣战的准备。但是，直至1941年夏末，日本陆军方面仍在阻挠海军的战略落实。[①]

相关各国，如英国和美国，同样也不愿意在亚太地区开战。一方面，英美两国正密切合作，准备建立强大的反轴心国联盟。作为对日本侵占印度支那北部地区的回应，美国不再向日本出口废钢和航空燃料，随后华盛顿政府在国际事务上的立场越来越倾向干涉主义。1941年11月，罗斯福再次当选美国总统，这确保了美国将继续支援其盟国。罗斯福总统签署了《租借法案》，并决定给予英国和其他任何有利于美国国家安全的国家以无限的物资援助，这些举措体现了美国决意与破坏世界和平的国家相抗衡。然而美国的主要目标是避免与日本开战。当时的美国还是希望与日本修好，因为时任美国国务卿科德尔·赫尔（Cordell Hull）接受了野村吉三郎（Nomura Kichisaburo）的提议，同意就某些关键问题在华盛顿进行协商。赫尔向野村提出的观点主要是以四项原则为基础的，即领土完整原则、不干涉内政原则、贸易待遇平等以及和平改变现状。[②]虽然赫尔拒绝了日本对中国的领土要求，但是美国的行为也反映出美国正努力在不诉诸战争的情况下解决远东地区不断加剧的危机。

西方军官比较在意的是避免与日本发生冲突，这样他们的主力部队就可以专心致志地对付德国，因为在他们心中，德国是轴心国中威胁最大的一员。英国首要的考虑是保护本土安全。第二重要的目标是

[①] N. Ike (ed.), *Japan's Decision for War: records of the 1941 Policy Conferences* (Stanford, CA: Stanford UP, 1967), p. 50.
[②] Iriye, 1987, p. 135.

保障其在大西洋和地中海地区的生命航线，以及其在中东地区的石油供给。英国与希特勒的战争反过来也严重影响了英国制约日本的能力，因此守卫马来亚被排在了名单的末尾。1940年8月，英国参谋长明确承认，即使是在危急关头，英国也无法派出庞大的海军舰队去守卫其位于新加坡的远东据点。①

美国在太平洋战场的战略同样是基于这种观念，即大西洋战场更为重要。日本所造成的威胁与德国占领整个欧洲这一更为紧迫的危机根本就无法相提并论，当时不列颠群岛已经岌岌可危了。后者可是关系到跨大西洋的海上航线以及整个西半球的安全。1940年6月，罗斯福要求美国陆军和海军规划人员以德国将继续入侵英国为基础制定相关战略。②11月，哈罗德·R·斯塔克海军上将（Admiral Harold R. Stark）制定了"D计划"（*Plan Dog*），该计划指出英国一旦战败将一发不可收拾，因此美国必须为英国提供所有可能的援助，帮助英国战胜希特勒，哪怕是派遣海陆空三军。③

因此，美国作战计划的基础思想是将远东地区的战事降到最低以便守住大西洋。1940年12月，联合委员会最终敲定了"D计划"的具体细节，为随后英美两国军官在华盛顿举行的谈判作好准备。1941年1月至3月期间，英美两国的国防规划人员以美国参战为前提，明确他们准备实现的目标。英国要求美国舰队驻扎在马尼拉，这样一来就能随时驶往新加坡。斯塔克上将以及美国陆军参谋长乔治·马歇尔（George C. Marshall）均认为同盟国要专心致志对抗德国。美国仍不愿意向英国保证具体的军事支持，只是承诺会让位于夏威夷的太平洋

---

① S. Kirby, *The War Against Japan*, Vol, 1 in series History of the Second World War（London: HMSO, 1957–70）, p. 33.
② M. Matloff and E. Snell, *Strategic Planning for Coalition Warfare*, in series United States Army in World War II: The War Department（Washington, DC: Office of the Chief of Military History, 1950–55）, pp. 13–14.
③ L. Brune, *The Origins of American National Security Policy: sea power, air power and foreign policy, 1900–1941*（Manhattan, KA: MA/AH Publishing, 1981）, p. 116.

舰队随时待命，并承诺如果日本进一步危及英国和荷兰在东南亚的殖民地，美国会对日本进行经济制裁。此次谈判确定的最终计划被命名为"ABC-1"计划，该计划将欧洲确立为最具决定性的战场，并规定相关各国必须将主要精力放在该战场上。基于此，美国便没有继续增加其在远东地区的兵力。

尽管大量证据表明，西方国家在亚太地区的境况正不断恶化，但是国防规划人员仍不觉得有必要为对日战争作准备。这种松懈的态度很大程度上是因为当时并没有确切的情报表明日本会发动战争，因为日本领导层从来都没有制定过这样的计划。当时的信息主要有两大来源，一是英美两国驻东京的大使，二是对日本通信信号的解码，然而它们都没有给出确切的证据。更要命的是，日本政府及其高层领导极其成功地瞒过了所有人，并且收集有关日本政策的相关信息的问题也于1941年开始凸现。日本外务省于1939年引进了名为"紫色"（Purple）的密码机，相比于之前的"红色"（Red）密码机，它的密码更加复杂。日本帝国海军还大规模修改了通信系统，并建立了JN-25a密码。在这样的情形之下，英国与美国只能模糊地估计远东地区可能的局势。更糟糕的是，鉴于日本高层从来都没有作出发动全面占领东南亚的具体决定，因此仅凭现有的信息也无法预料到此类意外事件。相反，东京政府及日本军方之前的言论也表明它们并不打算与西方列强交战。日本武装部队被许多战略因素拖累，其中最重要的是日本军队要在中国投入相当大一部分兵力。现有证据表明日本很难再扩张其军事行动，因此英美两国的军官判断日本部队应该会谨慎行事。

出于战略规划的考虑，西方国家制定了以日本会犹疑不决为基础的政策，其宗旨是阻止日本发动战争。西方国防规划人员认为，他们可以利用同盟国来威慑日本，以弥补他们兵力不足的缺陷。英国高层领导普遍认为，只要喊喊增防马来亚的口号，日本就会觉得侵略无望。因此，尽管英国皇家海军无法派出舰队前往新加坡，但是他们觉得对地面武装部队的重整就足以应付一切。制定恰当计划的障碍并不在于英国指挥官缺乏远见卓识,而是因为英国的兵力已经被牵制在欧洲和北非了。① 1940 年年末至 1941 年年初,远东部队总司令罗伯特·布鲁克—波帕姆爵士(Sir Robert Brooke-Popham)麾下的一名军官在审查过后认为新加坡完全抵挡得住敌军袭击,并总结道,日本可能会在马来半岛建立基地,这样的话就有必要修正我方基地的防线。1941 年 4 月,远在伦敦的参谋长采纳了布鲁克—波帕姆的观点,认为有必要将新加坡的防线扩大,将马来半岛北部纳入防线之中。英国的国防官员也同意作好准备,一旦日本入侵,就先行占领克拉地峡(Kraisthmus,行动代号"斗牛士"[Matador])。该计划将英国的兵力从 26 个营虚增至 32 个营。

1941 年年末,马来亚地方指挥官普遍认为英国定能钳制住日本。当年秋天,马来亚举行的司令部会议上到处弥漫着这种乐观情绪。珀西瓦尔将军(General Percival)手下的高级指挥官 B. 阿什莫尔(B. Ashmore)详细描写了此次会议的过程,他回忆英国在亚洲的主要情报机构——远东联合局(Far Eastern Combined Bureau)——的代表就战略格局"描绘了一幅犹疑不决的画面"。情报官员无法确定日本当下对印度支那北部地区的占领是否意味着其将会向南部推进。② 日本军队步步逼近马来亚引起了人们的担忧,然而关键是一旦日本指挥部见识到英国的海防以及覆盖登陆区域的轰炸机,日本就会停止侵略。最终,事实证明,英国的地面部队根本就无法抵挡日本的进攻,而且他们的缺陷也在 1941 年 12 月日本的攻击面前暴露。关于是否一定得投降以及如何更加高效地部署现有力量的问题已经在无数的历史著作中被讨论过了,甚至包括由那些制定新加坡防卫计划的指挥官自己写

---

① O. Chung, *Operation Matador: Britain's war plans against the Japanese, 1981-41* (Singapore: Times Academic Press, 1997). pp. 142-69.
② Imperial War Museum, London (IWM), Percival Papers, P 49 Some Personal Observations of the Malaya Campaign, 1940-2; prepared by B. H. Ashmore, 27 July 1942.

的第一手资料。①然而,最终的解释要以英国远东军总司令亨利·波纳尔(Henry Pownall)的事后调查为准,他总结道,英国将欧洲与中东地区的战事摆在了首要位置,并且全神贯注于本土的战局,而无心守卫英国在亚洲的殖民地。②由于英国无法分派出最精锐的部队赶赴远东地区,因此新加坡的防卫力量根本就不足。

美国在保护其自身利益时也制定了同样模棱两可的计划,其主要目的是让日本相信,日本的任何侵略行动都会遭到顽强的抵抗。1940年10月,美国舰队总司令、海军上将詹姆斯·理查森(Admiral James O. Richardson)指出,将主力舰停驻在珍珠港无法在实质上制止日本在西太平洋地区的军事行动,然而罗斯福总统坚持认为将舰队停留在夏威夷就足以阻止日本进一步的侵略行为。③关于美国卷入战争之后所应采取的行动的战略计划同样也具有某种过于乐观的态度。斯塔克与马歇尔批准了"ABC-1"计划之后,联合委员会就发布指令着手准备"彩虹5号"计划(Rainbow 5)。④该计划的前提是,即使日本并不好战,美国及其盟国也有必要应对可能出现的干预行为。美国部队的任务是突袭马绍尔群岛,将敌军力量从东南亚地区引走。美国陆军也要与海军合作守卫菲律宾,而美国亚洲舰队则负责在支援英国和荷兰殖民地防守的同时,"攻击日本的海上航线并摧毁轴心国的部队"。这种模棱两可的计划忽视了一点,即美国的

---

① L. Allen, *Singapore*, *1941–1942* (Newark: Delaware UP, 1977); H. Bennett, *Why Singapore Fell* (Sydney: Angus & Robertson, 1944); R. Callahan, *The Worst Disaster: the fall of Singapore* (London: Associated University Press, 1977); P. Elphick, *Singapore: the pregnable fortress* (London: Hodder & Stoughton, 1995). Kirby, 1971, passim, and 1957–70, Vol1, Passim; A. Percival, *The War in Malaya* (London: Eyre & Spottiswoode, 1949); A. Warren, *Singapore*, *1942: Britain's greatest defeat* (London: Hambledon, 2002).
② Liddell Hart Centre for Military Archives, King's College London (LHCMA), Pownall Diaries, February 25, 1942.
③ M. Lowenthal, *Leadership and Indecision: American war planning and policy process*, *1937–1942*, *Vol.1* (NY: Garland, 1988), p. 398.
④ Matloff and Snell, 1950–55, p. 43.

军队不可能如此协调一致地行动。

英美两国之所以会如此不重视这块缺乏军事准备的战场,原因在于它们越来越相信,同盟国部署在亚太地区的现有兵力就足以约束日本,日本帝国海军与陆军只会向着防御更加薄弱的地区进军。国防规划人员不仅认为让东京政府不敢宣战的行动似乎卓有成效。更重要的是,英美两国考虑到兵力的空虚,更是千方百计地回避战争,至少要等到它们在亚太地区的兵力增加至足以对付日本。对威慑效用的盲目相信也可以归因于远东地区未来战况的不确定性。至于日本帝国海军及陆军是否有胆量攻击英美两国在新加坡和菲律宾的基地,这个问题仍有待商榷。考虑到缺乏有关日本战争计划的相关信息,这种局面也可以理解。

1941年夏末,虽然局势日趋紧张,但是太平洋地区爆发战争的前景仍不明朗。日本领导人就吞并东南亚的政策并没有达成任何一致意见。6月底至7月初,日本政府和军方的高层领导制定了"大东亚共荣圈"计划。① 具体来说,日本打算集中力量对付中国,并在为向南扩张作准备的同时时刻警惕苏联的一举一动。② 计划的第一步是占领印度支那南部,这样日本就占据了前往东印度群岛的绝佳位置,方便其攫取当地的石油资源以备不时之需。接下来的步骤就要视具体情况而定了。虽然华盛顿政府严厉警告日本,侵占亚洲南部地区将会引来美国的反击,但是东京政府认为美国及其盟友不可能对其进行制裁,除非日本将荷属东印度群岛纳入囊中。因此,日本帝国部队就有缓冲的时间,以决定下一步计划。

让日本领导层大吃一惊的是,在其占领印度支那南部地区后的数

---

① 此处有误。1940年7月26日,日本近卫内阁制定了载有所谓"共存共荣"内容的"基本国策纲要"。同年8月1日,外相松冈洋右发表声明,正式抛出"大东亚共荣圈"计划。——编者注
② Iriye, 1987, pp. 144–6; N. Shinjiro, "The drive into southern Indochina and Thailand", in J. Morley, (ed.) *The Fateful Choice: Japan's advance into Southeast Asia, 1939–41*, from translated series, *taiheiyo senso e no michi: kaisen gaiko shi-Japan's Road to the Pacific War* (NY: Columbia UP, 1980), pp. 235–7.

日内，美国就冻结了日本的海外资产，并且不准日本动用海外资金来购买原材料。美国还对日本实行石油禁运，美国的盟友——如英国和荷属东印度群岛——不久之后也效仿美国。日本军队因此缺乏足够的资源以支撑侵华战争。东京政府的决策者面临两难的抉择，要么答应美国提出的要求——从中国大陆撤兵——以解除禁运，要么占领东南亚地区作为新的原材料来源地。①即便是在那时，日本陆军和海军对于何时宣战仍未能达成一致意见。日本陆军方面认为是时候放弃外交手段解决分歧了，应该立即向美国宣战。海军元帅永野修身（Nagano Osami）以及许多政府官员坚持为恢复美日友好邦交作出最后的努力。②

　　与此同时，西方领导人也不认为经济制裁会引发战争。相反，他们认为经济上的压力能够迫使日本与其达成和解协议。另一方面，美国军官对惩罚措施深表担忧，因为此举很可能会激怒日本。③然而，日本帝国部队曾因缺乏足够的军力，而被视为无法在东南亚地区获得新的石油供应来源。美国战争部的规划组认为，日本若要占领东印度地区的爪哇和苏门答腊，又要与英国和荷兰作战，将需要相当多的时间来进行一场"大规模行动"。④日本陆军无法为这种冒险行动派出足够的部队，而且只有一小部分的航空力量能为登陆战提供足够的支援。⑤英国方面同样也坚信日本定然会受到钳制。英国内阁的联合规划小组

---

① M. Barnhart, *Japan Prepare for Total War: the search for economic security, 1919-1941* (Ithaca, NY: Cornell UP, 1987), pp. 239-44; Ike, 1967, pp. 112-29; J. Morley, *The Final Confrontation: Japan's negotiations with the United States, 1941,* from translated series, *taiheiyo senso e no michi: kaisen gaiko shi* (NY: Columbia UP, 1994), pp. 163-7.
② Ike, 1967, pp. 131-2, 135-8, 160.
③ Lowenthal, 1988, Vol.1, p. 427, and Vol.2, p. 594; R. Dallek. *Franklin D. Roosevelt and American Foreign Policy, 1932-1945* (Oxford, OUP, 1995), p. 242
④ NARA 2, RG 165, War Department, General Staff, WPD, Box 214. File 4344-2, WPD Memorandum on Oil Wells in the East Indies, 13 January 1941.
⑤ NARA 2, RG 165, War Department, General Staff, WPD, Box 109, File 3251-60, WPD Memorandum for the Secretary of War, on the Strategic Concept of the Philippine Islands, 3 October 1941.

委员会总结道，日本对经济制裁效应的担忧更有可能"让日本停下脚步，衡量得失之后再采取进一步的措施"①。

英美两国的政治领导人也希望各国团结一致能够打击日本发动战争的勇气。1941年8月，美国总统罗斯福与英国首相丘吉尔在"威尔士亲王"号（*Prince of Wales*）战列舰上进行了第一次面对面的会谈。此次会议的一项重要成果是《大西洋宪章》的诞生，该宪章以打败独裁国家作为终极的战争目标。就远东地区的局势而言，丘吉尔提议英美向日本发出联合宣言。罗斯福原则上表示同意，但是他认为现在还没到摊牌的时候。他们均同意向日本驻华盛顿大使野村吉三郎发出声明，警告"若日本采取进一步的军事行动，美国将采取一系列的报复措施"。英国和美国都没有预见到日本政府和军方很有可能会因英美两国如此强硬的态度而孤注一掷。

最后的交锋，1941年秋

1941年9月初，东京政府的统治精英认为占领东南亚是日本保证原材料供应，突破以美国为首的禁运局面的唯一途径。日本决策者也认为，虽然此举能保证日本的国家经济不致崩溃，但是必然会导致日本与西方国家的军事冲突。问题的核心不再是日本是否应与美国及其盟国宣战，而是达成和解的尝试能够持续多久。然而，尽管亚太地区的战事一触即发，但是相关各国仍坚持认为他们能够对抗日本的入侵。英美两国的领导人对于日本帝国部队的行动计划所知甚少，因此两国对于12月初珍珠港、菲律宾以及马来亚遭到的袭击感到震惊。

在制定战略时，日本领导人最关心的是解决1941年7月以来的禁运所造成的两难局面。日本储备的对华战争所需的石油和原材料只

---

① UKNA, CAB 80/29 COS（41）474（Annex）Report by Joint Planning Subcommittee, 3 August 1941.

够支撑两年。在此情形之下，唯一可行的途径是吞并英属马来亚和荷属东印度群岛作为原料来源地。虽说此举要冒着与美国开战的风险，但是对日本来说，答应美国提出的解除禁运的条件——从印度支那地区撤兵并与中国国民党签订停战协议——则更为不利。日本的军方领导坚定地认为后者有失颜面，因为日本必须接受最后通牒并放弃其在亚洲大陆攫取的一切实际利益。直至8月，日本陆军和海军的官员也承认若日本与美国未能实现和解，那么战争无法避免。[1]日本内阁在9月6日举行的"御前会议"上制定了《帝国国策施行要领》。日本计划剿灭美国、英国以及荷兰在亚洲的势力，同时开发东南亚地区的资源以支撑日本发动持久战。海军元帅永野修身解释称，若一开始就占领东南亚及西太平洋地区的关键地带，那么日本就经得住大规模的消耗战。日本海军对于同美国作战的能力持保留意见，并建议日本最好努力与美国达成和解。然而，日本陆军司令部则坚定地鼓吹战争。日本大将杉山元（General Sugiyama Hajime）认为，若日本再不采取行动的话，到1942年春，日本要想战胜同盟国就会变得更加困难。陆军与海军最终达成协议，于10月之前完成战前准备，到那时日本领导人就能决定是否有向西方国家开战的必要。

尽管日本命令其驻华盛顿大使野村吉三郎继续与美国谈判，但是鉴于日本政府毫不妥协的态度，野村根本就无法作出任何有意义的让步。1941年9月13日的联合会议上，东京政府给出了最低限度的要求。日本将保留其在中国的兵力，绝不放弃其所占据的领地。这些条件美国根本就无法接受，美国国务卿赫尔明确指出，若日本想要达成协议，就必须从亚洲大陆撤兵。10月中旬，东条英机任日本首相之后，日本陆军和海军主张日本必须要尽快打破ABCD（美国—英国—中国—荷属东印度群岛）四国形成的包围圈。11月5日的大本营政府联络会议（Imperial liaison conference）对最终的决定进行了修改。谈判的最

---

[1] R. Butow, *Tojo and the Coming of War* (Stanford: Stanford UP, 1961), pp. 246-7

期限定于11月30日，并约定一旦未能达成协议，那么日本的武装部队将于12月的第一个星期发起进攻。日本陆军和海军制定的这个作战计划由数个相互关联的部分组成。

日本的主要目标是占领马来亚和东印度南部资源丰富的地区，次要目标是在同盟国的反击中守住阵地。在西面，日本陆军要封锁中国，并通过占领缅甸阻断英国从印度的入侵。在太平洋战线方面，日本海军要解决的问题是如何抵御美国的介入。占领菲律宾在一定程度上能解决部分问题，但是日本必须要确保其在入侵南部地区时有能力对抗美国舰队的拦截。基于此，海军元帅永野修身接受了日本联合舰队的将领山本五十六（Yamamoto Isoroku）提出的计划，即在美国海军调动起来之前，对停驻在珍珠港主要基地上的美国太平洋舰队进行舰载空袭。美国于11月26日下达了准备开战的最后命令，并发布了赫尔备忘录，声称若日本不遵从美国的要求，后果将会很严重。这种强硬的语气被视为一种挑衅，双方领导人达成谅解的希望终于破灭。

那么问题是，日本为什么会在美国及其盟友的工业和军事实力明显高于日本的情形下向它们宣战呢？主要原因与战略因素有关。日本要想在西方国家的干涉下保住其在亚洲地区的势力范围，唯一的出路就是发动战争。日本政府和军方高层越来越坚信，冲突无法避免，并且越早发动战争越有利，不能等到美国海军的力量强大之后再开战，那样日本所要面对的困难将更大。此外，如果日本拖拖拉拉，它的石油和原料库存将会更加空虚。在此情形下，日本帝国海军和陆军的处境将更加风雨飘摇。

然而，若不将日本决策者作出各种决策所依据的军事估计纳入考虑范围，那么对于日本在1941年年末的所作所为的解释就不可能全面。尽管日本十分清楚美国的经济实力，但是无论是日本政府领导人还是军方高层都未能理解，他们的国家是如此地缺乏资源，根本就不可能战胜那些能够制造出更多武器的强国所组成的联盟。其主要原因在于，日本的决策者对于那些表明日本军队也许会遭遇各种困难的证据视而不见。日本很少会以精确的计算为基础制定战争计划,而且日本的领导人进行的分析是迈克尔·巴恩哈特(Michael Barnhart)所谓的"最优情况分析",即他们自己敲定描绘他们心目中战争局势的剧本,并且不允许出现任何意外情形。①历史先例在奠定这种错误预期的过程中起着非常大的作用。日本的战略思想仍以其在19世纪末20世纪初对华战争和日俄战争的经验为基础,这两场战争的胜利都是日本抢先给出致命一击,然后静候对方乞求和平。然而,在这两场战争中,日本的对手都不具备进行强力反击的实力。

因此,东京政府的领导人根本就没有想过日本该如何赢得这场全面战争,在这场战争中,军备产量上的优势对战果起着决定性的作用。因此,日本方面没能注意到克劳塞维茨(Clausewitz)曾阐述过的一项基本原则,即政治家和指挥官"应该发起……他们着手进行的战争",而不是将其曲解成他们想要(wanted)进行的战争。② 1941年9月,日本的战争联合委员会认为,如果美日之间的紧张局势无法缓解,那么就有必要向美国宣战。日本后勤官员还就日本如何赢得战争进行了极为乐观的估计。战争部和海军部的代表就某些可能出现的问题准备了一些参考文件,该文件指出,美国几乎是不可能投降的,日本"也不排除这种可能性,即我们在南部军事行动取得重大胜利或是英国投降之后,美国公众的舆论也许会因这些因素而发生改变,该战有可能会因此终结"③。日本认为,一旦最初的占领成功的话,同盟国定然会求和。日本决策层也无视了表明其经济状况不稳定的相关迹象。10月,东条英机出任首相后不久就要求内阁的计划委员会调查日本的军事物资供给。该委员会的主席铃木宗作(Suzuki Sosaku)中将发出警告,

---

① M. Barnhart, "Japanese intelligence before the Second World War: 'best case' analysis", in E. May (ed.), *Knowing One's Enemies: intelligence assessment before the two World Wars* (Princeton, NJ: Princeton UP, 1984), p.424.

② D. James, "American and Japanese strategies in the Pacific War", in P. Paret et al. (eds.), *Makers of Modern Strategy: Machiavelli to the nuclear age* (Oxford: Clarendon, 1986), p. 715.

③ Ike, 1967, p. 153.

除非日本的造船业能够维持在足够的量级，否则日本无法维系用于从东南亚运输资源的商船队，日本的经济将无法继续运转。① 他的话并没有引起人们的忧虑。就战争资金问题，财政部的代表表示，只要原材料供应充足，日本的货币强度完全足够。② 后勤官员以及东条英机都没有对该言论的真实含义进行深究，也没细想什么叫做"供应充足"。因此，日本在还未认清其物资需求能否得到满足时就发动了战争。

日本领导人在为战争作最后的准备时，美国和英国仍坚信战争可以避免。伦敦方面，丘吉尔政府认为，只要英国的政策与美国保持同步，而且也效仿美国对日本施加经济制裁，同时向日本暗示将会采取进一步的反击措施，如此，远东地区的局势就能维持稳定。然而，英国开始要依靠美国来迫使日本乖乖听话了。因此，英国放弃了实施外交活动的主动权，而仅仅从旁观察亚洲地区国际关系。美国领导层的多数官员也怀疑日本是否会接受赫尔提出的从中国撤兵的要求。然而，白宫和国务院都不认为，没有达成和解会引发战争。

就军事行动方面而言，相关各国均认为，日本的侵略会因它们军队力量的加强而止步。丘吉尔表示，珍珠港上的太平洋舰队再加上英国在新加坡的海军部队就足以打消日本宣战的勇气。10月，国防委员会决定派遣Z舰队前往新加坡，Z舰队由现代战舰、"威尔士亲王"号战列舰以及古董级的"反击"号（Repulse）战列巡洋舰组成。③ 英国内阁和海军部都不认为这些即将淘汰的战舰就能够抵御日本对马来亚的进攻。其本意是为了突显英国在远东地区仍具有影响力。伦敦政府还需要安抚地处太平洋的英国附属国澳大利亚与新西兰，它们批评

---

① Ike, 1967, p. 191, Also see Morley, *Final Confrontation*, pp. 296-7.
② Butow, 1961, p. 317.
③ The most comprehensive secondary accounts on this aspect include: I. Cowman, " Main fleet to Singapore？ Churchill, the Admiralty and Force Z", in *Journal of Strategic Studies*, 19/2, (1994), pp. 79–93; J. Pritchard, " Churchill, the military and imperial defence in East Asia", in S. Dockrill (ed.), *From Pearl Harbor to Hiroshima: the Second Eorld War in Asia and the Pacific, 1941-45* (Basingstoke: Macmillan, 1994), pp. 26–54 and chapter 11 of S. Roskill, *Churchill and the Admirals* (London: Collins, 1977).

英国在日本一次次的入侵浪潮中没有保护好它们。

美国国防官员也坚信，日本会在武力展示面前却步。联合委员会批准向菲律宾派遣 B-17 中程轰炸机分队的计划。鉴于日本与轴心国已结成同盟，因此有必要采取一定的保护措施，于是 1941 年夏天，联合委员会决定增援美国在远东地区的兵力。[1] 10 月，美国战争部长亨利·史汀生告诉罗斯福用轰炸机威胁日本"有可能阻止日本向南部进军"[2]。美国在加强菲律宾兵力的同时，也能为自己争取到一定的时间，将战事拖延到其军事据点兵力增强之后。大多数军事领导人也称，日本的扩张会在联盟部队面前遭到严重的打击。[3] 之所以会有这种观念，原因在于西方国家低估了日本的军事实力及其消灭同盟国在东南亚势力的决心。美国战争部的规划部门指出，相关各国应当竭尽全力在"香港至菲律宾的总路线上"阻断日本，菲律宾是守住这条路线的重中之重。[4] 该路线的南边是"盟军的后继阵地，其中相关各国的海陆空三军联合行动能造成巨大的伤害"。

美国因此没有参与对日战争，对珍珠港的袭击出乎了所有人的意料。阴谋论者称，罗斯福总统早就知晓日本的计划，但是他为了让该计划得以顺利实施，让美国有向日本宣战的借口，于是没有向公众公布这一消息。[5] 然而，这一说法缺乏充足的证据。更可信的说法是美

---

[1] M. Watson, *Chief of Staff: Prewar Plans and Preparations*, in series United States Army in World War II: The War Department (Washington, DC: Office of the Military History, 1950–55), p. 439; W. Craven and J. Cate, *The Army Air Forces in World War II, Vol.1: Plans and Early Operations* (Washington, DC: Office of Air Force History, 1948), pp. 176–7, 184–5.

[2] Brune, 1981, p. 119; W. Heinrichs, *Threshold of War: Franlin D Roosevelt and American entry into World War II* (Oxford: OUP, 1988), p. 195.

[3] L. Morton, *The Fall of the Philippines*, and *Strategy and Command: the first two years*, in series United States Army in World War II: The War in the Pacific (Washington, DC: Office of the Chief of Military History, 1962–1989), pp. 31–2, 64.

[4] NARA 2, RG 165, War Department, General Staff, WPD, Box 109, File 3251-61, WPD, Memorandum for Chief of Staff, on Command in the Philippines, 13 October 1941.

[5] See J. Toland, *Infamy: Pearl Harbor and its aftermath* (Garden City, NY: Doubleday, 1982); R. Stinnett, *Day of Deceit: the truth about FDR and Pearl Harbor* (NY: Free Press, 1999).

国的情报部门对于日本的意图仅获得了些许模糊的信息。日本政府和军方仍对它们的政策秘而不宣。在此情形之下，美国对于其对手的意图并没有清晰的概念。举例来讲，日本海军引用了前日本海军上将的言论，声称与美国开战定然要从袭击菲律宾和夏威夷入手。然而，该言论在日本最终确定其战略之前就已经存在了，而且看上去更像是在夸夸其谈。①

情报部门试图获得更可靠的信息，于是对日本的通信进行了窃听，一切都显示战争一触即发，但是对于日本计划袭击的地点仍不明确。美国的密码专家在1941年破解了"紫色"密码机之后，日本外交通信中的情报也仅限于政策的目标，因为日本的外交官员对于军方的计划所知甚少。②11月15日，东京政府要求驻火奴鲁鲁市（Honolulu，别称檀香山）的领事定期报告美国驻珍珠港舰队的位置。③海军情报部门在12月初破译了该信息，同时该信息也表明日本正谋划袭击夏威夷。然而，该信息仅仅是在确定美国舰队的位置，对于即将采取的行动只字未提。美国的情报部门还于11月19日截获了日本外务省的"风声"，要求所有的外交使团在收到一封加密过的天气预报之后立即毁掉密码机，该报告与即将爆发的战争有关。④12月2日，美国陆军与海军情报部门都截获了日本驻华盛顿、伦敦、新加坡和马尼拉的使团收到的指令，即销毁电报电码及相关文件。虽然如此，日本海军的具体位置仍要等到JN-25a和JN-25b密码被破解之后，据可靠消息，

---

① J. Prados, *Combined Fleet Decoded: the secret history of American intelligence and the Japanese Navy in World War II* (Annapolis: Naval Institute Press, 1995) p. 163.
② L. Farogo, *The Broken Seal: the story of "Operation Magic" and the Pearl Harbor disaster* (NY: Random House, 1967), p. 159.
③ G. Prange, *At Dawn We Slept: the untold story of Pearl Harbor* (London: Michael Joseph, 1981), p. 355.
④ Prados, 1995, pp. 167–8.

1941年12月时它们还没被完全解密。①为了达到奇袭的效果，日本的行动守则规定进攻部队在任何情形下都要保持无线电静默。②因此，有关偷袭珍珠港的信息根本无从获得。

就美国当时获得的情报来看，当局作出错误估计在所难免。鲜有人认为日本帝国舰队能够一次性发起多次重大行动。人们认为日本的航母舰队可能会以东印度群岛和马来亚为中心，因为它们的石油及矿产资源对日本来说更为重要。③最重要的是，鉴于该战必定会以日本战败告终，再加上当时也有证据表明日本的行动受到其对该战耗费程度的认识的限制，美国及其盟友极有可能怀抱这样一种信念，即战争能够避免。在此情形下，没有考虑到会在太平洋地区开战也是合乎逻辑的。日本在战争初期获胜的速度和规模终于让同盟国相信，日本绝不会收手。

---

① In addition to the works cited in notes 31–4, above, see R. Aldrich, *Intelligence and the War against Japan: Britain, America and the politics of secret service* (Cambridge: CUP, 2000), chapter 5; Costello, 1981, pp. 670–741; R. Wohlsteller, *Pearl Harbor: Warning and Decision* (Stanford, CA: Stanford UP, 1962).
② See K. Kotani, "Pearl Harbor: Japanese planning and command structure", in D. Marston (ed.), *The Pacific War Companion: from Pearl Harbor to Hiroshima* (NY: Osprey, 2007), pp. 31–45.
③ S. Morison, *The Rising Sun in the Pacific, 1931–April 1942*, in series *History of United States Naval Operations in World War II*, Vol. 3, reprinted version (Chicago: Illinois UP, 2001), pp. 129–31.

第 4 章

日本捷报频传，1941 年 12 月至 1942 年春

1941年12月至1942年年初，日本闪电般地占领了东南亚及西太平洋地区，表面看来日本帝国陆军和海军似乎所向披靡。事实上，日本的胜利很大程度上归功于其娴熟的作战计划，以及日本部队在战略和战术上的高效。美国和英国的软弱也是造就日本胜利的重要因素。然而，早在1942年3月，日本高层就在努力处理那些腐蚀战争机器的不足之处，其中最重要的是陆军和海军都不具备在持久战中战胜西方国家的实力。日本军队战线过于绵长，同时美国还没有在该战中被淘汰出局。相反，美国正筹划反击，并且最为重要的是，美国所拥有的工业资源足以建立起一支远超日本的部队。然而，日本军方领导层并没有认识到日本所处的困境，仍认为日本能给予对手致命一击，随后便能在敌军反击之时守住其所征服的领土。正是在这种错误观念的驱使之下，日本在印度洋和太平洋地区发起了一系列失败的袭击行动，并以海军于1942年6月在中途岛战役的失败告终。可以说，正是中途岛战役之后，整个太平洋战争的局势开始向着同盟国扭转，日本侵略的能力也大受打击。

　　太平洋战争以12月7日至8日，日本偷袭美国停驻在珍珠港主要基地的舰队，同时入侵英国、美国与荷兰在东南亚的殖民地为起点。夏威夷时间12月7日清晨，日本派遣了由6艘航空母舰——"赤城"号（*Akagi*）、"加贺"号（*Kaga*）、"飞龙"号（*Hiryu*）、"苍龙"号（*Soryu*）、"翔鹤"号（*Shokaku*）和"瑞鹤"号（*Zuikaku*）——组成的特遣部队穿过4800公里的海洋，抵达瓦胡岛附近。[1]日本

---

[1] P. Dull, *A Battle History of the Imperial Japanese Navy*, *1941–45*（Annapolis, MD: Naval Institute Press, 1978）, pp. 10–18.

的航空母舰以及战列舰和驱逐舰于11月26日从千岛群岛（Kurile Islands）的单冠湾（Tankan Bay）出发，向北穿过太平洋。这样，日本的舰队就避开了主要的航线，以免被发现。而且当时雾气浓重、狂风肆虐的天气状况也十分有利于特遣部队躲过侦察机的侦查。12月2日，特遣部队指挥官南云忠一海军中将（Admiral Nagumo Chuichi）在收到一封密报——"新高山登レ"（niitaka yama nobore，攀登新高峰）——之后，下达了最后的行动命令。在靠近瓦胡岛480公里时，南云中一下令轰炸机分4次起飞，这样就能避开雷达的探测。6点15分，第一组轰炸机在指挥官渊田美津雄（Fuchida Mitsuo）的带领下出发。第一波炸弹于7点55分落在了珍珠港上。此次空袭只持续了不到2小时。在日本的飞机从夏威夷水域飞回舰队补给时，美国的两艘战舰——"亚利桑那"号（Arizona）战舰和"俄克拉何马"号（Oklahoma）战舰——已经被摧毁了。"加利福尼亚"号（California）战舰、"内华达"号（Nevada）战舰、"西弗吉尼亚"号（West Virginia）战舰，以及许多巡洋舰和驱逐舰也严重受损。还有100多架轰炸机被毁，而日本仅损失了29架飞机。

在偷袭珍珠港的同时，日本部队还对南部地区发动了进攻。而日本的最终目标是东印度群岛的油田。为了实现这一目标，日本陆军两线出击。第一纵队以马来亚和英国海军在新加坡的驻地为目标，第二纵队则盯上了美国在菲律宾的部队。在占领这两块地区之后，两股部队就能会师。当地时间12月8日，马来亚和菲律宾遭到袭击。不幸的是，日本陆军在菲律宾遇到了难以想象的抵抗力量。尽管1942年1月初，美国的主力部队仍在巴丹半岛，但是菲律宾崎岖的地形以及茂密的丛林很难突进，而且反抗力量也十分强大。日本中将本间雅晴（Honma Masaharu）对菲律宾群岛的入侵不得不推迟，整个向南入侵的计划完全被打乱了。然而日本高层认为，在盟军派兵增援之前，必须拿下东印度群岛。为了占领东印度群岛，日本军方高层缩减了菲律宾部队的规模，日本消灭美国在菲律宾群岛兵力的进程因此被延缓。

尽管日本遭到了些许挫败，但是不得不承认其在南部的行动极为迅速。① 在马来亚，日本第 25 军从东北方向的哥打巴鲁（Kota Baru）和宋卡（Singora）海岸登陆。英国试图截断日本的增援部队，并派遣菲利普斯上将（Admiral Philips）率领"威尔士亲王"号和"反击"号从新加坡前来支援。英国的主要目标是切断日本在中国南海的运输线，但是 12 月 10 日，日本海军飞机击沉了这两艘战舰，因此山下奉文（Yamashita Tomoyuki）将军的部队在这片海域没有遭到什么反抗就登上了陆地。日本部队登陆之后，迅速穿过丛林，击败了英国将军珀西瓦尔的部队，并且不到两个月就打到了新加坡的家门口。陷入重重包围的英国驻军于 1942 年 2 月 15 日宣布投降，他们之前声称的坚不可摧的堡垒成了一片废墟。

同盟国在东南亚其他地区的据点也很快就被消灭殆尽。在香港，日本第 23 军于 1941 年 12 月 25 日突破了英国的防线。与此同时，川口支队的侵略一直延伸到了英属婆罗洲，并占领了美里（Miri）附近的油田。在东海岸方向，日本步兵营于 1942 年 1 月末又盯上了打拉根港口（Tarakan）和巴里巴板港（Balikpapan）。1 月，由美—英—荷—澳（ABDA）组成的联合舰队，在荷兰海军少将凯勒·杜尔曼（Rear-Admiral Karel Doorman）的指挥下，意图阻止日本登陆这两个港口。然而，由于空中掩护力量的不足，联合舰队完全无法抵御敌方的空袭，其结果是"马波海德"号（*Marblehead*）与"休斯敦"号（*Houston*）巡洋舰被击沉。随着日本帝国军队逐步蚕食东印度群岛，荷兰下定决心要保住爪哇岛的主岛。然而，日本的猛烈攻击锐不可当。2 月 14 日，日本空降兵在南苏门答腊省的巨港（Palembang）登陆，3 日后，日本第 38 师占领了当地的油田。杜尔曼的联合舰队试图拦截驶往爪哇岛和巴厘岛附近岛屿的日本军舰和运输船，但是在日本舰队炮火的猛烈攻击之下，它们根本就无法保持完整的战斗队形。于是，日本第 16 军没

---

① For details, see S. Hayashi in collaboration with A. Coox, *Kogun: the Japanese Army in the Pacific War* (Quantico, VA: Marine Corps Association, 1959), pp. 36–9.

有遭到什么反抗就从爪哇东海岸登陆了。2月27日至3月1日，盟军为守住该岛进行了最后一搏。联合舰队的指挥官收到消息，部分入侵舰队正朝南驶去，杜尔曼的舰队从苏腊巴亚（Surabaya）起航。在随后的爪哇海战中，日军成功击沉了盟军的大部分船只。3月9日，荷兰军队将东印度群岛拱手让给了侵略者。

在缅甸，日本军队试图由第15军发动侵略战争，包围中国，同时切断中国仅剩的补给线。日本于1942年3月击溃了驻扎在仰光附近的英国和印度军队；5月，英国和印度军队撤出了印度边界。在菲律宾群岛，日本军队战胜了美国在巴丹半岛和科雷希多岛的反抗力量。与此同时，日本陆军的南海分遣队（South Seas Detachments）也占领了关岛和威克岛。1942年中期，同盟国部队被迫撤往位于印度洋和澳大利亚的后方基地，至此东南亚地区以及西太平洋地区完全处于日本的掌控之下。

日本获胜的原因

日本海军和陆军在如此短的时间内成功控制了以缅甸为起点，穿过东印度群岛直至太平洋岛屿的数千公里的地区，究其原因，在于领导层制定的高效战略及行动计划，再加上战场前线的日本部队的战斗技巧。此外，同盟国在马来半岛和菲律宾群岛防卫工作的准备不足也促成了日本的胜利。

在战略及执行层面，日本获胜的主要原因是日本海军获得了其准备占领的地区的海域及领空的完全控制权。除此之外，日本海军利用其有限的兵力，集中力量占领了西太平洋地区几个重要的位置。在整个战前阶段，日本海军一直在努力尝试优化其资源配置。[①]日本指挥

[①] D. Evans and M. Peattie, *Kaigun: the strategy, tactics and technology of the Imperial Japanese Navy, 1887–1941* (Annapolis: Naval Institute Press, 1997), pp. 187–8, 194–201, 205–12, 238–9.

层意识到，数量不占优势的日本舰队要想战胜对手就必须凭借奇袭，并且在战争一开始就要先发制人。其本意是在美国舰队足以威胁到日本本土之前就将它们摧毁。事实上，珍珠港事件可以说是袭击方利用隐秘和欺骗手段趁防守方疏于防守之际给予毁灭一击的经典战役。随着日本海军在太平洋地区占据优势之后，海军就可以安全地将部队转移至战斗地区而不用担心同盟国的干涉。日本军队因此也有了一条延伸至日本本土的供给线。这意味着，日本部队一旦登陆就会有一条提供军备和援助的稳定渠道以保证部队的推进。

日本高效的情报网络也让其行动计划更加完善。例如，第25军参谋辻政信中佐（Colonel Masanobu Tsuji）回忆道，他的长官曾详细调查了马来半岛的登陆海滩，还一丝不苟地验证了内陆推进的路线。[①]日本特工还实施了系统性的破坏行动，摧毁了航空基地、油田和铁路等设施。他们实施的颠覆活动同样值得注意。数年以来，赢得东南亚地区本土居民的人心都是日本的重要目标。在战争爆发时，日本的情报机关就与大部分欧洲殖民地区民族运动的重要领导人取得了联系，并且还向当地居民宣传了反西方国家的思想。其结果是，日本的侵略居然获得了当地的广泛支持。日本帝国军队一踏上东印度群岛和菲律宾，殖民政权几乎是在一夜之间就土崩瓦解。[②]在马来半岛，数千名印度士兵叛离英国部队，加入日本的侵略部队。

日本帝国部队制定的战略及其制造的武器也让他们远胜其对手。具体而言，日本海军为占领西太平洋地区，努力提升其作战能力。日本通过建造火力更加强劲、更耐打击的船只，以弥补其在船舶建造能力上与西方国家之间的差距。20世纪20年代末，日本机械师和工程师发明了一系列精密的武器，日本海军因此也有了与英美两国

---

① M. Tsuji, *Japan's Greatest Victory, Britain's Worst Defeat* (NY: Sarpedon, 1993), pp. 6, 24–6, 33–41.
② P. Elphick, *Far Eastern File: the intelligence war in the Far East, 1930–45* (London: Hodder & Stoughton, 1997), pp.3–4, 48–51, 215–18.

抗衡的实力。日本战舰和驱逐舰也配备上了远超对手的枪支和鱼雷，还装备有更大动力的驱动装置，舰队的机动能力和续航半径因此大大增强。① 为了提高舰艇上机枪手的打击精度，舰艇上的控制塔建造得更高，这样就能将各式各样的装置——如测距仪、探照灯指挥仪和射击测算器——纳入其覆盖范围。舰桥上的长官也能够锁定更远距离的目标。海军军械运作十分完美。"长矛"鱼雷（long-lance）是太平洋战争期间最先进的鱼雷，它可以每小时45海里的速度打击远在5海里以外的目标。这些鱼雷还是凭借氧气推进的，这也意味着它们不会留下尾波，也意味着难以被探测。就战略层面而言，日本帝国舰队发展出了利用现代科技的创新途径。船员也很擅长进行夜间操作。这正是包括英美在内的许多海军部队所忽略的地方，主要原因在于他们普遍认为在夜幕的掩护下发动袭击太过复杂。为了防止暴露船只的位置，雷达也一直保持静默。日本舰队的优势在爪哇海战中得到了充分的体现，日本舰队总是能够在盟国部队作出反应之前就将它们锁定并击沉。

日本海军同样也在提升其航空力量上下了一番苦功。1937年，日本海军的造舰补充计划（Fleet Replenishment Program）拨款建造了2.5万吨位的"翔鹤"号航空母舰和"瑞鹤"号航空母舰。同年，日本海军的航空参谋部为了让零式战机的飞行能在广度、速度和机动性上超越敌方拦截机，而制定了许多技术指标。② 三菱集团被委以重任，制造新式战斗机，第一台完整的战斗机于1940年9月在中国战场上投入使用。这样一来，日本就有能力控制其征服地区的领空，同时消灭敌方的空中力量，轰炸行动也就更有效率。战机制造商还装备了多种

---

① H. Jentschura et al., *Warships of the Imperial Japanese Navy, 1869–1945*, translated by A. Preston and J. Brown (Annapolis: Naval Institute Press, 1992), p. 35; A. Watts and B. Gordon, *The Imperial Japanese Navy* (NY: Doubleday, 1971), pp. 40–1, 52–8.
② A. Yoshimura, *Zero Fighter*, translated by R. Kaiho and M. Gregson (Westport, CT: Praeger, 1996), pp. 39–49. For a firsthand account, see J. Horikoshi, *Eagles of Mitsubishi: the story of the Zero Fighter*, translated by S. Shindo and H. Wantiez (London: Orbis, 1981), pp. 3–8, 32–64.

类型的投弹机，轰炸机发动的空袭精度因此得到了很大的提升。①海军航空兵训练有素，他们无论是在港口还是在开阔的海域都能识别出敌方舰队。英国的主力舰"威尔士亲王"号和"反击"号在马来半岛被日本击沉，就足以证明日本轰炸技术的娴熟及其准确性。日本飞行员为了完全战胜对手，会在联合行动中采取多种类型的袭击策略。突袭是由水平轰炸机执行的，完全吸引了防空人员的注意力。鱼雷轰炸机和俯冲轰炸机紧随其后，它们在执行任务时就不会遇到多少阻碍。即使是与敌人短兵相接，这些飞行员也都会坚定不移地继续袭击。这种轰炸模式极为高效。日本海军的空勤部队也在荷属东印度群岛和马来半岛的两栖战斗中提供了非常大的援助，而且效果极佳。水上飞机负责执行侦察任务，重型轰炸机负责摧毁通信设备和海岸上的炮兵连。②为了取得登陆海滩附近地区的对空优势，保护登陆部队的安全，日本还占领了附近的飞机场。

尽管日本陆军在技术上没有海军那么先进，但是其战术一直以来都十分精妙。最具决定性的优势是日本步兵单位的机动性和战斗技巧。在两栖作战中，登陆部队总是能够轻易占领目标据点。日本制造了极为适宜的军备，如装有铰链弓的登陆艇，能迅速卸下部队和供给。在马来半岛，两栖部队常常会选择那些山崖陡峭、潮水汹涌的海滩进行登陆，因为防守方会认为这些海滩不适合登陆。地形和天气上的不利也就不是什么障碍了，相反，日本部队还故意选择在这种条件下作战，如此他们就能让对手大吃一惊。日本军队还十分擅长地面推进，特别是在丛林密布的远东地区。行军部队不依赖机动运输，还能克服许多自然的因素，如丘陵、森林和渡口。凭借这些优势，日方就能占领盟军部队集中防守的主要道路。在登陆马来半岛之后的几天里，日本陆军高超的侧翼包围战术使得英军无从选择，只得向后撤退，在马来半

---

① M. Peattie, *Sunburst: the rise of Japanese naval air power, 1909-1941* (Annapolis: Naval Institute Press, 2001), pp. 21-51.
② W. Karig, *Battle Report: Pearl Harbor to Coral Sea* (NY: Farrar & Rinehart, 1994), p.169.

岛南部更利于防守的据点重新集结。日方还常常秘密潜入敌方的据点。在菲律宾，日本的小规模部队经常在美军防线上的间隙突破，静候支援部队，待到兵力足够时再发动小规模突袭。他们还会使用鞭炮以及其他各种诡计来迷惑对手。此后，日本入侵部队就会全军出击，全面战胜失去方向的美国士兵。日本帝国部队全军上下士气高涨。步兵部队无所顾忌地向前方推进，其为部队奉献的精神毋庸置疑。在缅甸的英军指挥官赫顿中将（Lieutenant-General Hutton）指出，日本获胜的根本原因在于，日本士兵被灌输了浓厚的"进攻精神"[1]。

最后，处于防守一方的同盟国部队的虚弱也有利于日本的获胜。就海军和航空部队而言，英美两国不仅兵力空虚、装备落后，而且怠于操练。该问题一部分可归咎于西方人士对日本的蔑视，认为日本没有能力挑起大战。更重要的原因在于，同盟国海军和航空部队的主力被派往大西洋战场，这也就意味着不可能会有大部队留守太平洋。然而，陆军部队遭到了最严厉的批评。在多次战斗中，英美两国的军队数量都远超日本，但是缺乏抵御日本入侵的战术。英美两国的步兵部队不善于在荒山野地作战，士兵们为了守住据点不得不采取极富想象力的作战方式。许多英国军官认为，如果某个据点可以被绕开的话，那么传统的布置固定防御点的手段就没什么用，因此也就没有布置足够的兵力。[2]防守部队应当在周边地区积极巡逻，而且机动车也会因恶劣的地形而受到限制，因此合理部署步兵部队十分重要。

同盟军的指挥官也认为，他们的失败在于纪律性的普遍缺失。一位在菲律宾服役的美国军官指出，步兵部队的士气十分低下，为了培养士兵们的进攻精神，他还建议对士兵进行日本式的"精神训练"。[3]

---

[1] LHCMA，HUTTON 2/40 Précis of Operations in Burma, Undated？late 1942.
[2] LHCMA，Pownall Diaries, Note by Lieutenant-Colonel Philips（formerly GSOI [O] Malaya Command）, Undated？March 1942.
[3] US Army Military History Institute，Carlisle, PA（MHI）, Infantry Journal, "Lessons of Bataan", by Colonel Milton A. Hill, October 1942.

同样，波纳尔将军也指出，英国部队在物质享受的荼毒之下，不愿从事艰难的工作，他们完全没有为战场的条件做好充分的训练。①西方部队缺乏在艰苦环境中作战的刚毅精神，而在丛林密布的东南亚地区以及西太平洋地区的岛屿上，这种艰苦环境随处可见，他们与日本的强兵悍将不可同日而语。

日本战争机器的缺陷

1942年3月，战争的最初几个月里，日本捷报频频，但是日本部队也延伸到了极限，而且日本也没有足够的力量来实现其终极目标，即消灭美国的反击力量。然而，日本领导人在没有充分关注其战略困境的情况下就继续执行其战争计划。情况变得更加复杂了，因为日本海军和陆军关于主要目标的分歧越来越大，日本的武装力量因此也无法制定出联合行动计划。

日本的战略计划因几个缺陷而无法执行，其中最重要的一个是日本指挥层对于获得全面胜利所要采取的行动步骤没有一个确切的想法。随着日本在东南亚以及西太平洋地区初步行动的结束，日本面临关键的抉择，要么固守疆土，要么继续征战。日本在1942年3月7日的联络会议上制定了三个目标：（1）"扩大已经取得的军事成果"；（2）确保"政治和军事长久的坚不可摧"；（3）采取积极措施迫使英军投降并让美国丧失作战意图。②然而，这三个目标的优先顺序仍没有确定，而且此次会议也没有确定日本帝国部队是进行持久战，还是进行短期的、决定性的战斗。

---

① LHCMA, Pownall Diaries, "Cause of Failure", 5 March 1942.
② K. Akagi, "Leadership in Japan's planning for war against Britain", in B.Bond and K. Tachikawa (eds.), *British and Japanese Military Leadership in the Far Eastern War, 1941–1945* (Abingdon: Frank Cass, 2004), pp. 57–8.

更为糟糕的是，日本根本就没有足以击败盟军的行动计划。[①]首要选择是向太平洋中部进军，占领夏威夷群岛，逼迫美国海军退守美国西海岸。然而，奇袭已经再无可能了，因为太平洋舰队在珍珠港事件之后处于高度戒备状态，而且美国也有足够的舰队来阻击意图侵犯其在夏威夷主要基地的敌人。日本海军也认为应当向太平洋西南地区推进，占领所罗门群岛，切断美国与澳大利亚之间的供给线，这样一来，澳大利亚就无法作为盟军反攻日本帝国南部地区的基地了。该行动的成功机率同样很低，因为日本海军没有足够的运输和补给舰队来支撑其远离本土的作战行动。

军队内部的斗争以及集中控制的缺乏进一步阻碍了日本制定出可行的作战计划。根据1889年日本宪法的规定，内阁大臣可以直接奏请天皇，这也就意味着他们不用互相询问就可以推行自己的政策。日本海军设想与英美两国进行海战，而陆军则认为日本的终极目标是结束中日之战并为在西伯利亚作战作好准备。1937年中日战争爆发之后，日本成立了战时大本营（Imperial General Headquarters，IGHQ），但是大本营会议总是想着自己的提议能够通过，而不是想办法得出折中方案。对此，政府官员也无计可施。包括东条英机在内的绝大多数日本首相都没有足够的实力来左右军方的决策。他们常常提出一些有关战略的重大问题，然后等待军方人员来决定如何解决。1942年3月，东条英机就日本如何取得最终胜利召开了一次会议，然而此次会议得出的大战略仅仅是对海军和陆军方面观点的结合。[②]缺乏强有力的领导意味着宏伟的计划几乎总是军方观点的集合，本就稀缺的资源也就无法协调部署。军队内部的斗争也让日本

[①] H. Willmott, *Empires in the Balance: Japanese and Allied Pacific strategies to April 1942*（Annapolis: Naval Institute Press, 1982）, p. 437.

[②] R. Tobe, "Tojo Hideki as war leader", in Bond and Tachikawa（eds.）, *British and Japanese Military Leadership in the Far Eastern War, 1941–1945*（Abingdon: Frank Cass, 2004）, pp. 26–7, p. 31–2.

失去了许多重要的机遇,如袭击英国在印度洋的殖民地以及向中东地区推进。①若此举顺利达成,日本帝国部队就能切断英国在印度和至关重要的中东地区的石油供应,给英国致命一击。此举对于轴心国来说还具有巨大的宣传价值,因为如此日本就能与隆美尔的德意志非洲军(Afrika Korps)会师。然而,日本海军虽然赞同这一方案,但是陆军却拒绝提供部队。

除了组织结构上的缺陷之外,日本战争计划还被一些不良作风困扰。战争初期阶段,日本闪电般的胜利使得日本军队内部出现了一种普遍的想法,即低估日本部队所面临的挑战。这种习惯十分危险,特别是在与美国及其盟友作战之时,因为它们不仅在经济上远超日本,在制造大规模军备的能力上也将日本远远地甩在身后。同样重要的是,西方国家决定发起全面战争,其主要目标是夺回轴心国对其所征服领土的控制权。在此情形之下,短期内的数次战败并不足以阻挡同盟国的脚步。

然而,日本仍幻想战争会以有利于日本的形式展开,并以此进行军事计算,日方认为海军和陆军能够剿灭同盟国发起反攻的力量。日本领导人并没有为战争失败准备后路。相反,他们不仅十分坚信日本必将取得决定性胜利,还坚定地认为要尽早采取行动。关于统一行动以及避免与敌军进一步交锋的提议被嗤之以鼻。有关日本战时策略的近期著作也中肯地称,守护日本帝国的最合理措施是采取防御行动。1942年,日本在中途岛战役和所罗门群岛海战中未能击溃美国舰队,将有限的力量浪费在此处,而日本原本可以将其海军及其航空部队部署至更为重要的关键基地,例如马里亚纳群岛和菲律宾。②如此,日本抵御同盟国入侵西太平洋的力量就能高一个等级,这样日本就能延

---

① P. Kennedy, "Japanese Military strategic decisions, 1939-45", in indem., *Strategy and Diplomacy, 1870-1945* (London: Allen & Unwin, 1983), p.186.
② See J. Wood, *Japanese Military Strategy in the Pacific War: was defeat inevitable?* (Lanham, MD: Rowman & Littlewood, 2007), pp. 26-8.

缓同盟国建立起足以打击日本本土的军事基地。

除了进行冒险行动之外，日本还高估了自己赢得战争的可能性，从长远来看，这些造成了两种足以致命的负面影响。第一，日本已经建立起足够强大的情报网络，能够正确判断同盟国的战斗能力，然而它仍行动缓慢。一方面，日本海军和陆军十分积极地搜集关于敌军的位置和部署情况的情报，尤其是在战争初期阶段。然而，日本海军和陆军在执行情报活动中都未能注意到那些更为重要的长远问题，例如敌方增强兵力和强化作战技能的方式。[1]因为日本军方领导人坚定不移地相信，日本军队战无不胜，他们缺乏改进信息处理装置的动机。事实上，情报机器上的某些关键部位早已被拆除了。例如，日本帝国陆军在东南亚地区的行动结束之后，南方军队总部就将情报部门与行动部门合并了，并宣称前者已经失去存在的意义。[2]造成的结果是，日本对于其对手所了解到的信息越来越错，在缺乏对敌军正确认识的前提下，日本军方根本就无法作出明智的战略决策。

第二，日本未能改进武器和作战方式。尤其是日本陆军方面认为，鉴于英美两国无法守住其在东南亚的殖民地，因此它们绝对没有发动重大战争的能力。实际上，日本之所以能够迅速占领菲律宾和马来半岛并不仅仅是因为日本有着高超的战略技巧，很大程度上还在于日本陆军的对手是一些装备落后且未经良好训练的士兵。然而，日方普遍习惯性地认为，西方部队不能忍受长期战斗带来的压力，他们缺乏纪律性。普遍的观点是，尽管日本帝国部队缺乏先进的武器，但是仅凭勇往直前的精神，日本军队就可以在任何环境中取得胜利。举例来讲，1942年，日本内阁计划委员会的主席铃木贞一上将（General Suzuki Teiichi）在与一群报告员谈话时称："最终胜利的关键不在于国家物

---

[1] United States Strategic Bombing Survey（USSBS）, *Japanese Military and Naval Intelligence Division*（Washington, DC: Government Printing Office, 1946）, pp. 20–1.
[2] S. Hayashi, in collaboration with A. Coox, *Kogun: the Japanese Army in the Pacific War*（Quantico, VA: Marine Corps Association, 1959）, p. 45.

质实力的强弱，而在于精神，它能提供全方位的力量。"①日本漠视技术资源以及现代装备，如坦克、重型火炮以及机动车等，这也就意味着日本陆军不可能会去认真完善相关程序，并将步兵单位的表现作为其最主要的作战武器。

日本海军及其航空队并没有比陆军部队好多少，他们在与同盟国作战时的战斗方针足以表明，他们已经在一定程度上认识到充足的武器是必要的。然而，日本舰队和航空力量都没有进行一场旷日持久的战斗的意思。建设为进攻行动服务的船舰——战舰、航空母舰和潜水艇——成了海军的政策。鲜有人会去考虑保护东南亚和日本本土之间的海洋贸易路线，但日本的战争工业是非常依赖其作为原材料补给的。战争初期，日本帝国海军并没有船只可以执行运输任务，即使当时日本正在建造护航驱逐舰，而当时可用的船只数量远远低于最低要求。日本海军一直以来都认为护航任务太过平庸，对战斗部队的进攻没有多大益处。②鉴于日本人以击溃敌方战舰为主的作战方针，因此他们并没有花很大的心思在制造船只、制定战略和方针护卫商船上。③结果是，日本在美国持续攻击其运输部队时手忙脚乱，日本海军最终因石油及其他资源的严重匮乏而无力继续作战。

日本的飞机数量足以弥补其与同盟国之间的物质差距，这种错误的指导方针一直困扰着日本航空力量。实际上，日本只能在比它弱小的对手面前逞逞威风。因为日本的轰炸机和飞行员无法达到与同盟国同样的水平，拉平损失要克服极大的困难。更糟糕的是，日本初战告捷让日本人滋生了一种错误的自信感，航空队也没有想着

---

① B. Shillony, *Politics and Culture in Wartime Japan* (Oxford: OUP, 1981), p. 134.
② A. Oi, "Why Japan's anti-submarine warfare failed", in D. Evans (ed.), *The Japanese Navy in World War II: in the words of former Japanese naval officers*, 2nd edition (Annapolis: Naval Institute Press, 1986), p. 387.
③ M. Parillo, *The Japanese Merchant Marine in World War II* (Annapolis: Naval Institute Press, 1993), pp. 7–12, 14–17.

去改进其军备。①日本指挥官也未能抓住扩大优势的机会——在战争最初的几个月里,日本航空力量在数量上占据绝对的优势。②相反,胜利纯粹是因为战术人才,而战略因素在决定战果方面的重要性被忽略了。结果,日本海军空勤部队没有作好与更强的对手作战的准备。

日本丧失主动权,1942年3月至6月

1942年3月,日本发现自己被盟军的行动牵着鼻子走了,而非执行自己的战略。日本陆军在东南亚地区因战线绵延数千公里而兵力分散,并且无法进一步征战。与此同时,日本海军的行动也反映出他们坚信,决定性胜利已经触手可及。在印度洋地区,英国开始在锡兰基地集结航空母舰和战列舰,以防该地区被占领。日本海军指挥官收到了关于集结的信息,而且山本五十六的许多部下坚信,英国皇家海军定会保持中立,直到日本帝国舰队与美军相遇。3月26日,海军上将南云忠一率领由5艘航空母舰组成的舰队,从新加坡向西行驶。其目标是向英国在亭可马里港(Trincomalee)的基地发起珍珠港式的偷袭。然而,南云忠一未能复制日本在美国太平洋舰队上取得的成绩,因为英美两国在数周之前就破解了日本帝国海军的JN-25b。4月2日,随着舰队日渐逼近锡兰,英国海军的通信情报向东部舰队指挥官詹姆斯·萨默维尔上将(Admiral James Somerville)提前预警了日本的袭击。他下令英国船只全部向东非撤离,这样就处在了袭击的伤害范围之外。日本确实也击沉了"竞技神"号(*Hermes*)航空母舰和"康沃尔"号(*Cornwall*)巡洋舰。此次偷袭也着实引起了英国的极大恐慌。回到伦敦,官员们得出结论,如果日本继续向西前进,那么印度将会陷入极

---

① G. Krebs, " The Japanese air forces", in H. Boog (ed.), *The Conduct of the Air War in the Second World War: an international comparison* (Oxford: Berg Publishers, 1992), p. 230.
② J. Parshall and A. Tully, *Shattered Sword: the untold story of the Battle of Midway* (Washington, DC: Potomac, 2005), pp. 404–6.

度危险的境地,中东地区以及必不可少的供给线将会陷入危机。① 然而,对日本所派出的大规模部队而言,战果非常有限。多亏了及时预警和巧妙的转移,东部舰队的主力得以幸存。此次袭击也没有严重破坏锡兰基地的设施,英国皇家空军的大部分飞机都安然无恙。

锡兰行动之后,南云忠一的舰队驶回日本本土进行补给,并准备与美军一决胜负。海军指挥层希望舰队能稍作休息,这样他们就能在这段时间里决定应该采取什么行动。然而,1942年4月18日,美国的"大黄蜂"号(Hornet)航空母舰驶入日本本土960公里范围之内,并派遣杜利特上尉(Doolittle)率领一个中队的中型轰炸机对东京以及其他城市进行空袭,于是该计划流产。此次袭击仅造成了很小的伤害,杜利特的大部分战机要么没油了,要么就是在安全降落至中国国民党统治地区之前就被击落了。然而,此次行动给日本带来了严重的精神打击,他们亲眼目睹了日本本土不再是不受外国势力攻击之地,这与他们之前的设想截然相反。日本海军高层认为,日本有必要占领中途岛和阿留申群岛以确保其周边的安全。随后,航空队就能建立前线基地,以拦截任何妄图穿过太平洋直指日本本土的特遣部队。也许,最为重要的是,日本希望通过威胁美国本土与珍珠港打击范围内的地区来引诱美军动用其仅存的航空母舰,并将之击沉。

后撤的同盟国部队开始在澳大利亚建立数量庞大的步兵部队、飞机和船只,此时新几内亚的南海岸也被列入目标。日方正确地预料到,太平洋西南战场上的美国陆军指挥官麦克阿瑟上将计划利用该片大陆作为其反击的基地。陆军提议占领离澳大利亚北海岸仅有480公里的莫尔兹比港,以封锁日本的南面。尽管山本五十六大将希望集合联合舰队的力量与美国海军进行决战,但他也赞成陆军进行远征,因为他认为同盟国的据点已经达到最小值。对新几内亚的海上袭击(代号

---

① S. Kirby, *The War Against Japan*, 5 Vols. in series *History of the Second World War* (London: HMSO, 1957–70), Vol.2, p. 128.

"MO")命令于4月末下达。5月1日，一支特遣舰队从日本海军在特鲁克岛上的前线基地出发，并且在新不列颠群岛的拉包尔港配有辅助舰艇。然而，美国太平洋舰队因通信情报而有所警觉，再加上诸多岛屿上的"海岸瞭望哨"发来消息称发现日军船只，并通过高功率的无线电台与外界取得了联系。美国海军的两艘航空母舰，"列克星敦"号（Lexington）和"约克城"号（Yorktown），当时正在太平洋西南地区执行巡逻任务，随即驶往新几内亚阻击日本的入侵。日本指挥官并没有意识到他们的行动已经暴露。在5月4日至8日的珊瑚岛战役中，美军失去了"列克星敦"号，但是美国仍有足够的航空母舰守住中途岛前沿——他们最重要的据点。此外，日本驶往莫尔兹比港的护航队伍为了避免遭到美国特遣部队的阻击而不得不返航。

日本未能占领新几内亚，这让中途岛行动变得更加势在必行。海军大将山本五十六希望在6月初之前占领该岛，并坚信在美军部署强力防御之前就能实现该目标。日本人不知道的是"企业"号（Enterprise）航空母舰和"大黄蜂"号航空母舰正回返珍珠港，并准备好强行进入太平洋中部反击日本。曾在珊瑚岛战役中受创的"约克城"号航空母舰也已于5月27日返回夏威夷之后的3日内修复完毕，并为此次行动作好了准备。然而山本五十六及其部属仍认为"约克城"号航空母舰已经被击沉或者至少已经失去战斗力，而剩下的航空母舰仍在太平洋西南地区执行巡航任务。

对美国海军部署的错误估计使得日本发起了一场给其舰队带来无法挽回的损失的战斗。日本帝国海军指挥官也没有意识到太平洋舰队已经窃听到日本的无线电通信并事先洞察了他们的行动。早在5月的第三个星期，太平洋舰队代号HYPO的作战情报组已经窃听到日本正准备袭击指定的"AF"目标。HYPO内部越来越多的暗码破解员都推测"AF"指的是中途岛，海军少校约瑟夫·罗什福尔（Joseph Rochefort）将计就计使日本暴露出准确的位置。中途岛的驻防指挥官被命令以未加密的文本发出紧急无线电呼叫，声称中途岛的海水蒸馏装置损坏了。很快就有信号返回，称水驳正在路上。这一计策相当完美，而且24小时之内，日本在威克岛上的无线电台就被窃听到报告"AF"显然十分缺水。

5月21日，尼米兹（Nimitz）将军集结了太平洋舰队，他的情报人员能向他时时提供关于敌军行动的情报。海军少将雷蒙德·斯普鲁恩斯（Raymond Spruance）在小威廉·哈尔西（William Halsey）患上皮肤病之后担任第16特混编队的司令，他被下令带领"企业"号航空母舰、"大黄蜂"号航空母舰和"约克城"号航空母舰向西前进以进攻日本。海军少将法兰克·弗莱彻（Frank Fletcher）坐镇旗舰"约克城"号航空母舰，并在海上对其享有完全的控制权。美军通过中途岛上的轰炸机执行长程侦察巡逻任务以监控敌军的逼近。另一方面，海军上将南云忠一的特遣部队已经于5月27日从日本出发，但是受到了两个因素的阻碍。首先，他还没有意识到美国海军准备在他靠近中途岛的途中伏击他，并且他还坚定地认为美国的航空母舰仍在南太平洋。其结果是，南云忠一并没有分配日常的巡逻任务，也就未能及时发现斯普鲁恩斯的特混编队。第二，南云忠一低估了敌方航母舰队的实力，所以也就没有为该行动失利制定相关计划。

初次交战是在6月3日，当时一架PBY卡特琳娜（PBY Catalina）侦察机发现了日军的舰队。中途岛基地里的B-17空中堡垒轰炸机起飞发起进攻，但是只造成了轻微的伤害。第二天清晨的前几个小时里，日本轰炸机突袭了环礁。由老式的布鲁斯特"水牛"（Buffalo）战机和野猫（Wildcat）战机组成的防卫队无法与零式战机匹敌。然而，该岛的防空完全有能力应付此次袭击，日本的航空中队最后损失了一半多的飞机。进攻部队的消耗也让美军与其对手作战时的条件更加趋近。

在接下来的战斗阶段，日本帝国舰队因时运不济而饱受挫折，而美国海军的胜利则可归因于一系列至关重要的决定。就在中途岛收到日本飞机即将到达的第一份报告之后不久，美军就对"赤城"号航空母舰发起了袭击,并损失了大量轰炸机。南云忠一决定发起第二次攻击以抵消来自中途岛的空中威胁,并让准备袭击敌军舰队的预留飞机重新装填上针对地面目标的炸弹。然而,在日本的侦察机报告在200海里以东发现美国航母舰队时,该计划也不得不流产。南云忠一中将不得不作出决定其舰队命运的艰难抉择。舱面人员不仅要为反船舶突袭作好准备调整飞机,还要为返航的中途岛特遣部队留出空间,因此日军对美军舰队的袭击延后了许多。与此同时,弗莱彻被告知日军已经处于打击范围之内,于是他下令"企业"号航空母舰和"大黄蜂"号航空母舰出动轰炸机。大部分鱼雷轰炸机要么未能锁定目标,要么被零式战机和防空高射炮击落,但是这些牺牲后来看来都是值得的。由于鱼雷轰炸机进行攻击时是处于低空状态,日本的防守部队被固定在特定位置上,而对美国的俯冲轰炸机毫无准备。"企业"号上的飞机打头阵,而且它们在接近"赤城"号和"加贺"号时没有遭到攻击,因为这两艘航母的甲板上堆满了武装飞机,因此它们很容易被烧着。"约克城"号上的轰炸机紧随其后,三次击中了"苍龙"号。"飞龙"号没有被毁,它派出飞机攻击"约克城"号,对其造成了严重的伤害。即便如此,"约克城"号上的飞机被转移至"企业"号,两艘航母上的航空中队合力摧毁了"飞龙"号,终结了日本的航母舰队。6月5日,日本失去了赢得决定性战争的所有优势。尽管针对阿留申群岛的远征取得了高度的胜利——他们占领了吉斯卡岛,但是山本五十六未能按照先前设想的守住外围防线。更重要的是,日本的防守力量在失去4艘航空母舰及其附带的轰炸机之后十分空虚,同时还失去了大批技术精湛的飞行员。这让日本帝国部队对同盟国部队发起进一步的进攻变得十分困难。

对美国来说,中途岛战役的胜利取决于巧妙地运用情报,以及弗莱彻上将所作的许多极其幸运的决定。日本舰队未能意识到美国海军已经破解了其通信密码这一失误,也为日本的失败埋下了伏笔。然而,该战的结果很大程度上仍归于其自身的偶然发展。问题因此也就出现了,若在中途岛战役中美国不幸损失了更多的航空母舰,那么美国是否仍能赢得太平洋战争。答案是长远来看他们极有可能击败日本,主要是因为美国的工业基地能够生产出远超日本所能够击沉的舰队。另一方面,日本无法弥补其遭到的损失,其灭亡仅仅是时间问题。可以说,从日本向美国宣战开始,其战败就已经命中注定了。在这个意义上,中途岛战役影响了该战的进程,但是其对最终战果的作用微乎其微,因为该战役仅仅是加速了日本在太平洋霸权的衰亡。同样不幸的是,日本军方领导人仍不明白他们袭击美国给自己造成的不利境地。在珍珠港事件后不久,山本五十六带着极其蔑视的口吻对其部下说:"我们唤醒了一只沉睡的雄狮。"他深知美国工业实力的强大。他所意识到的正是大多数日本高层所不能理解的,即美国工业实力决定了日本几乎不可能赢得战争。正如日本在1942年最初的6个月的战略所示,日本所设想的如何作战以及如何开战从一开始就有缺陷。这些无知之错的结果十分明显。在随后的一年里,日本的缺陷将其部队引上了屡战屡败之路,并以1945年8月全面战败而告终。

第 5 章

同盟国扭转局势,1942 年 6 月至 1943 年 1 月

在太平洋战争的开始阶段，即1941年12月至1942年春，西方国家实行的是防守战略，但是他们部队的装备太过简陋以至于无法抵挡日本的猛烈进攻。6月之后，基于两大原因，形势有所好转。第一，美国海军在中途岛战役中对日本帝国舰队造成的损伤意味着日本再也不具有之前那种数量上的优势。第二，就全球范围而言，同盟国意识到在不久的将来，他们没有能力向整片欧洲大陆发起大规模进攻，而且日本远比想象中的强大。随后，同盟国决定向亚太战场派遣更多的兵力，并对日本帝国的外围发起一系列有限的进攻。美国和澳大利亚军队在1943年1月凭借这些行动，将日本从它们在瓜达尔卡纳尔岛和新几内亚的前哨赶了出去。与此同时，在东南亚地区，英国虽然未能成功削弱日方对印缅边境的控制，但也给日本陆军造成了巨大的伤亡。然而，在此期间，即使日军消耗甚大，美军及其同盟国也无法取得任何足以摧毁敌方战事的决定性胜利，他们也无法控制战略上的主动权，把握战事的节奏。同盟国最希望实现的目标是建立据点以进一步向前推进，并逐步削弱日本对其征服领土的控制力度。

盟军战争计划的拟定，1941年12月至1942年春

从太平洋战争初期阶段起，同盟国就针对轴心国制定了一些一般方针，即集中力量对付德国，同时盯住日本。1941年12月末，美国宣布加入世界大战后不久，英国首相丘吉尔就乘坐"约克公爵"号（*Duke of York*）战列舰前往美国会见美国总统富兰克林·罗斯福，这是两大

领导人在华盛顿举行的第一次战时会议,代号"阿卡迪亚"(Arcadia)[①]。他们达成一致意见,认为德国是轴心国中最强大的国家,因此欧洲前线的行动必须放在第一位,而太平洋战场则位居第二。该计划相当于重申了英美两国在1940年年末制定的一般方针。

尽管同盟国领导人一致认可"德国优先"的战略,但是计划赶不上变化。主要原因在于美国的国防官员,特别是那些隶属于海军的官员,认为需要向太平洋战场分配更多的资源。扩大对日战果的急切要求与英国的要求相互冲突,英方认为德国才是最重要的。美国也无法强迫其盟友从欧洲战场分派兵力前往远东地区。在阿卡迪亚会议上,英美两国设置了联合参谋部(Combined Chiefs of Staff,CCS)。该组织位于华盛顿,由美国参谋长联席会议(Joint Chiefs of Staff,JCS)的成员与英国同僚或其指定的代表协商。联合参谋部的工作是将资源分配给英美两国需要的战场上,并帮助同盟国协调战略。该组织使得美国无法完全控制针对日本的战事行为,同时为同盟国内部分歧的协商解决提供了场所。英国对于同盟国战争计划有着自己的意见,并且能够影响军备和人员在全球范围内的分配。基于此,资源分配仍然是同盟国战争期间争议的核心。抛开英国不说,美国还要与另外一些与日本作战的国家——如澳大利亚和新西兰——相争。这些国家因对同盟国政策没有控制权而心生怨恨,特别是其国土处于日本入侵威胁之下的时候。美国官员要避免破坏同盟国之间的团结,因此,他们在战争计划的制定上权力有限。

1942年早期,当务之急是解决日本闪电般的前进,在与日本交锋时他们并没有准备妥当。而之前的战争战略是以日本在同盟国有足够兵力守卫其自身的领土之前不会有发动战争的念头为前提的,1月,同盟国的大多数指挥官承认,他们守住东南亚和西太平洋据点的可能性微乎其微。盟军最在意的是减轻损失,并且随后计划拖住日本,让

[①] 即第一次美英首脑华盛顿会议,亦称"阿卡迪亚会议"。——编者注

被困部队撤离到安全地带。在乔治·马歇尔将军的请求之下,成立了美英荷澳联合指挥部(ABDACOM),负责处理缅甸、东印度群岛和菲律宾群岛的战事。正如英国所想,当下的兵力完全不足以守住新加坡。帝国总参谋长阿兰布鲁克(Alanbrooke)将军决定派出印度和澳大利亚小分队,行动的目的是为同盟国部队撤往东印度群岛争取时间。① 2月中旬,鉴于未能成功阻止日本向爪哇进军,时任同盟军西南太平洋地区总指挥官的阿奇博尔德·韦维尔(Archibald Wavell)将军以及伦敦的官员总结称,该群岛难以防守,因此大英帝国无从选择,只得放弃印度和澳大利亚的后方基地。② 与此同时,美国希望通过袭击日本在西太平洋上的军事基地将日本赶出东南亚。1月至2月期间,海军上将威廉·哈尔西率领第8特遣队对马绍尔群岛和吉尔伯特群岛以及新几内亚东海岸的拉包尔发起了一系列舰载攻击,日本在占领拉包尔之后将其作为南太平洋上的主要军事基地之一。尽管此次行动对拖住日本脚步的作用微乎其微,但是也有助于增长美军的士气,同时也为他们的海空行动提供了无比珍贵的经验。

同盟军官员不得不面对的残酷现实是,他们的部队既无法有效削弱日军对其领土的控制,也无法阻止日军征战东南亚群岛的脚步,日本同时还剿灭了英国在马来亚和缅甸的兵力,至此日本的打击范围已经延伸至之前认为远在日本范围之外的地区,其中包括印度洋和太平洋西南地区。

就美国国防计划制订人而言,他们战略中最重要的一部分是守住连至澳大利亚的海链,这样澳大利亚就能成为向日本帝国南部地区发起防御反击的基地了。要想守住这条生命线就要守住该线两边包括夏威夷群岛、斐济群岛、新喀里多尼亚岛和萨摩亚群岛在内的岛屿。日本向太平洋西南地区的进军也必须被拦住。然而,在战争的最初阶段,

---

① UKNA, CAB 79/56 COS(42)4th Meeting(O), 21 January 1942.
② UKNA, CAB 80/34 COS(42)128 Far East Situation: Report by COS, February 21, 1942. Also see Kirby, 1958–70, Vol.1, pp. 296, 357–8, 424.

美国指挥官认为在培养出足够的兵力之前他们仍处于危险的境地。海军与陆军之间的分歧也阻碍了一致战略的出台。在参谋长联席会议内部，海军上将欧内斯特·金（Ernest King）是海军行动的总指挥官，而乔治·马歇尔将军是陆军总司令。为了解决军方内部的分歧，美国总统在参谋长联席会议中派遣了一名代表——海军上将威廉·莱希（William Leahy）。该组织由常设的和临时的三军委员会组成，并对与战略、政策和行动有关的任何事项负责。

海军想要继续在太平洋地区发起进攻，而陆军则坚持认为美国必须遵守"德国优先"的战略。1942年3月5日，罗斯福命令参谋长联席会议进行第一次战略审查。金提议向前推进，并认为美国军队应在太平洋西南地区建立前线阵地，这样一来他们就能够在日本兵力增强之前进攻日本占领的岛屿。[①] 海军严重受公众舆论的影响，公众强烈要求对珍珠港袭击事件进行报复。然而，金的陆军同僚们，包括乔治·马歇尔在内，并不喜欢这个计划，他们认为要想战胜轴心国，必须将资源集中在欧洲战场上。在马歇尔看来，保住延伸至不列颠群岛的海上运输线才是主要目标，与此同时保证向苏联的物资供应，这样苏联就能继续与德军作战。因此，大部分待命的船只，如驱逐舰和巡洋舰，要为大西洋上的同盟军舰队护航。在大西洋建立前线海军基地也要运输舰队来运载部队和物资。再次强调，船舶资源已经被用来运输战争物资前往欧洲战场了。幸运的是，美国成功防止了僵局的出现，战事才没有瘫痪。国防计划制订人意识到，紧急情况下需要采取联合行动，而且海军方面让步称，必须先清除德国的威胁才能再集中兵力在其他战场上。4月，参谋长联席会议接受了作战厅长德怀特·艾森豪威尔（Dwight Eisenhower）提出的于1943年在欧洲开辟第二战场的计划，至此陆军战略家开始占据上风。尽管英国方面不支持这一计划，更偏

[①] G. Hayes, *The History of the Joint Chiefs of Staff in World War II: the war against Japan*（Annapolis: Naval Institute Press, 1982）, pp. 108–20.

第 5 章　同盟国扭转局势，1942 年 6 月至 1943 年 1 月　83

爱从地中海和北非登陆，不过准备工作一直在进行。太平洋方面，海军成功说服陆军，一旦日本在打击范围内建立军事基地就派遣部队守卫澳大利亚。金除了要求继续进攻之外，还意识到落实此类措施的困难程度，正如他在写给美国海军部长的信中提道："1942 年将会是'稳扎稳打'（build and hold）的一年。"[①]美国海军的船舰次于日军，因此除了等候太平洋舰队恢复反击力量之外，美国别无选择。

英国面对的战略情形更加需要警惕。英国部队仍沉浸在保卫英国本土和大西洋生命线免受德国攻击中无法自拔，而隆美尔的非洲军团已经要突破埃及，向着中东石油地区进军了，而这对同盟国来说是至关重要的石油来源。在此情形下，英国根本就无暇顾及其在亚洲的殖民地，其领导人已经对日本的大规模进攻将会带来毁灭性的打击认命了。新加坡的沦陷割裂了英国与澳大利亚和新西兰的联系。在堪培拉，澳大利亚总理柯廷（Curtin）的政府公开发表言论质疑英国保护其自治领的意愿，并提议美国开展军事行动提前阻止日本的入侵。[②]罗斯福对于担任保护英国自治领的角色喜闻乐见。1942 年 3 月 9 日，丘吉尔同意美国提出的计划，将自治领交给麦克阿瑟将军的西南太平洋司令部指挥。在印度洋地区，詹姆斯·萨默维尔的东部舰队因 R 级舰队的加入而有所加强，但是其中大部分都是"一战"时期的遗物，因此作用有限。[③]"不屈"号（*Indomitable*）航空母舰与"可畏"号（*Formidable*）航空母舰上的轰炸机让人不敢恭维，完全无法与日本相匹敌。印度指挥部的官员意识到驻扎在锡兰的东部舰队无法抵御日本的进攻，除非他们有足够的航空母舰和飞机。

4 月初，联合舰队突击进入孟加拉湾，毫无疑问英国的海外领土

[①] E. King and W. Whitehill, *Fleet Admiral King: a naval record* (London: Eyre & Spottiswoode, 1953), p. 164.
[②] C. Thorne, *Allies of a Kind: the United States, Britain, and the war against Japan, 1941-1945* (Oxford: OUP, 1978), pp.252–9.
[③] C. Barnett, *Engage the Enemy More Closely: the Royal Navy in the Second World War* (NY: Norton, 1991), p. 863.

更加容易被占领了。与此同时,加强锡兰防御的难度已经众所周知,而且英国的战略还要受到其在全球范围内的行动的影响。而被指派为印度指挥部司令的韦维尔坚持认为,守住印度洋才是当务之急。英国参谋长和丘吉尔回复称,中东地区的行动更加重要。正如英国对日战争官方历史的记载,"韦维尔与英国参谋长意见相左很自然"①。丘吉尔及其部属不得不从更宽广的角度来看问题。国土安全必须处于优先地位,印度的需求与中东地区相关联。英国也不能依靠同盟国为其提供军事防御支持。尽管英国已经向美国太平洋舰队提出请求,要么向日本的东侧发起海上进攻,要么派遣战舰加入萨默维尔的舰队,但美国并不愿意将自己有限的军力用于守卫大英帝国,同时明确表示这一请求绝无可能。②锡兰的陷落迹象已经十分明显,而且增强其防御力量的难度迫使英国退出敌军的打击范围,以最小化可能带来的损失。东部舰队驶往东非,直到印度洋地区有足够的主力舰和航空母舰可用,其存在的意义更有可能是引诱敌军的进一步攻击。③事实上,日本并没有向英国驻印度洋的基地发起攻击的具体计划,然而,只有在日本海军在珊瑚岛战役和中途岛战役中失败,其海军和航空部队被大量消耗之后,英国才觉得敌人已经不可能召集足够的力量发起大规模行动了。

南太平洋和缅甸的反击,1942 年夏至 1943 年 1 月

1942 年 6 月,美国海军在中途岛战役中获得首次重大胜利之后,盟军才开始遵循哪里有敌人就在哪里反抗的策略。日本损失了大部分

---

① S. Kirby, *The War Against Japan*, 5Vols. in series *History of the Second World War* (London: HMSO, 1957–70), Vol. 2, pp. 127–30.
② J. Costello, *The Pacific War*, *1941–1945* (NY: Rawson-Wade, 1981), p. 249.
③ S. Roskill, *The War at Sea*, Vol.2, in series *History of the Second World War* (London: HMSO, 1945–61), p. 29; A. Marder, assisted by M. Jacobsen and J. Horsfield, *Old Friends*, *New Enemies: the Royal Navy and the Imperial Japanese Navy*, *1936–45*, Vol.2: The Pacific War, *1942–45* (Oxford: Clarendon, 1990), pp. 137–42.

前线航母和轰炸机之后，美国与日本的作战条件更加平等了。即使是在当时，太平洋战场上的军力天平并没有完全偏向于任何一方。日本军队仍有足够的实力威胁太平洋西南地区的重要地带，而同盟军只能取得有限的进展，还远远不到日本帝国的范围之内。用内德·威尔莫特（Ned Willmott）的话来说，战略优先权就像是"躺在马路中间的一把枪，任何一方都能将其捡起并使用"[1]。日本仍难以战胜，瓜达尔卡纳尔岛和新几内亚等地区在1942年秋所获得的胜利可是牺牲了相当多的美军和澳军。在东南亚地区，英国陆军在试图反击印缅边境时被拦截。1943年早期，战争局势开始明显地向着同盟国方向倾斜，随着日军在南太平洋和新几内亚的战败，日本军队的实力开始被遏制住。尽管美军也遭到了相当大的损失，但是他们占据主动权的赢面更大了，因为美国的工业已经开始制造大批高质量的武器。这种发展形势让美国最终有了向日本本土发起反击的实力。同样重要的是，同盟国首次尝试解除日本对远部领土的控制权，这一行动给他们带来了非常宝贵的经验，他们学会了如何在太平洋战场上常见的条件下作战，并且有了战胜日本的绝佳计策。

海军在中途岛失利之后，日本将其注意力放在了太平洋西南地区。其主要目标是切断美国西海岸与澳大利亚的供给线，防止同盟国利用该地区作为反击日本帝国的基地。1942年7月，日本试图占领所罗门群岛上的瓜达尔卡纳尔岛，旨在为袭击跨太平洋海运线建立跳板。

与此同时，美国国防部官员计划采取行动，占领新几内亚及其东部稍小的群岛，其中包括所罗门群岛，以确保他们能够进一步向着日本帝国推进。

7月2日，联席会议下达指示，对所罗门群岛、新几内亚和日本海军位于新不列颠岛拉包尔的基地这三个主要地区发起一系列进攻。

---

[1] H. Willmott, *The War With Japan: the period of balance, May 1942–October 1943*（Wilmington, DE: Scholarly Resources, 2002）, p.90.

至于地面战略，罗斯福和参谋长联席会议意识到至少在1944年之前，他们不可能获得英国的同意在欧洲西北地区登陆，而且同盟军需要采取进一步的行动来彻底扭转局势。太平洋西南地区貌似是实现这一目标的绝佳战场，尤其是在托马斯·布莱米（Thomas Blamey）率领的澳大利亚军队成功阻止日军向新几内亚的莫尔兹比港进军，并且通过科科达小径战役开始将敌军逼向北海岸之后。

在美国的侦察机发现日本在瓜达尔卡纳尔岛上建立航空基地之后，该岛也被加入了名单之中。8月7日，美国海军以及美国海军陆战队第1师在南太平洋部队指挥官、海军中将戈姆利（Ghormley）带领下，发起了"瞭望塔"行动（Watchtower）。其主要目标是占领亨德森机场，它可能被日军用来作为阻断同盟军增援该岛的基地。尽管日军和美军地面部队进行过多次残酷战斗，但是瓜达尔卡纳尔岛之战主要是一场海空行动。主要原因在于，确保周边水域和空中的安全是保证地面部队获得充足供给的关键所在。

从一开始，美国部队就面临着许多问题。在战略层面，太平洋舰队还没有足够的船舰和飞机取得决定性的胜利。金在制定所罗门行动计划时承认，现有的兵力勉强能与日本帝国海军匹敌，而后者在任何阶段都能够负隅顽抗。[①]瓜达尔卡纳尔岛的进攻开始时，战场指挥官尼米兹和戈姆利都怀疑他们是否有足够的装备可以长期控制南太平洋地区。[②]特遣部队还需要大量的驱逐舰对抗敌军的船舰和飞机。然而，海军仍深陷大西洋战场，而德国U型潜艇又在四处袭击盟军向不列颠群岛输送兵员和装备的护航舰。直到12月末，尼米兹总结道，鉴于太平洋舰队遭到了"过大的损失"，他不认为他的部队具有任何优势。[③]只

[①] H. Willmott, *The War With Japan: the period of balance*, *May 1942–October 1943*（Wilmington, DE: Scholarly Resources, 2002), pp. 94–5.
[②] Hayas, 1982, pp. 177–86.
[③] US Naval Historical Center, Washington, DC（NHC), Paper of Chester Nimitz, Series 1, World War II Command Series, Box 11, Future operations in the Solomons Sea area, 8 December 1942.

有进一步削弱日本海军的实力，同时建造出新的美国战舰，局势才能扭转。

后勤方面也带来了一定的障碍。对于保证向瓜达尔卡纳尔岛不断提供增援和补给这一任务，美国部队根本就没有作好充分的准备。华盛顿的官员没有人系统计算此次战役需要多少部队和装备，因此结果是，战场上的行动比原计划落后得太多。[1]这里给出一个统计例子来说明，平均每个海军陆战队员一个月需要 4.5 吨物资。鉴于太平洋战场大部分地区的军事基地和运输网络都十分落后，战况变得更加复杂了。各种设备只能从头开始建造，因此需要运来大量的人员和装备。能够承载特重货物的港口只有新西兰和新喀里多尼亚才有，而它们离作战地区有数千公里之遥。从圣弗朗西斯科出发的船舶常常会延后数周，因为它们要等待被护送前往瓜达尔卡纳尔岛。

就战果而言，虽然美国部队提高了自身的效率，相对超过了日本，但是美国也仅仅是与日本持平而已。在海上，太平洋舰队仍不擅长进行夜间作战，而日军再次体现了其天资。8 月 7 日至 8 日的萨沃岛海战期间，双方的差异十分明显，美国特遣部队掩护两栖登陆行动时遭到了三川军一（Mikawa Gunichi）舰队的袭击。虽然日本的大部分舰船没有装备雷达，但是船员善于利用一切光学设备——如望远镜——来锁定目标。相反，美军过于依赖雷达，而且不注重包括空中搜索在内的其他侦测敌军的手段。[2]美军指挥官还未能建立起有效的通信系统，因此他们无法在侦测到轰炸机时就及时获得消息。[3]特遣部队被打得措手不及，几乎失去了所有的参战战舰。

在航空力量方面，1942 年下半年，美国海军和陆军虽然尝试稳

---

[1] R. Spector, *The Eagle Against the Sun: the American war with Japan*（NY: Vingtage Books, 1985）, pp. 208-9.
[2] D. Warner et al., *Disaster in the Pacific: new light on the battle of Savo island*（Annapolis: Naval Institute Press, 1992）, pp. 215-16.
[3] Morison, *Guadalcanal*, pp. 61-2.

步提升其轰炸机的强度，然而，他们未能取得远超日本的绝对优势。正如一位著名的太平洋空战历史学家所指出，1942年春到1943年至1944年的冬天的大部分时间里，双方都未能完全主导战局。① 美国最好的战斗机大部分都派遣至欧洲和北非地区了，因此，太平洋地区的空中部队主要是由海军的F4F野猫式战斗机和陆军的P-39战斗机组成，它们的机动性和射程远低于零式战斗机。在瓜达尔卡纳尔岛海战刚开始的阶段，美军的轰炸机在执行一些任务之后损失率高达50%，以至于一位航空中队长报告称飞行员们正"迫切期待更快更好的战斗机"②。虽然日本的飞机因为没有装甲保护而容易被击毁，但是它们很难被阻击，而且轻便的结构使得它们可以高速追击敌机。

　　双方的战术技能水平也几乎相等。一方面，日本已经很难维持其训练精良的飞行员队伍了。日方在中途岛的损失在短时间内无法弥补，因为海军的培训需要通过艰苦且高选择性的项目来实现，这大约需要两年的飞行指导。为了保证前线队伍能够有足够数量的飞行员，日本海军引进了一种改进的方案，飞行员所需要进行的准备少得多。1942年年末，美国飞行员常常报告称，敌方的飞行员袭击海面目标和飞机时的侵略性要比战争开始阶段低得多。日军也在想办法解决在远离前线基地远程操控的问题。美国海军于8月末控制亨德森机场之后，日本海军空勤部队最近的飞机场就只有拉包尔了。前往瓜达尔卡纳尔岛的飞行员要飞行3200多公里，自然会非常疲劳，因此到达战场开始激战时，他们的战斗力就会下降。

　　同时，美国飞行员效率不足，难以发现对手的弱点，而日本仍拥有一批相当数量的优秀飞行员。零式战斗机的飞行员在被战机追逐时，总是能够机动地做出许多躲避动作，常常会急转弯和翻转机身。美国

---

① E. Bergerud, *Fire in the Sky: the air war in the South Pacific* (Boulder, CO: Westview, 1999), pp. 248–62, 466.
② J. Lundstrom, *The First Team and the Guadalcanal Campaign: naval fighter combat from August to November 1942* (Annapolis: Naval Institute Press, 1994), pp. 62–3.

飞行员也承认他们没有办法射中敌机。日军在攻击海面目标时也抱有很大的决心。据圣克鲁兹岛战役的报告，在该战中被击毁的"大黄蜂"号航空母舰的指挥官指出，日本飞机是如何以小角度的三角形靠近目标的，并且可以在近距离空投军火后"极低的拉平"。①美国的飞行员在面对各种问题时常常准备不足。大多数人都是在报废的机器上进行训练的，而且不知道如何操作先进的战斗机。1942年年末，太平洋舰队扩充了一大批技术精湛的飞行员。尼米兹引进了创新的解决方案，即经验丰富的飞行员定期返回美国训练新的飞行员。②航空母舰的补充飞行部队已经建立完毕，以退伍军人为核心，教授新成员。其结果是，航空中队可以在休息和修整之间"循环"。美国陆军航空队（United States Army Air Forces，USAAF）采取同样的措施来提高其成员的战斗效能。早在1942年3月，陆军航空队总司令亨利·阿诺德（Henry Arnold）将军建议在澳大利亚建立特别学校，教授飞行员专门针对日本的作战技巧。③从所罗门群岛海战中学到的关键一课是，为了防御敌方的拦截机，轰炸机中队必须要紧密合作，同时护航战斗机的飞行员在零式战斗机靠近时要采取进攻行动。然而，美国要想进行一场旷日持久的战斗还需要时间来培养足够数量的高素质飞行员。

美国海军为了保护特遣部队，必须要在武器以及武器的使用方面具有明显的优势。高射炮并不能够总是精确瞄准目标，因为当时的雷达设备无法捕捉日本飞行员做出的快速动作。而且，美国特遣部队没有适当的系统可以区分敌袭和友方飞机。美军制定了一项使用雷达和无线电通信的方针，并且采纳了许多来自英国海军的关于战机操控的

---

① NARA 2, RG 38, ONI, Air Intelligence Group (Op 16-V), Serials and Publications, Box 12, Narrative of Japanese anti-shipping attacks, 1941–43, Comment by Commanding Officer, USS *Hornet*, on Battle of Santa Cruz, 26 October 1942.
② R. Spector, *At War at Sea: sailor and naval combat in the Twentieth Century* (NY: Vking, 2001), p.203.
③ US Air Force Historical Research Agency, Maxwell Air Base, AL, (AFHRA), Call Number 730.168, US Army Forces in Australia, Air Section, Tactical lessons from aircraft in combat, prepared of Chief of Army Air Forces, 27 March 1942.

理念——他们可是这一领域的领头羊。1941年10月,在太平洋战争爆发前,美国海军建立了一套特殊的体系来训练战机指挥官。一年之后,美军建立了一所学校教导人员如何运作战斗情报中心,其职责是处理敌机位置的相关数据,并将其发给整个特遣部队。然而,现有的雷达设备无法计算出敌机的海拔高度,因此战斗机常常获得错误信息。战机之间的行动也因通信系统的不健全而难以协调。飞行员常常发出很多信息,以至于其同伴飞行员变得无所适从。战机指导员下达的关于往哪里飞的具体指令,也常常让飞行员感到困惑。

鉴于在瓜达尔卡纳尔岛地区的美军和日军在实力和战斗效能上几乎持平,因此最初的三个月里,双方处于拉锯状态,任何一方都无法取得突破性进展。1942年8月至10月期间,双方的舰队都在玩猫捉老鼠的游戏。美军在白天阻击敌方的舰队,只在晚上才交出海域的控制权。与此同时,日本建立了一条被称作"东京快车"的补给线,战舰和运输船向驻防部队稳定地提供增援;由于护航舰队已经被摧毁,因此它们不得不在夜幕的笼罩下抵达。当美国舰队试图阻击敌军时,却惨遭重大伤亡。8月末,"企业"号航母因空袭严重受损,"萨拉托加"号(*Saratoga*)航母因被鱼雷击中而受损。9月,"黄蜂"号被鱼雷击沉。

10月,太平洋舰队开始占据优势。特遣部队指挥官改良了用雷达侦测敌军以及向船员传达信息的程序。在10月11日至12日的埃斯帕恩斯角海战中,"盐湖城"号(*Salt Lake City*)、"博伊西"号(*Boise*)和"海伦娜"号(*Helena*)巡洋舰在雷达的指引下向日军开火,日军被迫放弃此次战役。11月中旬,瓜达尔卡纳尔岛海战的僵局终于被打破。美军强化了其射击控制系统,从而摧毁了数十艘日本运输船,同时对战列舰和两艘驱逐舰造成伤害。联合舰队的损失已经达到了山本五十六决定撤离南太平洋地区的临界点。日本的航空力量进一步被消耗。12月,太平洋舰队终于完全控制了瓜达尔卡纳尔岛周边的海空,而且他们处于封锁敌方运输船的更好的位置。日本帝国陆军的驻防部队最终耗尽了所有的供给,1943年2月,美国舰队占领了该岛。地面部队的指挥官帕奇将军（General Patch）向哈尔西将军发送无线电报，"东京快车已经在瓜达尔卡纳尔岛终结了"。

即便如此，双方的海军实力仍不相伯仲。美国的舰队仍容易遭到鱼雷的袭击。11月30日塔萨法隆格海战的夜间行动中，威廉特遣部队没有船舰被炮弹击中，而日本则损失了3艘驱逐舰以及其他一些损伤。除了这些损失之外，在该战役的第二阶段，敌方驱逐舰发起了毁灭性的进攻，重型巡洋舰"北安普顿"号（Northampton）被击沉，另外3艘巡洋舰，"明尼阿波利斯"号（Minneapolis）、"新奥尔良"号（New Orleans）和"彭萨科拉"号（Pensacola）也遭到重创。美军指挥官认识到，他们的人员在经验、技巧和数量上并不占据优势。海军上将尼米兹承认，火力控制系统的装备是太平洋舰队的唯一优势。[①]船员们还得好好利用这个优势，与此同时还不能给敌军鱼雷发挥作用的机会。

同样，即使在1942年年末，所罗门群岛上空的空战慢慢地开始对美军有利，但是美军也未能占据绝对优势。相反，美国士兵仍怀疑自己是否有能力做出日本飞行员的飞行动作。驾驶F4F野猫式战斗机的飞行员学会了利用零式战斗机的弱点，如轻甲。当日本战斗机在爬升和转弯的过程中开始减速时，就是袭击的好时机。一种常见的战法是"萨奇剪"（Thach Weave）——以美国海军航空兵少校、中途岛战役中的王牌飞行员约翰·萨奇（John Thach）命名。[②]战斗机成双飞行，并且双方飞行员都要对对方的尾翼保持常规警戒。当发现一架零式战斗机正在袭击两架战斗机之一时，另一架战斗机就要转向，将枪对准敌机。遭到攻击的一方见到另一方转向时，也同样要转向。零式战斗机的飞行员就会发现这两架战斗机同时对准了自己，袭击就会就此夭

[①] NHC, Papers of Chester Nimitz, Series 1, World War II Command Series, Box 11, Future operations in the Solomons Sea area, 8 December 1942.

[②] J. Lindley, *Carrier Victory: the air war in the Pacific* (NY: Elsevier-Dutton, 1978), pp. 90-1; also see J. Rearden, *Cracking the Zero Mystery: how the US learned to beat Japan's vaunted WWII fighter plane* (Harrisburg, PA: Stackpole, 1990), pp. 17-19.

折。"萨奇剪"战法最后成了航空部队的标准操作。然而,战斗方法在很大程度上是防御性的,而且也是为了防止零式战机的飞行员巧妙利用其机动性。美国海军的战斗机指挥系统也有缺陷。1943年1月,"芝加哥"号(Chicago)巡洋舰被击沉就是因为空中防卫部队的糟糕处理使得日军的鱼雷飞机在袭击时没有受到任何干扰。①

地面战同样也十分艰险曲折,不仅是对美军而言,对英军和澳大利亚同样如此。日本设置了许多挑战,并且精心设计了难以突破的防御体系。日军步兵十分擅长利用丛林的自然特征。在小山顶上设置防御工事以限制敌方进入,同时驻防部队也有了全方位的射击视角。丛林植物也被用来伪装成据点。进攻的士兵有时直到被射杀还没有意识到他们正处于日军的据点之内。日本帝国陆军还建造了沙坑,并用重木材和泥土加强防御,以保护自己免受轰炸。同盟军也不得不与负隅顽抗绝不投降的敌军交战。在这些条件之下,最重要的是采取混合部队作战,其中炮兵和装甲兵小组负责突破敌人的防御,步兵单位则紧随其后占领制高点。

1942年下半年,在与日本陆军交战的过程中,西方部队发现了自己多么缺乏训练有素的部队。尽管战术方针强调各兵种之间的协同行动,但是将理念变为实践仍需要进行最低程度的努力。更糟糕的是,盟军部队并没有准备好在丛林作战,那里通信落后、山路崎岖而且行动不便。举例来讲,美国陆军的《战地基本手册:丛林作战(FM31-20)》(*Basic Field Manual*: *Jungle Warfare*)中给出了有关在灌木丛中清理出小路以及穿越河流的基本知识,但是并没有预料到部队需要击溃敌方防御工事的情形。②

新几内亚战役的早期阶段,美国第32步兵师完全没有作好战

---

① NWC, Manuscript Collection, Papers of Edwin T. Layton, Box 30, Interview with E.B. Potter, 10 August 1972.
② J. Luvaas, "Buna: a Leavenworth nightmare", in C. Heller and W. Stoff (eds.), *America's First Battles*, *1776–1965* (Lawrence, KA: Kansas UP, 1986), pp. 188-9.

斗的准备。澳大利亚的陆军情况稍好，其部队是由参加过 1914 年至 1918 年战争的官员来训练的，并且近期在中东战事中积累了战斗经验。此外，由于大多数小组重型装备要比美国士兵少得多，因此其战术方针就以快速行动和通过巧妙机动战胜对手为主。9 月初，克洛斯（Clowes）少将的远征部队夺回了新几内亚东南部的米尔恩湾，这次战役告诉我们日本可以被训练有素的士兵击败。除此之外，澳大利亚的部队也确实有进步的空间。同盟国陆军的战斗技巧在 11 月初投入试验，当时日本从欧文斯坦利山脉（Owen Stanley Mountain）撤退，并联合其在北海岸的各个据点。美国对日本在缅甸的要塞发起了进攻，而澳大利亚则负责戈那（Gona）和萨南那达（Sanananda）。然而，在此次行动的最初几个月里，进攻部队的进展微乎其微。步兵只有在敌方防御部队遭到压倒性轰炸之后才敢前进。更糟糕的是，步兵单位在最初训练之后只会正面进攻。①此类战术常常使得他们在日军反击时遭到重创。基于此，盟军有必要采取更加谨慎的行动，这样他们在接近敌方据点时就不会被侦察到。麦克阿瑟在推进被阻后十分忧虑，命令其属下赶往前线看看到底哪里出了问题。主要的问题是哈定将军拙劣的领导才能，以及士兵普遍缺乏进攻精神。罗伯特·劳伦斯·艾克尔伯格将军（General Robert Lawrence Eichelberger）随后取代哈定担任第 32 步兵师的指挥官。艾克尔伯格为加强其部队效率所采取的第一步是制定策略，派遣巡逻队侦察敌军领地，并调用迫击炮攻击发现的沙坑。②大批坦克和重型火炮的加入也让攻击方占据了主动权，1943 年 1 月，美国和澳大利亚的部队成功剿灭了日本的残余部队。

即便如此，在布纳（Buna）和萨南那达的行动教育我们，只有在敌方阵地被便携式武器——如手榴弹和迫击炮——各个击破之后，地面

---

① J. Shortal, *Forged by Fire: Robert L. Eichelberger and the Pacific War* (Columbia, SC: South Carolina UP, 1987), p. 45.
② S. Milner, *Victory in Papua*, in series *The US Army in World War II: The War in the Pacific* (Washington, DC: Historical Division, Department of the Army, 1949-57), pp. 245-6, 262-3.

部队才能顺利向前推进。这一过程常常十分缓慢且枯燥，士兵们也学会了如何近距离与敌军作战。澳大利亚在萨南那达的第 17 师指挥官沃希（Vasy）将军报告称，他的一些前线士兵离日本据点只有 20 米。①

海军陆战队也面临同样的问题。在瓜达尔卡纳尔岛海战的初始阶段，绝大多数海军陆战队队员除了步枪射击之外，仅掌握了少数地面作战技巧，他们在战斗中被迫学习地面机动作战。瓜达尔卡纳尔岛海军指挥官范德格里夫特（Vandegrift）将军报告称，他所带领的部队最值得注意的不足之处在于"缺乏身体训练"②。为了改正这一缺陷，士兵们不得不学习在险峻地势中长途行军。③因此，在 1943 年早期，美国陆军和海军陆战队率先将兵种联合行动付诸实践，并用来对付日本。

与此同时，在印缅边境，英国的东部部队在边境地区向前推进时也遭遇不利。随着盟军在太平洋战场上反攻的开始，英国国防人员称，为了制止日本进一步对印度造成威胁，非常有必要对日本持续施压。为了消磨日本第 15 军对缅甸的控制，为进一步进军东南亚打好基础，韦维尔计划夺回若开边境地区的前哨。④此次行动的前提是，英军通过快速行动以便能在敌军增援之前击溃其防御力量。尽管伦敦的参谋部官员警告称无法提供足够的空中支援，但是韦维尔认为这值得冒险一试。胜利的可能性十分渺小，因为英军没有在落后地带作战的经验，而且还十分依赖重型火力来消灭敌军。1943 年 1 月，进攻部队遭到顽强抵抗之后，此次进攻不得不被放弃。韦维尔承认，他错误计算

---

① M. Johnston, *Fighting the Enemy: Australian soldiers and their adversaries in World War II* (Cambridge: CUP, 2000), pp. 77.
② NARA 2, RG 127, Records of the US Marine Corps, World War II Operations, Box 39, First Marine Division, *Division Commander's Final Report on Guadalcanal Operations, Phase III: Organization of the Lunga Point Defense*, 10–21 August.
③ Miller, *Guadalcanal*, p. 3318.
④ See LHCMA, Alanbrooke papers, 6/2/6 f.8B Operation Fantastical: Most Secret Memorandum by Wavell for Alanbrooke, 17 September 1942.

了数量优势和迅速行动对帮助其部队实现目标的作用的大小。① 随着若开进攻行动的失败，威廉·斯利姆（William Slim）接替了韦维尔，为了确保部队能够接受正确的训练，驻印度的英国陆军改变了指挥构架。英国与其盟国一样，从最初的反攻中明白，改进作战方式是更加高效地战胜对手必不可少的一部分。

太平洋战场的军事平衡，1943年1月

1943年年初，亚太战场的军事实力几乎是平衡的，但是长远来看，同盟国处于获胜的有利地位。1942年下半年在瓜达尔卡纳尔岛、新几内亚和缅甸等地的战斗给双方都带来了巨大的伤亡，这反过来也使得双方没有能力发起进一步的进攻行动。然而，日本之所以未能重新掌握战略主导权，一项关键的因素在于其工业基础薄弱，这反过来也阻碍了其恢复实力。② 另一方面，美国有能力启动大规模建设工程，能够制造大量船舶、飞机和武器。1943年年末，美国及其盟友已经制造出数量足够的装备，足以在太平洋中部和东南亚地区发起反攻，此举最终于1945年击溃了整个日本帝国。

同样重要的是，同盟国部队得到了许多如何在亚太地区作战的宝贵经验。虽然日本不再像战争开始阶段那么不可战胜了，但它还是一块很难啃的骨头。反攻日本帝国外围最初的战斗告诉我们，后勤以及保持前线部队充足的物资供应是多么重要。美国及其盟友也意识到，在与日本作战时高性能的武器十分重要，随后大批量的顶级飞机和船舶被投放到太平洋战场。最后但同样重要的是，战术技能的掌握在其中也扮演着重要角色。此处仅给出一个例子，美国海军加快了飞行员训练项目，并且更加注重提升飞行员夜间行动与日军作战的能力。就

---

① UKNA, WO 203/4615 Dispatch on Operations in India Command, 1 January to 20 June 1943 by Field-Marshal Wavell.
② Willmott, 2002, pp. 167-70.

地面部队而言，步兵单位开始接受应对丛林的训练，同时进行积极巡逻，以免遭到日军的奇袭。另一方面，日本帝国部队在调整其作战方式和装备上十分迟缓，这里有许多原因，其中最主要的原因是日军根深蒂固地认为西方的军事实力没有日本强大，同时还不承认海军和陆军部队自身的缺陷。正如太平洋战场上的战况所示，要想获得胜利，战斗技巧和数量优势同样重要。1943年年初，同盟军想要在各方面奠定超越日本的基础，并且准备一举拿下战略主动权。

第 6 章

战争的动态表现：战略和行动

前面两章已经解释了在太平洋战争的第一年里，亚太战场上的战役是如何发生的。我们是按照时间顺序来排列的，并且还审视了日本帝国部队取得的胜利，以及同盟国在1942年年末采取措施扭转局势的方式。接下来的几章将以更加主题化的方式来讲述，并会详细分析交战国在太平洋战争中各种行为的原因，同时对比交战国之间的优势和劣势。第6—9章将会从战略、战术和士气等军事特点入手；而第10—12章将会从经济和外交等与战场没有直接关联的因素，即所谓的"非军事"因素入手，它们在造就整个战争进程中同样重要。

接下来，我们以战略和行动为中心。学习战争总是要将不同等级的军事活动进行区分，包括战略、行动和战术，但这几个词的意思总是被混淆。最简洁的解释是，战略解决的是更为宽泛的问题，如武装部队为了实现其母国的政治目标而应采取何种类型的行动。例如，太平洋战争期间，同盟国部队主要的目标是消灭日本追求积极的领土扩张政策的能力。为了实现这一目标，军方必须要将日本帝国海军和陆军的兵力消灭到它们无法掌控日本帝国的程度。同盟国还要建立军事基地，以打击日本本土，这样就能破坏日本的经济和政治基础，让日本帝国无法继续战斗。然而，就如何实现这些目标来说，同盟国面临诸多困难，如为了向日本本土推进应当占领哪一块区域。同盟国还要决定，是通过封锁海上贸易线路并轰炸日本工业基础设施来摧毁日本的战争机器，还是要实际占领日本本土。

与战略密切相关的是行动，它解决的是军事活动的时间安排，以及部队在特定战场上的动作，最后同样重要的是，给前线部队运输战胜对手所必需的设备。就这一级别的战事而言,军事领导人需要就如何实现战略目标作出选择。对同盟国和日本高层指挥官来说,他们的目标都是控制辽阔的太平洋。敌军的机动能力也必须被压缩至不再能发起有效反抗。武装部队必须整合其军事力量,这样才能在给对手造成最大伤亡的同时最小化自己的损失。同样重要的是,要保证友军拥有足够的后勤支援,这样他们才能部署足够数量的军备。

1943年年初,同盟军在瓜达尔卡纳尔岛和新几内亚等遥远地区只取得了一些非常有限的胜利。1944年年末,美国部队已经占领了包括马里亚纳群岛和菲律宾在内的西太平洋的重要据点,如此他们就进入日本帝国控制的范围了。日本来自南部地区的原材料供应已经被切断了,本土也暴露在强化封锁和空袭之下。在其他地区,英国部队成功迫使缅甸的日本帝国部队撤离,并准备收复其在马来亚和新加坡的失地,与此同时,澳大利亚部队在收复新几内亚中起着至关重要的作用。

许多因素对胜利作出了贡献。其中最重要的是,盟军生产并使用了数量远超日本的船舶、飞机和武器。太平洋战争中大部分战斗都是海战,在一些重大的海上行动中,势力对比清楚地表明了同盟国所占据的优势。1943年末,美国海军动用了8艘新的大型埃塞克斯级航空母舰,外加35艘护航航空母舰,还有数十艘战列舰、巡洋舰和驱逐舰。因此美国承担得起损失,而日本则无法承受。在航空力量方面,日本帝国部队同样处于落后状态。日本已经损失了超过2500架飞机,而美国航空部队还有能力部署更大规模的先进战机,包括地狱猫战斗机和海盗战斗机,它们帮助美军顺利清理了敌方航空力量。1944年6月进军马里亚纳群岛的塞班岛时,海军上将雷蒙德·斯普鲁恩斯率领的第58特混编队就配备了近900架飞机。4个月后,当美国试图在菲律宾建立落脚点以期占领莱特岛时,他们动用了1400架飞机来对付只有100架飞机可用的日本部队。① 太平洋舰队还具有坚实的后勤基地,

---

① J. Ellis, *Brute Force: Allied strategy and tactics in the Second World War* (London: Andre Deutsch, 1990), pp. 483–4.

并且直到战争结束,仍有 1000 艘后勤船只向远在千里之外的海军部队输送石油、军火和补给。

然而,物资优势只是同盟国获胜的因素之一。良好的计划,再加上可用资源的高效部署也起着十分重要的作用。同样,日本之所以步履蹒跚,很大程度上是因为日本领导人常常粗心大意地部署有限的资源。在评估军事组织策略有效性的时候,首先要划定一组标准。最可靠的测量标准是由艾伦·米利特(Allan Millett)和威廉姆森·默里(Williamson Murray)提出的。① 虽然打败敌人意味着胜利,但是与此同时,判断国防部门官员在应对挑战时的处理方式同样十分重要。举例来讲,政治领导人要明确提出其目标,如此军方才能决定应当采取何种战争计划。然而,联合战略常常会因军队内部不同军种——海军、陆军和航空力量——的分歧而无法出台。为了避免陷入僵局,领导人必须设立一种程序,让相互冲突的部门可以通过协商解决分歧。军事组织也需要制订现实的战略,并确保其部队有充足的资源来完成任务。因此,精确计算母国的经济基础,以及其生产并运输武器至战场的能力,就变得极为重要。战略必须在考虑了敌方的优势和劣势之后再制订。基于以上标准,同盟国的战略显然要比德国、日本和意大利的有效得多。

同盟国与日本战略的主要目标

同盟国与日本最高指挥所面对的最重要的战略任务是确定战时目标,并想办法将其实现。具体来说,美国及其盟国已经有了一个明确的奋斗目标,即全面摧毁轴心国发动战争的能力,这样一来,它们就不再能威胁到世界的和平了。就日本帝国部队来说,其压倒一切的想

---

① A. Millet and W. Murray, "The effectiveness of military organizations", *in International Security*, 11/1,(1986), pp. 37–71.

法是拖延战争,让盟军对战争感到厌倦,然后日本就能在和平谈判中守住一部分其占领的领土。然而,日本竟然糊涂到坐等战局变得对其有利,而不是采取一些具体的行动。

1943 年 1 月的卡萨布兰卡会议上(代号"象征"[Symbol]),英美两国的领导人为他们的全球战略确定了一般原则,首先是要保证德国、日本和意大利无条件投降,这三个国家的本土一定要占领,同盟国要想办法瓦解它们的军国主义政府、战争工业和武装力量。其目的是确保轴心国无法再次发动侵略扩张的战争。在 1943 年 11 月的开罗会议上,罗斯福总统、丘吉尔首相以及蒋介石向日本提出了要求。自 1894 年至 1895 年第一次中日战争时起,日本占领的所有领土全部返还各国。当月的之后几天里,英国和美国领导人在德黑兰会见了约瑟夫·斯大林(Josef Stalin),苏联承诺将会在德国战败后三个月内加入太平洋战争。

无条件投降原则并没有严重违背同盟国先前制定的政策。1941 年 8 月签署的《大西洋宪章》甚至在美国加入太平洋战争之前,就明确声明其主要目的是建立战后秩序,宣布军事侵略和领土扩张为非法行径。12 月,罗斯福向德国和日本宣战之时,他就公开表示终极目标是消灭独裁政权。该宣言在卡萨布兰卡市发布,简单陈述了同盟国准备实施的战后方案,给了它们一个坚定的目标去为之奋斗。①然而,美国和英国实现这一目标的途径尚未明确。具体而言,国防官员并没有决定是通过封锁和空袭战略还是通过实际占领本土来战胜轴心国。就太平洋战场而言,这一问题直到 1943 年 5 月于华盛顿举行的盟军参谋长联席会议才得以解决,此次会议的代号是"三叉戟"(Trident)。联合参谋部批准了一项战略,封锁日本工业从海外吸收原材料的海洋贸易线,同时对日本的城市和经济基础设施进行轰炸。在最后阶段,

---

① K. Greenfield, *American Strategy in World War II: a reconsideration* (Malabar, FL: Krieger, 1963), pp. 4–5, 10–12.

日本本土也会被入侵。然而，美国和英国国防官员都没有制定关于进军路线的确切计划。

这里有几个选择，其一是穿过太平洋中部直入日本帝国腹地。另一个经过深思熟虑的战略是从太平洋西南地区的诸多岛屿——包括新几内亚——发起进攻，以最终在菲律宾建立基地为目标，如此就能为入侵日本作好准备。最后一个受大家关注的选择是，在中国大陆建立航空基地，并对日本进行持续轰炸。虽然同盟国对到底采取哪种策略并不明确，但是已经设立的明确目标表明，军事计划制订人处于有利地位，可以根据需要来选择具体行动。

1943年1月以来，同盟国战略的第二个特征也遵循了先前制订的方针，即在对日采取重大行动之前先集中力量对付德国。卡萨布兰卡会议上，联合参谋部为来年制订了一系列的目标。[①] 1942年秋在北非进行的登陆行动（代号"火炬"［Torch］）派遣了大部分的美军和英军前往地中海，因此，进入法国以及之后向希特勒帝国腹地进军的计划不得不推迟到1944年中期。消灭德国在大西洋的潜艇舰队同样也是当务之急，特别是在1942年下半年U型潜艇袭击同盟军护航舰队的数量开始激增之后。战争物资通过北极圈附近的港口摩尔曼斯克和阿尔汉格尔斯克流向苏联，以保证苏联红军在东部边境与纳粹国防军（Wehrmacht）作战时能有武器装备。为了满足斯大林提出的在西欧开辟第二战场的要求，同盟军决定向意大利本土发起进攻。最终，希特勒的反抗也因对欧洲大陆加强战略轰炸而有所软化。因此，美国和英国的国防官员认识到，就他们对与德国抗战的诸多承诺来看，他们定然需要大量的时间建立起足以在太平洋战场发起大规模进攻的军事实力。

与此同时，尽管同盟国仍坚守着"德国优先"的战略，然而，或者说至少美国，正努力加快太平洋战场上的行动步伐，因为他们希望

[①] S. Ross, *American War Plans, 1941–1945* (London: Frank Cass, 1997), pp. 44-5.

以最经济的方式战胜日本。罗斯福政府意识到如果战争持续下去，问题就会出现，特别是在美国公众对战争的支持可能在下降的情形下。美国参谋长联席会议已经意识到最初的在太平洋战场上只进行防御的计划已经行不通了，因为此举只会让日本有机会加强其大本营的兵力，并为同盟军的行动设置重重障碍。新几内亚和所罗门群岛的行动已经十分吃力。在卡萨布兰卡，海军上将金认为，虽然德国是主要的敌人，但同盟军必须为欧洲战场获胜之后进攻日本作好准备。因此，调往亚太战场的资源比例从15%增加到了30%。①就同盟国占领的领土来说，美国保证日本海军在拉包尔的前线航空基地会被消灭，同时会对日本外围边缘的岛屿发起进攻，其中包括马绍尔群岛和吉尔伯特群岛。英国参谋部原则上赞成这一计划，只要这一行动不会影响到对德国的战事。1943年6月，针对日本采取大规模军事行动的可能性进一步提高，当时的澳大利亚总理约翰·柯廷说服议会通过了一项立法，该法案规定征募的士兵可以被部署至太平洋西南地区的任何地方。②

除了各国领导人对于整体目标有了清晰的概念之外，战争爆发前美国官员还费尽心思制订出了详细的行动方案，这让战略的有效运作成为可能。最初制订于1907年的"橙色战争计划"要求海军以确保对太平洋的控制权为目标扩大战局。一直到战争爆发的这段期间里，美国一直在努力制订计划并且预见到了许多将会碰到的障碍。纽波特的美国海军战争学院开发了年度战争游戏，玩家可以学习到很多关于舰队远程移动相关的知识，如建立前线基地和物资链。③事实上，"橙色战争计划"因列出了舰队的需求而大受称赞，其列出的方式"十分彻底且易于处理"各种突发事件。④一旦太平洋战场上的战役走向高潮，

---

① J. Costello, *The Pacific War, 1941–1945* (NY: Rawason-Wade, 1981), pp. 418–19.
② C. Thorne, *Allies of a Kind: the United States, Britain, and the war against Japan, 1941–1945* (Oxford: OUP, 1078), p. 364.
③ J. Barlow, "World War II: US and Japanese naval strategies", in C. Gary and R. Barnett (eds.), *Seapower and Strategy* (London: Tri-Service Press, 1989), p. 248.
④ N. Friedman, *The US Maritime Strategy* (London: Jane's 1988), pp. 213, 235.

美国的战略家就能很好地确定应当采取的措施。在"三叉戟"会议上，美国参谋长联席会议提出了其战胜日本的战略计划，并由联合参谋部中的盟军代表批准。该计划的一项关键目标是"保持对日本施压并不断加大力度，以持续削弱其军事实力"①。1943年6月，美国参谋长联席会议为实现该目标确定了详细的步骤，并声称，随着日本在马绍尔—吉尔伯特半岛的前哨被陆续占领，美国正准备消灭日本帝国部队在特鲁克岛的重要基地，同时加强对敌军航运线的袭击。这一行动最终将以占领日本本土打击范围内的岛屿为终点。尽管"橙色战争计划"并没有确定实现这些目标的具体时间表，然而该计划为美军踏入遥远的西太平洋确定了步骤。

美国海军还对日本较长且易受攻击的海上运输线路进行了持久的潜艇攻击。1944年年初，日本几乎损失了一半的运输船舶，这造成了两种不利影响。第一，边远地区的基地防御变得更加困难，因为派出的护航部队被击沉的风险很高。更重要的是，从南部地区向日本本土的原材料运输大大缩减，日本工业勉强能够维持武器和军需品的生产。因此，美国的战略便强化了海军理论家阿尔弗雷德·马汉（Alfred Mahan）的理念，他认为摧毁敌军舰队是取得胜利的关键，朱利安·科贝特（Julian Corbett）也认为对敌军海洋运输线的持续攻击是毁灭其战争工事的最便捷途径。这些行动的结合恰恰是降低日本对其占领地区的控制以及让其本土暴露在大规模袭击之下的最佳途径。

相比之下，日本的战略缺乏明确的远见。日本最高指挥部认为其目标是迫使西方国家提出和平谈判，但是却从来不制订合理的行动计划。这个问题部分是因为日本越来越意识到局势对日本帝国不利。1943年2月，联络处举行了"回顾世界局势"的会议，陆军总司令杉山将军宣称，毁灭大英帝国在亚洲的殖民地已经徒劳无功了。在此情

---

① G. Hayes, *The History of the Joint Chiefs of Staff in World War II: the war against Japan*（Annapolis: Naval Institute Press，1982），p.390.

形下，日本陆军没有选择，只能在对手日渐逼近的进攻中尽力守住其占领的地区。① 就海军参谋部而言，可用的资源并不足以让日本这个过度扩张的帝国在对方日渐强大的兵力面前保持不败。② 1944 年，许多领导人——如日本首相东条英机——开始质疑日本是否能在该战中幸存。然而，文化禁忌禁止人们公开发表这些言论，因此目前唯一可行的战略只有继续战斗，以期同盟国继续作战的意愿会有所减退。

日本最高指挥部的官员不仅死不承认战败的可能，还固执己见认为海军和陆军有办法阻止同盟国部队向日本本土逼近。日本战略计划的主要缺陷在于领导层仍未能认识到他们的对手发动全面战争的决心，并且同盟国已经发誓要继续作战直到日本本土被占领，确保其军事力量被完全消灭。③ 日本海军领导人仍固执地认为，在美国舰队逼近日本本土之时与其一决胜负，定能摧毁美军舰队。日方普遍认为所有的战役都会复制日本在 1904 年至 1905 年取得的胜利，当时俄国试图偷走旅顺港，而日方在其穿越对马海峡时将其舰队歼灭了。东京海洋战争学院的一名学生曾对该方针表示怀疑："（美国）如何会在情形对自己不利之时进入日本附近海域，并与我们决一死战呢？"④ 然而，绝大部分官员都没有这样认真地思考过如何实现一决胜负，他们也没有意识到日本海军很有可能会败在美国海军的手中。

陆军司令部同样对于如何作战感到困惑。1943 年 9 月，位于日本东京的大本营下令建立"绝对国防圈"（Absolute National Defence

---

① K. Akagi, "Leadership in Japan's planning for war against Britain", in B. Bond and K. Tachikawa (eds.), *British and Japanese Military Leadership in the Far Eastern War, 1941–1945* (Abingdon: Frank Cass, 2004), pp. 61–2.

② P. Dull, *A Battle History of the Imperial Japanese Navy, 1941–45* (Annapolis, MD: Naval Institute Press, 1978), pp. 494, 515.

③ K. Ikeda, "Japanese strategy in the Pacific War, 1941–1945", in I. Nish (ed.), *Anglo-Japanese Alienation, 1919–52: papers of the Anglo-Japanese Conference on the history of the Second World War* (Cambridge: CUP, 1982), pp. 125–46.

④ M. Chihaya, "An intimate look at the Japanese navy", in D. Goldstein and K. Dillon (eds.), *The Pearl Harbor Papers: inside the Japanese plans* (Dulles, VA: Brassey's, 1993), p. 319.

Sphere），该区域由西太平洋上的岛屿、东印度群岛和缅甸组成。[①]其目标是确保在 1945 年年初取得战争的胜利。在太平洋以及东南亚地区，日本陆军准备消灭试图攻击其据点的敌军，并试图给盟军造成最大程度的伤亡以消耗其实力。1944 年年初，日本战略家意识到是时候采取更加积极主动的行动了。日本帝国下令部队攻击那些防御薄弱的盟军据点。3 月至 4 月间，驻缅甸的第 15 军对印度东北部发起进攻（代号"一号"［Ichigo］），其目的是迫使英军从其在英帕尔和科希马的前线基地撤兵，以此阻止英军继续深入东南亚。6 月，日本陆军入侵中国南部，以此阻止同盟国部队在中国大陆建立轰炸日本本土的基地。日本在进行这两次行动时，并没有完全认识到要想守住日本帝国，他们必须阻止美军在太平洋地区的前进。从战略角度来看，将地面部队从亚洲撤出，并将其部署至菲律宾和马里亚纳群岛等地区更有可能阻止盟军建立足以打击日本本土的军事基地。另一方面，在其他战场上的胜利无法阻止太平洋战争的脚步。因此，日本最高指挥部对于武装部队如何实现战争目标根本就没有清晰的概念。

同盟国指挥部与日本指挥部内部的利益冲突

虽然战争计划制订人面临的首要任务，是确定国家的战争目标以及实现这些目标的方式，然而，各军种之间的分歧以及同盟国之间各国政策的冲突使得制订具体战略的过程变得十分复杂。又一次，英美两国成功解决了这些问题。其主要原因在于它们的指挥架构允许军方官员公开讨论各个领域的想法，并且同盟国是站在对战争胜利有利的立场来制订相关决策的。因此，为了实现更加宏大的目标，军队间的

[①] S. Hayashi, in collaboration with A. Coox, *Kogun: the Japanese Army in the Pacific War*（Quantico, VA: Marine Corps Association, 1959）, pp. 72-3.

冲突被搁置在了一边。文官领导人要么执行国防官员提出的战略，要么在各种情形下调解各军种之间的冲突。相比之下，日本的战略制订机制因陆海两军的持续冲突而难以运作，这在很大程度上制约了日本帝国部队有效利用其有限资源的能力。

在同盟国阵营之中，英美两国之间存在一大片争议地带。两国均同意要确保日本无条件投降，但是对于如何实现这一目标有不同的看法。英国提出了额外的目标，即夺回其在东南亚地区的殖民地，如马来亚和新加坡。这一计划与美国致力于消灭欧洲帝国的海外殖民统治相左，结果这两个结盟的国家常常出台不同的战略。比如，在缅甸战场，约瑟夫·史迪威（Joseph Stilwell）将军率领下的美军集中力量防守北部地区，这样同盟国就能将补给线延伸至中国。这位将军甚至还称，中国部队训练得越多，我们就可以利用他们解放远如香港的地区。包括乔治·马歇尔在内的美国国防计划制订人认为，基于战略考量，对蒋介石政府的进一步援助十分必要。中国部队在抵抗日本部队时，能将日本大规模地面部队牵制在亚洲大陆上，这样，日本就无法抵挡同盟国在太平洋战场上的前进。罗斯福政府还设置了政治议程，希望中国在战后成为美国的重要同盟。因此美国领导人认为西方国家应保住国民党政府以免其崩溃。另一方面，英国对于支持蒋介石并没有美国那么重视，因为蒋介石政府不得人心，而且一旦战争结束，他根本就没有机会继续掌权。英国的战略以其殖民利益为重点，它要求进军仰光，为其进攻马来亚和东印度群岛奠定基础。

丘吉尔及其军事顾问之间的分歧越来越大。英国首相以及战争内阁中较有影响力的几位成员，如安东尼·艾登（Anthony Eden）和外交部长等，都认为英国若想摆脱美国的调停、夺回殖民地，就必须占领马来亚。[①]东南亚盟军的总司令、海军上将路易斯·蒙巴顿勋爵

---

① H. Willmott, *Grave of a Dozen Schemes: British naval planning and the war against Japan*, 1943-45（London: Airlife, 1996）, passim.

（Admiral Lord Louis Mountbatten）也赞同这一策略，他认为英国要报日本于1942年夺走新加坡的一箭之仇。而包括帝国总参谋长、阿兰布鲁克爵士以及第一海务大臣达德利·庞德（Dudley Pound）在内的英国官员主张，英国若不参与美国在太平洋的行动将会造成更加严重的后果。如果没有英国的协助，美国就会说它以一己之力战胜了日本，随后便能主掌远东地区的战后秩序。在此情形之下，英国在东南亚地区恢复统治，就要完全听从美国的意志。参谋部的官员也怀疑英国是否能够战胜日本，尤其是当其受与德国作战的牵制而无法向远东地区派遣大规模登陆舰和战舰时。①马来亚战略也不受美国人的欢迎。1944年1月，蒙巴顿向华盛顿递送了"公理行动"，该行动意在向美军参谋长们兜售向东南亚发起两栖进攻的想法，参谋长们明确表示这是在浪费资源，并且会耽搁向日本本土进军的进程。

然而，英国决策人最终意识到，为了在太平洋战场上取得胜利，他们必须与美军合作。此外，丘吉尔最为有名的倾向之一就是让其国防官员就战略事宜作最后的决定，同时他也认为马来亚计划缺乏可行性。这位首相听从其顾问意见的行为让英国免于遭受不必要的损失。1944年夏，为了进行更加深入的合作，英国采取了一系列具体的措施来配合美国，远东战场指挥层的重构以及东南亚司令部的成立，都是为了让英国能够以更加有效的方式采取行动，向美国履行与日本抗战的承诺。丘吉尔还试图让美国同意英国参与盟军针对日本本土的行动。1944年9月的第二次魁北克会议上，英国首相向罗斯福提出让英国皇家海军加入太平洋舰队的请求。美国政治领导人认为，为了对合作伙伴表示尊重，英国部队必须被允许完全参与到对日行动中。②另一方面，如果英国仅在其东南亚势力范围内活动的话，美国公众会谴责这位盟

---

① A. Marder, et al., 1981–90, Vol.2, pp. 295–8; S. Kirby, *The War Against Japan*, 5 Vols. in series *History of the Second World War*（London: HMSO, 1957–70）, Vol.2, P. 420.

② N. Sarantakes, "One last crusade: the British Pacific Fleet and its impact on the British-American alliance", in *English Historical Review*, 121/491,（2006）, pp. 437–40.

友只追求私利，跨大西洋同盟很有可能会因此而瓦解。美国同意英国参与到太平洋海域战略中来。因此，同盟国各国成功解决了相互间的分歧，制定出了联合作战计划。

美国军方领导层内部同样也存在不同的声音，但是再次强调，海军和陆军等军种都明白，要想实现同盟国的目标，就必须要有统一的战略。相较于积极参与战略制订的丘吉尔，罗斯福作为战时领导人最为重要的一项特征是，他喜欢让他的军事官员自由想出各自的战略思路。① 因此，决策权很大程度上落在了国防计划制订人的手中，同时由总统在参谋长联席会议的代表威廉·莱希负责解决分歧。美国海军提出在太平洋中部发起海面攻击，而美国陆军更支持从新几内亚地区发动"跳岛战术"，夺回菲律宾。1943年东南亚地区的行动计划反映了指挥架构的分散。3月，道格拉斯·麦克阿瑟将军计划进行"埃尔克顿"行动（Elkton），希望占领新几内亚东海岸诸岛，其中包括新不列颠岛和新爱尔兰岛。海军领导人，如太平洋舰队总司令尼米兹上将和海军行动总参谋欧内斯特·金，都指出美国还不具备足够的舰船和飞机来完成这一计划。为了防止陷入僵局，参谋长联席会议下达指令，将美国在太平洋西南地区的目标下调至更为可行的程度。日本在拉包尔的前线基地可以不用占领，但是要对其进行长期轰炸以削减其兵力，并由麦克阿瑟从新几内亚北海岸发起钳形攻势（代号"车轮"[Cartwheel]）。

然而，1943年年末以后就没有确定具体的目标了，军队内部的冲突使得长期战略无法出台。② 6月，金建议在本年末夺取吉尔伯特群岛，而马歇尔将军及其陆军计划制订人称此次行动所需的资源已经被调离新几内亚。8月，美国部队向该岛的东北海岸进军时，麦克阿瑟将军向参谋长联席会议提交了他的计划。"里诺二世"计划（Reno II）建议美军向日本单线推进，而且太平洋西南地区将会是此次行动的主战场。其主要目标是切断日本与南部地区的联络，并在菲律宾布下海空

---

① Greenfield，1963，pp. 55–6.
② Ross，1997，pp. 50–2.

部队。海军方面不同意该计划，因为若试图占领每一个岛屿将会使得美国部队陷入既耗时又耗力的战斗之中。

除了这些问题之外，美国国防官员还认为，要想在太平洋地区控制尽可能多的海域，就需要各军种之间相互合作。一方面，美国不存在资源短缺的问题，因此它可以制造大量军备，其武装部队可以同时执行数个战略，如此每一分队就可以发挥很大的作用。因此，最后的战争计划也说明了海军与陆军如何将其政治斗争放在一边，齐心协力实现战胜敌军这一终极任务。1943年8月，第一次魁北克会议（代号"四分仪"［Quadrant］）之后，参谋长联席会议宣布美国在太平洋将实行"双级推力"（dual thrust）的战略。第一级别是尼米兹在太平洋中部的海上行动，同时辅以麦克阿瑟在新几内亚的行动。

美国部队准备在西太平洋集结，如此便能阻断日本海上运输的关键位置。尼米兹的第一个任务是占领马绍尔群岛和吉尔伯特群岛，打破日本的外围防线（代号"电流"［Galvanic］）。美国部队将从此地开始穿过加罗林群岛向马里亚纳群岛进军。海陆两军就何处会师仍未达成一致意见，尼米兹和金提议进攻台湾，而麦克阿瑟希望夺回菲律宾。这位将军很大程度上被个人情感左右，强烈希望洗刷他的部队在战争初期未能在日军的攻击下守住菲律宾的耻辱。尽管如此，1943年年末，军队内部的合作让美国有了更加明确的作战方向。

盟军指挥部的战略整合与日本形成了鲜明的对比，日本帝国部队的领导人最终各自为政。虽然日本海军继续将兵力集中在太平洋地区，但是他们遵循绝对的防守策略，其航空母舰和主力舰全部都停在特鲁克岛和日本本土的基地里。山本五十六乘坐的飞机在飞往太平洋西南地区时被击落，随后海军上将古贺峰一（Koga Mineichi）接任其担任联合舰队的总司令，他在美国针对拉包尔等边远地区采取行动时按兵不动，害怕再有所损失的话日本将会在最终决战中失利。[①]结果是，

[①] T. Wilds, "The admiral who lost his fleet", in *United States Naval Institute Proceedings*, 77 (November 1951), pp. 1175–8.

日本地面守卫部队未能得到足够的掩护。1944年6月，美军登陆比亚克岛（Biak）时，日本海军的飞机被派至马里亚纳群岛，陆军司令部因无人配合而畏惧不前。①然而，陆军在妨碍日本有效利用其军事力量上也负有一定责任。因为陆军部队大部分都在亚洲大陆上，因此陆军指挥官不愿顺应海军的意愿去加强太平洋岛屿的防御。其结果是，美军遭遇到的反抗力量更加弱小了。直到战争即将结束之际，同盟国部队已经作好入侵日本本土的准备之时，日本陆军才开始重新在包括冲绳岛和硫磺岛在内的岛屿基地上布防。因此可以说，内部分歧是加速日本灭亡的重要因素。

良策的重要性

让美国及其盟国获得重大优势的最后一项特征是，他们在战争中会仔细分析可能面临的挑战，以及克服这些挑战最为有效的途径是什么。相比之下，日本在同盟国强大的军事力量面前不愿意承认其获胜已几无可能这一事实，并且其制订的战略也是毫无章法可言。

英美两国在制订行动计划时，极力确保他们有足够的资源来实现目标。1943年，美国部队的力量不足以对日本在太平洋的部队采取行动时，参谋长联席会议明智地决定，坚持对日本占领的边缘地带——如新几内亚和所罗门群岛——发起小型进攻的战略，那里的防御力量相对较为薄弱。英国同样机警地发觉无法战胜日本。整个1943年，英国内阁的联合情报委员会都在发出警告，日本拥有足够的资源可以守住其在东南亚的领地。②丘吉尔及其国防官员也一直等到英国

---

① Hayashi, 1959, p. 107.
② UKNA, CAB 81/114, JIC（43）117（O）, The *Anakim* Plan: Reply to Future Planning Section Questionnaire by JIC, 16 March 1943; CAB 80/73, COS（43）417（O）, Enclosure: js（*Quadrant*）6, Operations in Sumatra, Report by JIC, 8 August 1943; CAB 81/117, JIC（43）369（O）（Revised Final）, Operations Against Northern Sumatra: Report by JIC, 27 September 1943.

足够强大时才去夺回缅甸和马来亚。在战场上，第14集团军总司令威廉·斯利姆将军和英军驻印度总司令克劳德·奥金莱克（Claude Auchinleck）都下令努力改善通往缅甸的道路交通，这样就能将充足的供给和装备运至前线。①

同盟国真正认真起来对付日本帝国是在1944年年初之后，当时他们才有足够的力量发起大规模行动。即便如此，军事计划制订人也在认真制订计划，避免可能会让其部队陷入持久战的行动。例如，美国陆军航空队计划在中国建立军事基地以对日本进行战略轰炸的计划被退回，因为这一计划显然会造成相当大的后勤问题。要维持中国大陆上的供给，需要从印度越过喜马拉雅山脉空运燃料和军火，而除非竭尽同盟国在太平洋战场上的飞机，否则根本就无法弄到这么多的飞机。

美国海军还意识到，进攻日本帝国腹地最为有效的途径是从太平洋中部推进，并占领马里亚纳群岛等岛屿。陆军航空队也支持这一战略，以备在中国建立基地的计划不可实现之需。美军也喜欢根据其部队碰到的情况随机应变地制订战略。1943年11月，美军进攻吉尔伯特群岛的塔拉瓦。尽管战舰和舰载轰炸机进行了为期数日的轰炸，然而在美军登陆时，日军几乎没有损伤，而美国海军陆战队在试图消灭日军反抗力量时损失了高达30%的人员。尽管1944年1月，马绍尔群岛海战中抵抗力量相对较弱，然而美国的计划制订人发现逐个占领各个岛屿只会造成不必要的拖延。于是参谋长联席会议以及尼米兹的部下发明了"蛙跳战术"，即跳过加罗林群岛等水域直奔马里亚纳群岛。为了防止日军对美军发起进攻，日本海军和航空的重要军事基地，包括特鲁克岛都遭到了连番轰炸。海军上将金也认为，尽快攻击离日本本土更近的地带能迫使日本就关键的几个点进行防御，如此便有了击败日本舰队的可能。1944年3月，参谋长联席会议下达了新的指令，

---

① W. Slim, *Defeat into Victory* (London: Cassell, 1956), pp. 169–77.

占领马里亚纳群岛。6月，避免冒险行动的优势再一次发挥了作用，海军夺回台湾岛的计划也被搁置在了一边，转而支持麦克阿瑟在菲律宾建立基地的战略，因为后者的防御力量更为薄弱。

就行动层面而言，美国指挥官十分谨慎，不在不利条件下与日本帝国舰队作战。其中最为著名的案例之一是在进军塞班岛期间，海军上将斯普鲁恩斯接到消息，小泽的舰队正在逼近。尽管摆在斯普鲁恩斯面前的是摧毁日本联合舰队的千载难逢之机，但是他并没有贸然行动，因为保证两栖部队的安全更为重要。此外，他不愿在不知敌军舰队的组成和实力的情形下与对方开战。[1]自然，斯普鲁恩斯的决定遭到了部分将领的反对，其中包括带领快速航母部队的马克·米切尔（Marc Mitscher）。米切尔认为，第58特遣舰队已经走得足够靠西了，其飞机的打击范围已经足以阻断敌军航母。最终，美国的飞机起飞迎敌，随后便爆发了史诗般的空战，因日军的损失过于惨重，美国飞行员将其戏称为"马里亚纳射火鸡大赛"。次日清晨，斯普鲁恩斯下令特遣舰队追击日军。"翔鹤"号、"大凤"号（Taiho）和"飞鹰"号（Hiyo）被击沉了，但是其他舰艇逃走了，而美军飞行员也没有足够的燃料进行追击。虽然斯普鲁恩斯没有及时袭击日本联合舰队被看作是错失良机的主要原因，但这是他经过谨慎的风险评估之后对采取行动所作的决定。当前最重要的是避免美国海军的力量遭到过度损耗而导致最终无法获胜。

英国的战争计划也是对当时的战略现实进行冷静计算的结果。针对日本的进攻计划直到1944年夏天才发动，当时盟军已经有了足够的资源进攻欧洲西北地区，而且还有剩余的部队来负责远东地区。东南亚地区的行动也开始展开，因为继续按兵不动只会让日军的防御增

---

[1] E. Forrestel, *Admiral Raymond A. Spruance: a study in command* (Washington, DC: Naval Historical Center, 1996), pp. 137–8; B. Tillman, *Clash of the Carriers: the true story of the Marianas Turkey Shoot of World War II* (NY: Nal Caliber, 2005), p. 100; pp. 331–2; W. Y' Blood, *Red Sun Setting: the Battle of the Philippine Sea* (Annapolis: Naval Institute Press, 1981), pp. 212–13.

强，徒增障碍。英军的行动重点是夺回缅甸，日本陆军在英帕尔战役和科希马战役中大败之后，其在缅甸的防御工事已经被大大削弱了。因此，英国参谋长委员会批准了蒙巴顿的提议，他提出要维持第14特遣队进军中部平原和仰光的势头。①然而，消耗要控制到最小，而且美军要在太平洋战场上对付日军主力。考虑到英国的资源短缺，该计划十分合理。在考量了一系列的因素之后战争计划才被制订出来，其中包括敌方军力、各种行动的可行性以及远东地区在英国战略中的重要程度。

相比之下，日本的战略可以说是毫无章法，而且是基于不切实际的期望。东京政府的军事领导人仍无法理解与日本作战的部队规模大小，他们只知道同盟军反攻部队的规模不断壮大，还有就是英美两国提出的日本无条件投降的要求。日本陆军坚持不惜一切代价守住其占领的地区，而日本帝国海军司令部称，必须要在美国夺得袭击日本本土的基地之前消灭美军。1944年6月，日军未能成功阻止美军进攻塞班岛之后，日本海军被迫采取"捷"计划，该计划设想在琉球群岛—台湾—菲律宾链上进行最终决战。然而，该计划在制订之时，日本根本就没有认识到其完全没有获胜的可能，美国所能部署的船舰和飞机数量远远超过日本。战争接近结束阶段，日本军方仍在低估同盟军的作战能力，陆军战争指导参谋松谷大佐（Colonel Matsutani）在战后回忆录中称，"不得不承认日本几乎没有考虑到英国和美国，这一点太令人羞愧了"，直至1945年春，当时德国已经战败，而日本将要单独面对同盟国部队。②在这个人人都坚信必胜的国度，直到自己战败，鲜有人注意到敌人有多么强大。1945年8月，长崎和广岛被投放了两

---

① J. Ehrman, Grand Strategy, Vol.5, in series *History of the Second World War* (London: HMSO, 1956–72), pp. 495–6; Kirby, 1957–70, Vol.4, p. 7.
② A. Coox, "Flawed perception and its effect upon operational thinking: the case of the Japanese Army, 1937–41", in M. Handel (ed.), *Intelligence and Military Operations* (London: Frank Cass, 1990), pp. 242–3.

颗原子弹之后，日本领导人才开始考虑是否投降。即便是在当时，日本内阁的军方代表仍表示海陆两军应该有机会在日本本土上发起最终决战。事实上，裕仁天皇的介入及其投降的决定在避免日本灭绝中起着十分重要的作用。

小　结

太平洋战争期间，同盟国战略的主要优势不仅在于其能动用更多的军队。精心计划在推动美国及其盟国获胜中也起着十分重要的作用。在许多方面，西方国家在制订有效的战争计划上都要比日本更为有利，很大程度上是因为他们在战略思想上寻求联合行动。而相比之下，日本帝国部队则寄希望于顽抗和好运能够带来最终的胜利。

同盟国对于其目标以及实现目标的途径有着非常清晰的想法。从战争初期，英美两国领导人就发誓要将战争进行到底，直到轴心国无条件投降。国防计划的制定人就能依此确定应采取的措施。尤其是美国认识到，要想打败日本，就要扩大战争，控制尽可能多的太平洋地区。此举能有效削弱日本帝国部队对其占领地区的控制，同时也能为向日本本土发起持续进攻提供基地。日本最高指挥部的计划则没有这么连贯。基本问题在于，日本未能理解同盟国摧毁日本军事能力的决心。日本武装部队仍期望可以凭借几场胜仗来最终迫使对方进行和平谈判，并以此为基础制订战略。让战局变得更糟糕的是，日本陆军和海军就如何实现目标没有确定一个明确的展望。

同盟国阵营的政治领导人及国防计划制订人虽然内部分歧不断，但仍制订出了统一的战略。这主要是因为英美两国深谙，要开展像太平洋战争这样复杂的军事行动，合作必不可少。比如，在美国军方内部，海军和陆军就美国应集中力量向何处推进有所分歧。最后，国防官员决定以太平洋中部为第一顺位，此处是快速推进到日本本土腹地的通道所在，并同时让陆军在太平洋西南地区进行跳岛战术。同样，英国领导人，尤其是首相丘吉尔，十分在意夺回在战争初期从日本手中失去的东南亚殖民地。另一方面，美国对于英国在远东地区重建殖民地统治无甚兴趣。然而，为了保证同盟的完整性，丘吉尔及其国防官员决定加入美国在太平洋战场上的行动。为了以最高效的方式击败日本，同盟国之间的分歧被搁置。然而，日本的战略制定机制因内部分歧而难以运作，这反过来也使得日本海军和陆军无法联合起来以更有效的方式对抗敌人。

第三，同盟国具备的最后一个关键优势是，能对我军和敌军进行审慎的评估。只有当友军具备足够力量战胜对手时，盟军才会发起大规模进攻。同样，盟军还会避开那些日军防御森严的地区，因为进攻这些地方只会导致战局的拖延和失败。放弃将中国作为袭击日本本土的计划，代之以在马里亚纳群岛建立基地，因为后者的后勤要求更低一些，这一举措充分说明了盟军在采取行动时考虑了其所面对的战略现实。日本领导人在战争过程中则没有那么关注战略的制订，并且在战争结束阶段，日本帝国部队还发起了数次无端的行动，浪费了其本就不多的力量，其中最有名的是日军曾试图阻止美国特遣队前往莱特岛。然而，即使是更有效率的战略也无法挽回日本的败局，日本决定与兵力远超自己的同盟国作战就预示了日本完全没有意识到失败已经在所难免了。

第 7 章

战术和技术

战争的战术层面解决的是武装部队为了实现战场上的目标而选择采用的方式,并且会包含一些军事活动中最为详尽的特征。①当制订战术是与敌军会战之前及实际作战时调遣部队的方式时,指挥官就必须作出关键的抉择。技术因素也与战术密切相关。官员需要决定其部队如何将火力用于打击目标上,并为进一步前进铺平道路,同时在敌军的攻击之下保护自己。因此,战术层面的成功要求武装部队装备恰当型号的船舰、飞机和枪械来战胜对手。同样重要的是建立一系列的程序,如此就能高效能地运用武器,并且建立一套训练体系,训练战斗人员正确完成指派给他的任务。

与战略和行动相同,同盟国在战术和技术领域一样远超日本。美国及其盟国——如英国,当然能动用数量更多的先进军备,但是除了物资上的优势之外,还有其他一些因素帮助西方军队取得战争优势。战场上战术的效能取决于许多智力品质,其中最重要的是理解战斗中需要面对的相关要素,以及决定使用何种武器和技术来解决敌人设下的障碍。在太平洋战场上进行军事行动需要克服一系列独特的挑战,各方为了与敌方作战需要跨越辽阔的海洋,这意味着海空部队必须要革新其部署兵力的方式。在地面上,陆军需要解决地势崎岖和丛林密布所带来的问题,同时还要面对太平洋上渺无人烟的小岛和东南亚地区道路交通极度不发达的现实,此二者均能制约机动运输和重型装备

---

① A. Millet and W. Murray, "The effectiveness of military organizations", in *International Security*, 11/1, (1986), p. 60.

的使用。基于此，步兵单位的正确部署以及装备品质恰当的现代武器——如坦克和火炮——就显得至关重要了。尽管日本在战争最初阶段面对比其弱小的对手时十分善于此道，然而在遭遇拥有恰当装备且经过训练的强大对手时则不知所措。1943年之后，战争局势开始对日本不利，他们当时既没有足够的资源，也不知道如何去革新其程序。相比之下，同盟国部队的获胜很大程度上是因为他们在与日本进行各领域作战时——包括海战、陆战和空战——会根据具体情形去调整其战术和军备。

海 战

海军在太平洋战场上的行动需要船舶才能进行远距离移动，同时具有锁定敌方舰队并将之摧毁的能力。现代海军武器，如舰载机和潜水艇等，常常左右着海战的结果。美国和日本海军都努力以自己的方式开发相关武器。然而，日本海军的最大缺陷在于，其在与同盟国长期对峙的过程中没能制订恰当的战术，没能使用恰当的装备。

就舰队航空而言，即便是在战争爆发之前，美国和日本都明白飞机在太平洋战场上扮演着十分重要的角色。舰载战机以及从岛屿基地起飞的飞机可以用来执行非常多的任务，比如护航和发现敌军，还能在保护友方船舰的同时攻击敌方舰队。然而，美日两国的海军投入太平洋战场时都没有明确认识到航空力量到底扮演着何种角色。舰队指挥官将飞机看作是一种辅助武器，在战争开始时用来打击敌人，他们还认为最终的战果将由水面船舰——如战舰的"大炮"——来决定。美国方面，晚至1939年，海军声称发展航空力量并不足以说服人们修正现有的战斗程序。[①]同样，日本也将大量资源投放到建设超级战

[①] J. Kuehn, *Agents of Innovation: the General Board and design of the fleet that defeated the Japanese Navy* (Annapolis: Naval Institute Press, 2008), p.101.

舰"大和"号（Yamato）和"武藏"号（Musahi）上。

战争一旦爆发，日本海军和美国海军从战斗中学习的方式的对比就十分明显了。中途岛和瓜达尔卡纳尔岛战役之后，美国采用了更为有效的使用武器的方式。相反，日本在美国海军手中失利之后将其舰队驶回了本土附近。虽然此举能帮助日本海军免遭进一步的人员伤亡，但是指挥官也因此失去了能帮助他们发明战术的战斗经验。同样不利于日本的是，日本并不具备生产更好装备的工业和技术资源。日本海军也无法建立训练系统，弥补在1942年下半年中失去的那些技术精湛的飞行员。结果是，1944年日本海军航空兵的战斗力急剧下滑，落于美国之后。

美国海军的舰队航空准则极度依赖物质和技术上的卓越，因此其航空部队能进行高强度的战斗。其终极目标是确保海军活动地区的制空权。尽管日本已经开始将其大部分飞机撤往特鲁克和拉包尔的后方基地，但是还有相当数量的飞机仍留在前线上，因此它们足以对美国的特遣舰队造成相当大的伤害。例如，在入侵塔拉瓦时，陆基鱼雷轰炸机发起奇袭，许多船只险些被击中。为了提供有效的防御，航母群需要部署大量拥有足够抗打击能力与火力的战斗机去击落敌机。1943年年末，美军有能力执行众多任务。战斗机数量大增的埃克塞斯级航空母舰的引进大大加强了海军的打击能力。轻型航母（CVL）的大量建造增强了航母编队的空中力量。轻型航母的主要任务是掩护特遣部队，而大型舰艇则向地面目标派遣飞机执行轰炸和运输任务。特遣部队也配备了数量更多的先进战机，如F6F地狱猫战斗机，它的每个机翼上都配有三个12.7毫米口径的机枪，每分钟能射击1000发，因此其破坏力远远超过了零式战斗机。F4U海盗战斗机表现同样出色，并且在机动性能上不输零式战斗机。除了高性能的飞机之外，航母群还需要一大批优秀的飞行员。美国海军在佛罗里达州彭萨科拉和得克萨斯州科珀斯克里斯蒂（Corpus Christi）的高等飞行院校中，飞行员在获得执行任务的资格之前要经过将近

500小时的练习。①飞行员要训练在近距离与敌机交锋时发起攻击并寻找机会将其击落。战机方针还注重团队合作，规定飞行员要协同操作抵御敌方的拦截机。还强调要成队形飞行，并且要为轰炸机提供足够的掩护。

为了更好地控制飞机群的动作，太平洋舰队逐步发明了战斗机指挥系统。美军在1942年年末的所罗门群岛海战中吸取了经验，当时战斗机的随意部署常常意味着敌方轰炸机不费多大力气就能突袭特遣部队。战斗机控制的主要目标是定位靠近的飞机的位置，这样拦截机就能及时采取措施。1944年年初，所有船只都会配备至少一名战斗机指挥官，其职责是调整附近战机的行动。他们在SC和SK雷达的辅助下工作，这两款雷达是用来进行空中搜索的，其中地表级的SG雷达是用来侦测低空飞行目标的。雷达操作员会被教授很多关于如何识别敌军袭击的知识，以及利用敌我识别系统（IFF）区分敌机和己方战机。搜索设备搜集到的信息会被整合到一个系统中，该系统能够处理这些资料并通过战斗情报中心（CIC）传达给飞行小队。1944年6月的马里亚纳海战中，美国海军的战斗机指挥能力大幅增强，其主要原因是战斗人员知道在遭遇敌人时自己该做什么。当日军派遣舰载轰炸机对付斯普鲁恩斯的特遣队时，雷达操作员可以精确描述敌方的战斗队形。战斗机指挥人员获得及时的信息之后，飞行员几乎就能拦截住所有前来轰炸美国舰队的飞机。"大黄蜂"号航空母舰的行动报告称战斗情报中心和飞行员之间的配合"可谓完美"，其实施的拦截"精确无误"。②

除了保护特遣部队免受空中袭击之外，舰载飞机还能对地面基地实施预先袭击，在敌机采取行动之前将其消灭。航空中队还能破坏敌方海滩设施，为两栖突袭重要岛屿作准备，以削弱登陆部队可能遭遇

---

① J. Belote and W. Belote, *Titans of the Seas: the development and operations of Japanese and American carrier task forces during World War II* (NY: Harper & Row, 1957), p. 212.
② S. Morison, *New Guinea and the Marianas*, p. 262.

的反抗力量。海军航空兵在切断日本的海洋运输线上起着重要作用。事实上，日本商船的损失中约有 32% 是空袭造成的。[1]

另一方面，日本海军的航空部队的物资力量无法与其对手相媲美，日本也没有足够的资源去引进新式装备。航空母舰——如"翔鹤"号和"瑞鹤"号——虽然在坚固程度和打击能力上与美军持平，但是其数量太少了，完全不足以支撑日本帝国舰队取得重大胜利。日本制造高性能战斗机的能力也远远低于对手。新引进的零式战斗机样机虽然装备了装甲，但防御仍十分薄弱，它们在面对地狱猫和海盗的强力火力时十分容易被击毁。日本工程师并不擅长制造装备大量装甲和火力的机器，因为日本海军的设计哲学强调的是保证机动性的轻型结构。[2] 此外，日本飞机引擎的研发也落后西方一代，并且因使用效率更为低下的电力设备而受到局限。在此情形下，日本的飞机无法装上防弹板和高性能的机枪。

司令部的错误观念也阻碍了技术的改良，他们认为战术技巧足以压过同盟国所占据的一切优势。一位海军一级飞行员回忆称，飞行员一直被告知他们的战术能够打败所谓"懒惰的"美国人。[3]军事传统吹嘘称，装备较差的战士可以通过熟练操作来战胜火力更为强大的对手。日本飞行员坚信这一信条，认为防御装甲没有必要。[4]造成的结果是，海军航空官员不会去迫使制造商制造更加坚固的机身。日本飞机缺陷十分严重，因为其大部分都没有装备雷达，因此飞行员在攻击船上目标时难以进行准确打击。日本海军并没有下工夫研发更加先进的搜索设备，直到战争爆发之后，而此时要想追上美国已经太晚了。战斗机指挥系统的研发同样也因雷达设备的短缺而延后。

---

[1] R. Overy, *The Air War, 1939–45* (London: Europa, 1980), pp. 95–6.
[2] Okumiya and Horikoshi, with M. Caidin, *Zero!: the story of the Japanese Navy Air Force, 1937-1945* (London: Cassell, 1956), pp. 293–4.
[3] H. Sakaida, *Imperial Japanese Navy Aces, 1937–1945* (Oxford: Osprey, 1999), p. 63.
[4] J. Horikoshi, *Eagles of Mitsubishi: the story of the Zero fighter*, translated by S. Shindo and H. Wantiez (London: Orbis, 1981), p. 144.

除了缺乏装备之外，日本海军航空兵的人力也十分短缺。日本并没有预料到储备飞行员的必要，没有预料到需要补充长期战斗中可能造成的人员伤亡。其设计的培训项目仅仅能够筛选出少数高素质的飞行员进行战斗。在中途岛海战之后，日本建立了更为宽松的训练体制以弥补损失。①新一批飞行员有时仅有不到100小时的飞行经验就投入战斗了。1944年，大部分技术高超的飞行员要么在战斗中身亡，要么死于飞机失事，其航空部队几乎是由经验不足的飞行员来操控的。许多小队在经过几个月的训练之后就成为了候补飞行员。在塞班岛战役中，日本证实了他们没有能力进行战术整合。日本的袭击队形小而分散，美国特遣队很容易就与其遭遇。美军对莱特岛发起进攻时，日本海军航空部队凭借传统战术根本就无法提供任何有效的防御，因此最后在无法阻止盟军向其本土进军时，不得不发起自杀式袭击。日本航空部队的灭亡既是因为资源不足，也是因为其未能准备进行高强度的消耗战。

另一个努力发展舰载航空兵的太平洋战争参与者是英国。然而，英国皇家海军在该领域的进展远远落后于美国和日本。英国的战略环境并不完全有利于海军集中力量发展空中力量。②一方面，英国是在远东地区拥有殖民地的帝国主义国家，这些殖民地曾在日本攻击中请求保护。另一方面，英国还是个欧洲强国。其海军在欧洲的行动并不需要跨越非常辽阔的海域，因此其海军可以依靠陆基防空。英国皇家海军在使用舰载航空兵中没有取得什么显著的成就。事实上，美国海军在战斗机控制上从英国那里借鉴了很多想法，英国是研发雷达的先驱，同时也是第一个研发敌我战机识别系统的国家。1940年夏天不列

---

① M. Peattie, *Sunburst: the rise of Japanese naval air power, 1909–1941* (Annapolis: Naval Institute Press, 2001), pp. 181-4.
② G. Till, "Adopting the aircraft carrier: the British, American and Japanese case studies", in A. Millet and W. Murray (EDS.), *Military Innovation in the Interwar Period* (Cambridge: CUP, 1996), pp. 197-203, 205-9, 218-19.

颠之战的经验清楚地说明了战斗机在保护船舰中的重要作用。主要问题是，英国的工业基础无法支撑其制造大量的舰载飞机和防空设备。太平洋战争初期，"威尔士亲王"号和"反击"号的损毁证实了飞机是极其高效的武器。然而，资源的短缺制约了航母的建造。英国皇家海军的舰队也是为了在欧洲极为常见的狭窄水域中采取行动而建造的，在欧洲，陆基袭击仍是常见的威胁。重型装甲的装备也耽误了航母的完工。

结果是，英国海军航空力量十分有限。1943年春天，东部舰队的航母因地中海和大西洋战场上的压力激增而被调走，直到1944年年初，印度洋地区的部队才得到增援。英国的太平洋舰队在执行任务时并没有足够的装备，也没有经验。1945年春，英国皇家海军与日军在冲绳岛交锋。其航母只能提供连美国海军一半都不到的装备。英军的战斗机——如海火式（Seafire）战斗机——只有一般飞机五分之一的强度，是为了进行地面军事行动而设计的。然而，英国舰队没有遭到重大损失的因素有两个。第一，英国航母上的装甲大大削弱了伤害。第二，同时也是更为重要的因素，是英国对现有防空机枪和舰载飞机的改良。跟美国一样，英国的战斗经历迫使其发明更为高效的使用航空力量的方式，虽然是在战争后期了。

在太平洋战争中，各国的水下作战能力也得到了大幅提升。再次，美国和日本都认识到潜艇是攻击敌人的新式武器，因为其可以在不被侦测到的情况下进行长距离航行。然而，双方的舰队有着不同的作战理念，这反过来也对各自的战术造成了重大影响。对美国海军来说，其主要目标是切断敌军的运输线。水下舰艇是为深入太平洋边远地区进行远程行动而设计的，其燃料和补给设施因价格较高而受到限制。①即便如此，美国潜艇的性能因其没有装备有效的鱼雷而受到限制。

---

① G. Weir, "The search for an American submarine strategy and design, 1916–1936", in *Naval War College Review*, *44* (Winter 1991), pp. 41-4.

在两次世界大战之间的间隔期，由于财政紧缩，试验受到限制，并且为了保留有限的军火供应，练习时都是不让鱼雷爆炸的。其结果是，美军没什么机会去发现并修正现有的问题，当美国潜艇舰队在1942年首次执行任务时，大部分军火要么过早爆炸要么根本就不炸。潜艇艇长逼迫海军提供更好的武器，以便装备更大的弹头并且可以在更浅的水域开火。战术方针有改良的空间。指挥官认为，水面攻击（surface-level attack）会让潜艇暴露。因此，潜艇必须保持在水下等候目标的出现，而不是去寻找目标。在瓜达尔卡纳尔岛海战中，美国潜艇艇长就是在沿海水域等待日本运输船和舰队，而不是在远海阻击。[①]美军迫切需要发明进攻型作战方式，这更适合进行大规模攻击。因此，虽然美国海军明确知道其潜艇舰队想要实现的目标是什么，但是其不具备足够的武器和战术技巧。

然而，1943年年末，美国部队已经取得了决定性的优势。潜艇艇长采用了德国在大西洋战场用过的群狼战术，即几组潜艇舰队在商船的必经之路上静静等待。一旦配备了更为高效的鱼雷之后，美国海军凭借这一战术可以击沉大量日本船舰；到1944年，美军几乎击沉了半数日本商船舰队。从东南亚至日本本土的航线变得支离破碎，一支护航队伍需要6个月才能走一个来回，大量时间耽误在绕路以及在潜艇攻击频繁之时寻求海岸庇护上了。美国海军潜艇舰队取得的这些成就极有可能是因为其指挥官努力进行技术和战术上的革新，以帮助其实现战略和行动上的目标。

另一方面，日本海军很少使用潜艇来对护航舰队进行持续攻击，主要原因在于日本最高指挥部没有意识到此举能妨碍美军在太平洋战场上的边远地区建设大本营。[②]就装备而言，日本从德国机械师和工程师那里得到了非常多的帮助。在战争初期，日本的潜艇舰队是世界

[①] C. Blair, *Silent Victory: the US submarine war against Japan*（NY: J. B. Lippincott, 1975）, p. 280.
[②] D. Evans and M. Peattie, *Kaigun: the strategy, tactics and technology of the Imperial Japanese Navy, 1887–1941*（Annapolis: Naval Institute Press, 1997）, pp. 496–7.

上最先进的。水下舰队的燃料和发动机足以支撑其进行远程行动。整个战争期间，97式远程鱼雷的杀伤力远超西方国家，因为其有能力打击远程目标。其氧气推进机制也让盟军的船员很难提前探测到，只有在其距离非常近的时候才能探测得到。然而，由于日本帝国海军专注于舰队作战行动，所以日本并没有花心思设计战术阻击商船和运输部队。[①]从1943年起，潜艇才被分派到澳大利亚附近水域骚扰护航舰队。虽然确实击沉了几艘船只，但是其对盟军的影响微乎其微。

　　日本保护舰队免遭潜艇袭击的方式同样也因其海军指挥官对舰队行动的痴迷而受到制约。大多数海军将领常常粉饰日本供给线在战争中极易遭到破坏这一事实，即使他们发现同样是岛国的英国在两次世界大战中差点因经济钳制而陷入危机。然而，日本认为，敌军的潜艇在太平洋的远处，而且不在岸基航空部队的掩护范围之内，因此更容易遭到破坏。日本海军的政策仍以针对敌军的战斗舰队发起进攻为中心，并且驱逐舰专门被用来保护主力舰。直到1942年，日本才建立了第一支护航舰队。晚至1944年，当美国潜艇对日本船只发起常规攻击时，日本驱逐舰则因速度太慢而不能进行巡逻，并且只装备了最原始的深水炸弹和声呐。日本海军在潜艇战斗中的准备不足很大程度上是日本没有预料到对供给线的攻击能够对日本的战争工事带来如此大的伤害。

　　尽管现代技术革新——如航空母舰和潜水艇——在太平洋战争的海战中起着非常重要的作用，但是更加传统的水面船舶——如战舰——仍是舰队的重要组成部分。在特定情形下，如夜间战斗，飞机因为能见度太低而无法进行准确攻击。因此，特遣部队必须利用战舰。美国海军主要是依靠雷达来进行精确定位的，因此就能进行精确射击。相反，日本并不在意改良现代搜索设备，这也是其水面舰队失去优势

[①] C. Boyd and A. Yoshida, *The Japanese Submarine Force and World War II* (Annapolis: Naval Institute Press, 1995), pp. 34–5, 50–1, 124–5, 189–90.

的重要因素。

美国的战术方针要求水面舰队在敌军进入最大攻击范围时开火,并利用兵力优势压倒对方。与此同时,太平洋舰队的指挥官努力以更加高效的方式来部署其舰队,并从瓜达尔卡纳尔岛海战中吸取教训,即在日本反击之前利用雷达制导的射击系统摧毁敌人的舰队,这也可以避免弹药的浪费。其思路是给对方舰队一个"惊喜"。

相比之下,日本帝国海军在火力控制领域上的进步有限。日本工业无法制造出大量的现代军备,而且其海军机构习惯性认为其部队战无不胜也造成了严重的后果。随后,在与美国海军交战中,日军没有完全领会技术资源的重要性。[1]缺少有效的雷达设备意味着,日本的作战能力相较于同盟国部队开始直线下滑。这种射击方式使得日本的炮台及射击指挥人员不得不利用视力和光学设备来持续定位敌机,这十分容易造成疲劳。[2]

尽管美国海军从1942年所罗门群岛战役之后到1944年10月进攻菲律宾行动期间的大部分时间里,因日本舰队的无动作而没能验证舰队的效能,然而雷达和火力控制在莱特海湾战役中的作用显而易见。报告称集中火力攻击以"毁灭性的准确度"击中敌方船舰,而且随着弹药浪费的减少,舰炮的工作"非常高效"。[3]日方战斗人员的设备更为原始,他们在炮弹上染色以辨别每一次射击。[4]一旦弹药爆炸,检查人员就要辨别其来自哪艘船,并将其射程、方位和偏差进行必要修正的判断发送给射击控制人员。太平洋舰队在水面行动中的优势不仅取决于其舰队数量之多,同样重要的是其海军官员合理利用了先进的技术。

---

[1] Evans and Peattie, 1997, pp. 507-8.
[2] J. Campbell, *Naval Weapons of World War Two* (London: Conway, 1985), p. 176.
[3] Battle Experience, Leyte Gulf, 23-7 October 1994, dated 1 March 1945, accessed via www.ibiblio.org/hyperwar/USN/rep/Leyte/BatExp, on 10 February 2009, Enclosure: Carrier Task Group 77.2 Comments on Gunnery.
[4] R. Cox, *The Battle off Samar: Taffy III and Leyte Guff* (Graton, CT: Ivy Alba, 2003), p. 61.

空　战

与海军部队一样，飞机在太平洋战场上扮演着核心角色，因为凭借飞机，一方军队就可以进行远程调动。舰载机是航空力量的不同运用方式之一。战术支援和战略轰炸是非常重要的两个方面。战术航空兵的任务是通过轰炸敌军防御、补给和交通来协助战场上地面部队的行动。相比之下，战略轰炸指的是对敌方本土进行攻击。其目标是通过袭击对方的工业基础和经济基础来摧毁对方的经济结构和战争工事，在对几个主要城市造成重大伤亡的同时让对方平民和领导层丧失斗志。为了太平洋战场上行动顺利，航空部队必须满足许多要求。飞机数量要充足。建造飞机时既要考虑抗打击能力又要兼顾火力，这样它们就能飞得更远，装备更多的炸弹和军火，同时还能抵挡住敌人的攻击。还要训练大批高素质的飞行员，这样就能在各种地形的战场中执行各种复杂的任务。在以上各方面，同盟国都远超日本。这在很大程度上是因为日本的工业产出无法与西方国家——尤其是美国——匹敌。另外还有两个因素也影响着空战的结果。第一，美国更加清楚地知道在大规模战斗中其航空部队需要做什么。第二，美国航空部队能够与工业团体和科学团体紧密合作改良其飞机的性能。

美国陆军航空队是太平洋战场上交战各国改进其部队执行战术空援任务能力的楷模，然而，英国皇家空军（RAF）同样也善于利用其飞机协助第14集团军在印缅战场上的行动。英美两国的航空部队都没有在战场中为地面部队提供近距离援助。在第二次世界大战爆发之前的几年里，美国陆军航空队和英国皇家空军都执著于通过战略轰炸行动来击败敌人。尽管它们各自的陆军部队都非常依赖现代武器来消灭敌军，但是英美两国都没有将其与航空部队建立合作关系。其结果是，战术航空领域的发展十分缓慢。然而，战争中的经验，特别是英国远征部队与德国部队在西欧的战斗以及后来同盟军在北非的战斗，都突显出了空中掩护在促进陆军部队前进上的重要价值。于是，英美两国开始努力研发能在低空以低速飞行的飞机,这样飞行员就能定位目标。同样重要的是通信系统的建立,这样一旦地面部队被敌军阻击就能呼叫航空部队。许多实践都在对日作战中得到了运用,而且效果显著。

在西南太平洋战场上,美国陆军开始进行登陆行动,北美航空公司制造的 B-25 米切尔轰炸机是用来进行战术援助的标准机型。然而,最严重的问题并非来自日本的反抗,而是地形特征。敌军的防御部队因为躲在茂密的丛林中而难以被识别,而且日本部队十分善于利用树木来隐蔽其位置。1943 年年初至 1944 年年中,在新几内亚战役中,航空部队更常用于提前袭击飞机场以及阻击敌军海上护航舰队,而不是用于袭击敌方的防御部队。[1]战斗机常常也会误伤友军的部队,只有在陆军和航空部队能够建立有效通信时,其效用才是最大的。航空中队也需要精确的情报来瞄准目标。因此它们建立了侦察部队,其任务是执行初步的空中掩护任务,以收集图片数据。这些资料随后由专业人员进行处理,经过训练,他们能够在茂密的植被中识别出人为迹象以发现敌军。在战争最后阶段,美国陆军航空队进行了大幅度的改良。对新几内亚西海岸的比亚克岛的初步袭击摧毁了日本部队将近 90% 的补给仓库,日本防御部队被迫向岛内撤退,美国部队因此毫无阻碍地登上了该岛。[2]在 1945 年年初的菲律宾战役中,美国部队在夺回科雷希多岛之后再次在最低程度的反抗中登陆,并控制了马尼拉湾的入口,因为在重型炸弹轰炸之下,日本的火炮和机枪都被摧毁。[3]在吕宋岛战役中,沃尔特·克鲁格将军(General Walter Krueger)率领第 6 集团军提供了"绝佳的"战术援助,很好地帮助了地面部队实

---

[1] J. Miller Jr., *Cartwheel: the Reduction of Rabaul*, in series *The US Army in World War II: the war in Pacific* (Washington, DC: Historical Division, Department of the Army, 1944-81), p. 142.
[2] W. Craven and J. Cate (eds.), *The Army Air Forces in World War II*, Vol.4, *The Pacific: Guadalcanal to Saipan, August 1942 to July 1944*, pp. 634-5.
[3] G. Kenney, *General Kenney Reports* (NY: Duell, Sloan & Pearce, 1949), p. 520.

现目标,并在敌方反攻中保护他们。[1]

在印缅战场上,英军同样对丛林感到头痛。然而,在1944年日本袭击若开邦和曼尼普尔邦边界时,空投补给部队给第14集团军提供了相当大的帮助。随着威廉·斯利姆的部队在秋天抵达缅甸的中部平原地带,当时的战场条件对战术航空兵极为有利。在开阔地带,日本难以利用自然特征来隐蔽其部队。美国陆军航空队和英国皇家空军的战术援助能力得到了极大的增强,原因在于它们各自的陆军部队深谙现代化武器的大规模使用在战胜敌军部队中作用十分强大。此外,同盟国部队能够善加利用其对战经验,并且为了提高效率愿意改正不足之处。

在战争开始阶段,日本海军和陆军的航空队都十分强大,并且执行过多种任务,如摧毁同盟军的海岸防御和通信线路。美国的军事情报部注意到,日本在东南亚和西太平洋地区取得胜利的关键因素之一是其建立了空中优势。[2]然而,日本的工业无法为过度扩张的日本帝国提供足够的飞机来抵御同盟国的反击。更糟糕的是,日本陆军并不重视为其部队提供火力支持,并且也不像美国和英国陆军那样重视飞机的运用。在缅甸和中国战场上,日本最高指挥部将空中行动放在最低一级,制空权"几乎是默认"让给了同盟国。[3]在太平洋,战术援助部队的设计有所不同,因为军事领导人错误计算了守住岛屿据点所需要的力量,并且没有预计到需要给前进部队提供防御性空中掩护。日本也没有预料到进行持久战需要保证对边远地区持续的物资输送。其结果是,日本航空部队的军需品和配件十分不足。1943年之后,随着美国部队实力超过日本,日本为了保存其本就有限的飞机而不得不

---

[1] Craven and Cate, Vol.5, *The Pacific: Matterhorn to Nagasaki*, *June 1944 to August 1945*, p. 442.
[2] NARA 2, RG 313, Records of Naval Operating Forces, JICPOA, BLUE 644, Box 6, File A8/22c, MIS Air Information Bulletin No.3, *Timely Tactical Topics II*, Undated? Spring 1942.
[3] R. Mikesh, *Broken Wings of the Samurai: the destruction of the Japanese air force* (Shrewsbury: Airlife, 1993), p. 22.

对敌方防空力量和战斗机部队力量相对薄弱的地区发起零星的进攻。日本陆军也开始意识到，在美军的大规模空袭之下，其据点根本就难以守住。①在战场指挥官意识到其资源不足时，战局已经不可逆转了。

战略轰炸的发展不均衡很大程度上也是因为美国陆军航空队可利用的资源要比日本多得多。日本从来没有建立起可以执行大规模战略轰炸行动的航空部队，因为日本原材料和军工厂的短缺使得其建造的飞机在进行远程行动的有效负荷方面十分有限，而日本与其对手在澳大利亚的主要基地和美国大陆之间的距离十分遥远。与此同时，日本的军事思想也阻碍了革新。日本司令部希望通过在战争前线上的一系列胜利来取得最终的迅速胜利。航空司令部因此注重为陆军和海军提供援助，而没有考虑过对敌方经济资产和运输设备所在的主战场边远地区进行持续的空袭。

另一方面，美军对敌方本土实施大规模轰炸作了充分的准备。在两次世界大战之间的间隔期，航空兵战术学校的教学项目几乎完全是以训练飞行员执行空中战略任务为主，并教育他们在未来的战斗中，摧毁敌军的工业基础设施是取得胜利的关键。轰炸行动最初是由 B-17 空中堡垒轰炸机来实施的，但是在太平洋战场上，飞机在飞抵目标前要飞行很长一段距离，因此就需要更加坚固的飞机。在太平洋战争爆发前，陆军航空队的高层官员就决定动用更加先进型号的飞机，要求其航程更远、负荷更大。此举并非是因为日本造成的威胁，而是因为英国失败可能带来的巨大危机，如果英国战败，那么美国轰炸机将失去对纳粹德国实施攻击的基地。美国陆军航空兵因此与波音签订了制造可以在美国大陆起飞，对轴心国本土实施攻击的飞机。1942 年 9 月，B-29 超级空中堡垒轰炸机试飞。1944 年年末，当美军占领马里亚纳群岛后，就获得了日本攻击距离内的基地。美国航空部队成功提高了

---

① NARA 2, RG 165, War Department, "P" File, Box 542, US Pacific Fleet Weekly Intelligence Bulletin, Vol.1, No.10, 15 September 1994, Enclosure: CINCPAC-CINCPOA Item No.9083, Japanese air battle lessons from New Guinea, issued on 5 February 1944.

其战略轰炸能力,就因为其军事计划制订人明确地知道他们想要实现的目标,以及他们掌握足够的资源来制造帮助其实现目标的武器。

陆　战

在地面战斗中,同盟军获胜的主要原因在于,他们能够动用比日本多的重型武器,如坦克、火炮和机枪,还因为他们制订了适合在亚太战场常见的山岭地区和丛林地带作战的战术。相反,日本陆军虽然在战争初期取得了胜利,但在1943年之后很快就失去了领先地位,主要是因为日本的资源和技巧不足以战胜装备了大量现代武器的敌人。

除了地面作战之外,两栖突击也是太平洋上战斗的关键因素。鉴于太平洋上存在大量的海岸和岛屿目标,因此交战国必须想方设法将部队运往远方并为他们提供足够的武器,向对方的滩头阵地发起奇袭。美国海军陆战队是执行两栖作战最为成功的武装部队。与日本相比,美国设置了独立的海军陆战队,其对如何部署运兵船和飞机拥有完全的决定权,他们因此克服了因海军和陆军之间的分歧而产生的问题。[①]海军陆战队还有能力对防御滩头实施登陆行动。

1943年秋,同盟国部队在太平洋中部发起反攻之后,海军陆战队发挥了很大的作用。敌军海岸防御工事在海空两军的初步轰炸中被削弱。运输船被设计来运载重型装备,并配上铰链门和滑行台,这样一来,机械车辆就能在海岸上迅速卸载和部署。美国部队还针对其可能会遭遇的反抗类型而调整其作战程序。在进攻吉尔伯特群岛的塔拉瓦期间,登陆部队因精心设计的离岸障碍系统而难以前进。登陆之后,陆战队发现海滩防御工事抵挡住了猛烈的轰炸。这次战役给我们的教训是,两栖部队对各种情形都要有所准备。要站在保证进攻方不会遭到过度伤亡的角度制订行动计划。要持续进行空中侦察,以确定日本防御部

[①] A. Millett, *Semper Fidelis: History of the United States Marine Corps* (NY: Free Press 1980), pp. 402-9.

队的状况。海军和空中轰炸要确保适度的数量和足够的精度,这样敌方的防御才能被削弱。[1]海军陆战队还装备各种各样的武器,如坦克、火焰喷射器和手榴弹,以便能打败敌方的防御部队。还要训练海军陆战队的团队合作,协调其机动性。塔拉瓦战役中的教训被用到了后来的行动中,且效果显著。对敌方作战方式的了解以及制订恰当的战术,都是让美国海军陆战队获胜的关键因素。

在地面战斗中,主要的问题是太平洋岛屿以及缅甸地区的山岭地形和茂密的丛林使得机械车辆和重型军备难以移动。陆军需要进行联合作战,先用坦克和火炮对敌军进行远程轰炸;步兵单位随后进行最后的突进,消灭敌军的残余部队。1942年年末,盟军首次发起反攻时认识到,日本的防御力量不容小觑。日本陆军在守卫布纳时表现出的作战能力让第1军的指挥官罗伯特·劳伦斯·艾克尔伯格上将设置了一种训练项目,旨在让美国部队能够采取恰当措施来战胜敌军。战斗人员被反复教导要使用重型武器击溃敌军部队,同样重要的还有,训练步兵近距离靠近目标,并使用各种小型武器——如迫击炮、火焰喷射器和手榴弹——摧毁敌人的地堡。

威廉·斯利姆领导的英国第14集团军同样改良了其战术。印度司令部延长了部队在上战场之前必须接受的训练时间。为了确定日本部队的位置,在丛林地带进行重点巡逻。英国也向澳大利亚学习,后者拥有在新几内亚丛林地带与日本作战的丰富经验。澳大利亚部队的官员曾指挥部队与日本正面作战,往往造成巨大的伤亡,因此随后采取了更加有效的方法包围守军,并切断他们的支援和补给。[2]敌军部队一旦发现被包围之后,常常会发起绝地反击,这也给了同盟军完全消灭他们的机会。

---

[1] J. Isely and P. Crowl, *The US Marines and Amphibious War: its theory and its practice in the Pacific* (Princeton, NJ: Princeton UP, 1951), pp. 232-4, 251-2.
[2] T. Moreman, The Jungle, *the Japanese and the British Commonwealth Armies at War 1941-1945* (Abingdon: Taylor & Francis, 2005), pp. 100, 124.

1943 年年末，盟军之所以能够成功战胜日本在太平洋岛屿和缅甸的防御部队，不仅仅是因为同盟军的物资优越。盟军司令部还曾努力吸取战斗经验，制订出使部队免于遭受过度损失的战术。他们常常会分析战场遭遇战以发现哪里做得对，哪里做得不对。空中支援、海军机枪和火炮一般都是全力以赴，而炮击只会在具备向日本进攻的合适条件时才会进行。敌方部队并没有被完全摧毁，为了剿灭幸存部队，步兵就有必要进行近战攻击。因此，正如美国陆军第 6 集团军总司令沃尔特·克鲁格上将曾提到的，步兵小组常常是"最终战斗的臂膀"[①]。战地指挥官从战斗中认识到，支援武器只是众多必备条件之一。

日本陆军的主要缺点又是物资的匮乏以及母国不具备制造大量军备的工业能力。然而，作战方针中的缺陷以及领导层的无能同样十分致命。日本的军事传统规定要不带一丝怀疑地接受上级的命令。这当然能让部队具有超常的奉献精神。与此同时，这种僵化的指挥架构也扼杀了创新，而且日本的战术方式也十分不灵活。日本指挥层还一贯认为，尽管其装备数量不足，但是他们的部队能够凭借勇猛的精神在任何环境中取得战争的胜利。这种信念的副作用是日本陆军常常将步兵作为主要武器，并且在武器支援上无法达到与西方国家相同的标准。参谋部官员没有客观评价敌人的能力，也不承认他们的作战方式有问题。日本陆军这种僵化的思维模式于 1943 年 8 月在东京的日本陆军大学的研讨会上被概括了出来。该校校长宣布将会引进新式课程以对付美国的战术。他稍作停顿后继续说道："如果有人能教授这一课程，请站出来，因为坦白来说，我根本就不知道那是什么。"[②]日本防御行动的方针是绝不允许撤退，即使已经完全守不住了。这一举措是基

[①] M. Cannon, *Leyte: the return to the Philippines*, *and Triumph in the Philippines*, in series *The US Army in World War II: the war in the Pacific* (Washington, DC: Historical Division, Department of the Army, 1944–81), p. 247.

[②] Cited in E. Drea, *In the Service of the Emperor: essays on the Imperial Japanese Army* (Lincoln: Nebraska Up, 1998), p. 72.

于这样一种观念，即在损失大量部队之后，就能迫使同盟军放弃当前的行动。其结果是，几乎每一场地面战斗中，被围困的部队都会发起自杀式进攻。日军在与火力和战术技能上占据优势的同盟军作战时，这种行为常常使得其部队全军覆没。即便如此，日本经历的大量失败并没有对该战术方针产生丝毫影响。在1945年年初的菲律宾战役中，被俘的战地人员在最后的分析中称，虽然装备上的劣势无法弥补，"具备坚定的胜利信念且训练精良的陆军……（能够）战胜物资上的优越，获得迅速的胜利"①。因此，日本陆军坚信，顽强不屈能够为他们带来最终的胜利，因此没有强烈的意愿去改正他们的战术。

小　结

西方部队在战术层面上取得的胜利很大程度上可以归功于其有能力部署数量比日本多的船舰、飞机和武器。虽然如此，有效的作战方式的运用也十分重要。美国的战略方针十分适合高强度的战斗。即使是在战争爆发前，美国武装部队也认为，要想在战场上胜利就必须使用大量技术先进的军备，给他们提供压倒性的火力优势。与日本的战争一爆发，美国官员就从遭遇战中吸取教训，修正其作战程序，以更好的方式去对付日本帝国部队带来的独特挑战。英国也在同样的原则指导下，注重现代武器的使用。尽管英国海军在最终阶段之前并不具备与日本进行大规模作战的能力，但其陆军和空军部队有足够的机会在远东战场上试验其战斗技能，并成功改进了其战术。

相比之下，日本帝国海军和陆军则受其不许质疑日本将取得胜利的军事文化的影响而止步不前。日本官员认为，他们能够凭借战术

---

① NARA 2, RG 496, GHQ SWPA, Psychological Warfare Branch, Box 2726, Daily Collation Summary, "Challenge adequacy of spiritual force alone", 8 March 1945.

技巧来弥补其与同盟国之间军备数量的差距。虽然日本部队在战争初期确实十分善于此道，然而他们却没有为更加强大的敌人作好准备。1943年，战局开始对日本不利，日本军官既没有足够的资源，又不知道如何提高其部队的作战能力。克劳塞维茨认为，智力不足通常会导致平庸的成就。[①]日本在太平洋战争中战术层面的表现明确证实了这句名言。因为日本官员不理解他们所参与的战争中，现代武器的广泛及有效运用在决定战果上起着关键性的作用，因此革新被阻碍。结果就是日本帝国部队未能发明出合适的武器和战术。而在另一方面，同盟国获胜不仅是因为他们拥有足够的军事实力，还因为他们知道为了战胜日本他们所应采取的行动步骤，并且为了让其部队有更好的表现，愿意进行必要的修正。

---

① C. von Clausewitz, *On War*, Indexed Edition, edited and translated by M. Howard and P. Paret (Princeton: Princeton UP, 1984), p. 101.

第 8 章

士气和作战动机

与恰当制定战略和行动计划一样,军事组织也要保持军队的士气和作战动机,这是赢得战争的一项基本工作。自古以来,这两个因素就被视为两个重要的方面。大约在公元前6世纪,中国的《孙子兵法》提到,最成功的将领是那些不战而屈人之兵的将领。这一思想指的是通过让敌人失去战斗意愿而赢得战争,要么通过显示自身军事实力的强大,要么说服对方战斗对其并非最为有利。[①]

在对太平洋战争的研究中,士气占据核心位置,原因有二。其一,对日本而言,尤其是日本陆军而言,战斗精神是他们与数量和技术远超自己的同盟军作战的主要武器。军事领导人明确表示,耐力是日本规避工业和军事能力无法与对手匹敌这一缺陷的唯一途径。日本武装部队想要将战争持续到西方国家产生厌战情绪,随后向日本提出和平谈判。反过来,西方部队常常将日本陆军不惜一切代价作战的意志看成是他们取得战斗胜利的最大障碍。

其二,近几十年来,太平洋战争的作战动机一直都是学者们争论的焦点。约翰·道尔发表了一篇具有重大意义的论文,他认为种族仇恨是日本和同盟国用来保证士气的主要手段。[②]而仇恨反过来也增加了这场战争的暴力程度,这在其他战场上是很少见的。然而,道尔和他的支持者的论断过于片面,似乎不承认其他方面的因素也起着重要

[①] Sun Tzu, *The Art of War*, translated, with a historical introduction by R. Sawyer (Boulder, Co: Westview, 1994), p. 177.

[②] J. Dower, *War Without Mercy: race and power in the Pacific War* (NY: Pantheon, 1986), passim.

的作用。①对种族问题的再调查中意义最为重大的是艾莉森·吉尔摩（Allison Gilmore）提出的。她在心理战方面的研究成果解释了日本在战场上失利之后很容易士气低落，而美国军官认识到这是利用政治宣传和心理战打击日本士气的最佳时机。②该结论暗示，盟军试图以大规模歼灭敌军之外的方式击败日本，而他们之所以发动太平洋战争并不完全是因为盲目的仇敌情绪的驱使。

实际上，要说文化对抗是维持战场士气的唯一或最重要的因素，那就有点夸张了。无论一国部队的思想被灌输得多么深入，他们总是会有所谓的"人性的弱点"，比如害怕被杀。为了克服这一困难，士兵们需要有足够的武器和弹药，这样他们才能有在战斗中活下来的信心。同样重要的是，要保证士兵们不会有诸如挨饿和生病的情况。就这一点而言，日本无法为其前线部队提供充足的供给，因此，随着战斗的持续，他们的战斗精神一直在下滑。另一方面，同盟国部队鼓舞其士兵即使在艰难环境下也要坚持下去，这一点上他们做得很成功，很大程度上是因为他们为士兵提供了足够的物资，因此也能让他们安心，让他们觉得胜利一定是属于他们的。

种族仇恨和意识形态在保持士气中的作用：再看道尔的论文

约翰·道尔的论断，即同盟国和日本之间的种族及意识形态的观念导致太平洋战场上战争残酷到如此程度，该论断有一定道理。交战部队广泛利用敌人的恐怖作为鼓舞士气的手段，让他们冒着生命危险保卫祖国。例如，同盟国常常将日本人描绘成道尔所谓的"黄祸"，

---

① For similar accounts, see J. Ellis, *The Sharp End of War: the fighting man in World War II* (London: David & Charles, 1980), and C. Laurie, "The ultimate dilemma of psychological warfare in the Pacific: enemies who don't surrender and GIs who don't take prisoners", in *War and Society*, 14, (1996), pp. 99–120.
② A. Gilmore, *You Can't Fight Tanks with Bayonets: psychological warfare against the Japanese Army in the Southwest Pacific* (Lincoln: Nebraska UP, 1998).

或者说，充满敌意的亚洲人一心要破坏西方世界的安全。这种仇恨很大程度上可以解释日本在战争初期将美国和欧洲的殖民列强赶出东南亚这一令人震惊的事实。在战争爆发之前，西方人——其中包括美国人、英国人和澳大利亚人——常常污蔑日本人的军事素质。这种观点与知识界几个世纪以来的偏见有关，即亚洲人民的传统与西方人民不相合，他们无法在科学和技术上取得与西方世界同样的成就。[①]日本智力发展与西方的"逻辑"不同，并且他们的思维模式被看作是"前希腊（pre-Hellenic）、前理性（pre-rational）和前科学（pre-scientific）的"。在据称属于二流的日本军队战胜同盟国之后，西方国家出现了另一种偏见，他们将敌人描绘成超人，"拥有不可思议的风纪和战斗精神"。例如，美国陆军的周刊《美国佬》（Yank）称日本士兵是"与生俱来的丛林斗士"。

日本陆军的普通士兵对西方人也具有同样的看法。日本军事训练的基础是以"大和魂"的理念为支撑的，自称日本民族是神的后裔，因此统治亚洲人民是其天生的权力和神圣的责任。日本士兵常常被灌输这种思想。例如，一本标题为《读这个，战争就赢了》（Read this and the War is Won）的宣传小册子，是发给前往马来亚的士兵看的，其中明确提到日本陆军的任务是终结欧洲在亚洲的统治。日本陆军还建立了一套训练项目，日本部队能以此培养出更高程度的奉献精神。日本很多军事习惯来源于其社会内部根深蒂固的悠久传统。[②]在19世纪末，现代日本军队建立完毕之际，其领导人需要创造出足够程度的团结。为了实现这一目的，他们便开始反复灌输传统的价值观念，如"武士道"，它要求士兵具备诸如勇气、胆量和自我牺牲等美德。[③]

[①] Dower, 1986, pp. 9, 94-9.
[②] E. Drea, "In the army barracks of Imperial Japan", in *Armed Forces and Society*, 15/3, (1989), pp. 9, 94-9.
[③] E. Drea, *In the Service of the Emperor: essays on the Imperial Japanese Army* (Lincoln: Nebraska Up, 1998), pp. 75-6; E. Ohnuki-Tierney, Kamikaze, *Cherry Blossoms and Nationalisms: the militarization of aesthetics in Japanese history* (Chicago: Chicago UP, 2002), p. 13.

为了加快铸就团结的进程，日本社会在抚育及教育年轻一代时就教导他们要听从长辈的话。人民成了等级制的社会结构中的一部分，而且这让他们更容易被控制。①士兵在正式入伍之前就被教导，他们应具有的"正确态度"是为了履行对国家的职责愿意"放弃自己的生命"。②日本以天皇为三军统帅，而皇位则是日本侵略主义追求的实体象征，这进一步在制度上强化了日本的凝聚力。战场上的士兵每天都要朝着皇宫的方向致敬。1882 年颁布的《军人敕谕》（*gunjin chokuyu*）要求士兵"惟以守己本分之忠节为主。须知义有重于泰山。死有轻于鸿毛"③。

教条式教导带来了许多好处，它让日本士兵对他们为之奋斗的事业有了一个清晰的概念。日本帝国陆军逐渐有了这样一种惯常的信条，即日本对亚太地区的控制是在完成一项神圣的使命。日本的军事传统也称，士兵的最大荣耀是战死沙场并被供奉在东京的靖国神社——日本供奉战争英雄之地。严密的控制也带来了超乎寻常的战斗精神，有士兵的书信为证。一位被俘士兵在日记中写道："我很高兴能参与到此次伟大的任务中……大东亚的黎明即将降临。在没有消灭敌人之前，我决不会退缩……我是神之子，因此我无所畏惧。"④

对西方国家来说，由于它们的终极目标是消灭这个世界上的法西斯和军国主义政权，因此它们的士兵都被引导着去相信，他们所保护的是宝贵的理想，如政治自由。美国在战争爆发后不久就制作了一部

---

① R. Benedict, *The Chrysanthemum and the Sword: patterns in Japanese culture* (Cambridge, MA: Riverside, 1946), p. 61–5; R. Mitchell, *Thought Control in Prewar Japan* (Ithaca: Cornell Up, 1976), pp. 20–1; T. Lebra, *Japanese Patterns of Behavior* (Honolulu: Hawaii UP, 1976), p. 71.
② MacArthur Memorial Library, Norfolk, VA (MML), RG 3, Box 126, ATIS, SWPA, Enemy Publication No.80, "Morale Lecture", (printed booklet published by Moto Group, 51st Division), capture at Cape Dinga, July 1943, translated 29 January 1944.
③ Ohnuki-Tierney, 2002, pp. 80–1.
④ UKNA, WO 208/1446, ATIS, SWAP, *Information about the Japanese*, 14 June 1943.

名为《战争序幕》(*Prelude to War*)的宣传影片,该影片将轴心国描绘成野蛮和压迫的象征。澳大利亚也让其部队坚信与日本作战是非常值得做的事,主要原因在于战争初期,澳大利亚的国土就在日本的侵略之下岌岌可危。交战各国中,只有英国在树立作战动机的过程中遇到了独特的困难。这很大程度上是因为,英国无需处理日本入侵其本土的可能,英国士兵反而认为德国人是更加直接的威胁。其中比较有名的一个事例是,1943年6月,韦维尔将军与英国的战争内阁会面,他深深担忧英国军人对与日本作战漠不关心。①在此情形之下,一旦德国战败,英国士兵在远东地区作战的意愿就会消散。此外,鉴于英国在亚洲的部队主要是由印度士兵和非洲士兵组成,如果向他们宣扬西方国家正要从日本手中夺回它们的殖民地,这种观念根本就无法被接受。相反,这种说法会被人们看作是欧洲人想要继续对非白人种族进行剥削。

虽然让士兵们怀揣仇外情绪能赋予他们战斗精神,但这也有一些负面影响。种族主义的观念常常会让我们对敌人产生错误的看法。具体来说,美国人将德国人看作是纳粹独裁的受害者,而将日本人描绘成毫无人性可言的种族。西方人认为他们是在同残暴的异类作战,美国进行的"民族性格"研究更是坚定了这种信念。此项研究是由国务院的战时新闻局下达的,主要由社会人类学家和心理学家来进行。他们得出的重大结论之一是日本的文化似乎是在征服欲和面对西方国家的自卑情结共同作用下形成的。虽然许多设想都是正确的,但是他们仍受到了民族中心主义思想的影响,这种思想盛赞美国的价值理念,如民主和个人自由,但却贬低日本人的理念,比如将其看作独裁统治。此项研究因其强化了美国人种族主义的态度而大受批评。一些学者称,

---

① IOLR, L/WS/1/1357 WP(43)232 Moral and the War against Japan: Memorandum by Leo Amery (Secretary of State for India), 5June 1943.

正是因为我们对日本文化了解不足才导致出现各种问题。[1]由于研究日本的美国专家数量较少，因此从事调查研究的人员通常对日本没有丝毫情感。因此，美国人通常认为，日本人的独特品质造成了他们的反常。

常被告知日本人是重大威胁的西方军人在战场上常常会发现这种说法相当正确，因为日本军人总是坚持战斗到底并且给同盟国部队带来很大伤亡。日本军人常常被认为没有人性，西方士兵极度厌恶他们。举例来讲，查尔斯·林德伯格（Charles Lindbergh）的日记常常将日本人称作野兽和"狗娘养的黄种人"。一位参加过新几内亚战役的老兵回忆道："在我的心中，我从来没有想过我是在杀害人类。"[2]一位美军飞行员斯科特上校（Colonel Scott）在他的书中描述了他在扫射敌军时的喜悦，并回忆称："当我发现我又杀死了一只黑寡妇毒蜘蛛或蝎子时，我在心里狂笑不止。"[3]战地记者厄尼·派尔（Ernie Pyle）在其关于太平洋战场的最初报道中阐述了日本人是如何被"轻视成非人的或者说令人恶心的东西，跟人们对蟑螂或是老鼠的感觉一模一样"。在硫磺岛战役中，许多海军陆战队士兵在战斗时在他们的头盔上写上"灭鼠者"的字样。

澳大利亚士兵也持有同样充满敌意的观念。在战争爆发前，种族主义的观念就已经扩散开了，大量亚洲移民的涌入，阻碍了澳大利亚政府建设"白色澳大利亚"的进程。澳大利亚将大部分陆军士兵都派遣到太平洋战场上，而且被日本军队杀害的澳大利亚人已经远远超过

---

[1] See R. Minear, "Cross-culture perception and World War II: American Japanists of the 1940s and their images of Japan", in *International Studies Quarterly*, 24/4,（1980）, pp. 555-80; S. Johnson, *American Attitudes towards Japan*, *1941-1975*（Washington, DC: AEI/ Hoover Institute, 1975）, pp. 4-7.
[2] P. O'Donnell, *Into the Rising Sun*（NY: Free Press, 2002）, p. 127.
[3] A. Coox, "The effectiveness of the Japanese military establishment in the Second World War", in A. Millett and W. Murray（eds.）, *Military Effectiveness*, *Volume 3: the Second World War*（Boston: Allen & Unwin, 1988）, p. 1.

了死在德国人和意大利人手中的人数之和。① 澳大利亚军人对待日本人的方式跟美国人的方式类似，他们认为日本人并不是可畏的敌人，只有战友在日本军队占领新加坡和东印度群岛的战斗中被俘时，他们才猛然醒悟。整场战争中，参加战斗的澳大利亚士兵都坚信，他们是在对他们长久以来所仇恨的敌人进行惩罚。这些士兵在描绘他们的对手时，常常使用一些贬义词，例如"具有某些人类特性的狡猾动物"②。他们在对敌人的战术——如对进攻的同盟军部队进行自杀式冲锋——进行观察后，更坚信日本人并不像西方人那样看重自己的生命。许多澳大利亚人对此感到困惑。一位中尉在写给家里的信中提到："我至今都不知道这些日本人是勇敢无畏还是愚蠢白痴。"

相反，日本军人对白人种族十分轻视，这也让这些军人蔑视其对手。他们指责西方士兵太过依赖技术资源，并且缺乏忍受战争中碰到的困难的毅力。在新几内亚的萨拉马瓦（Salamaua）遭遇战中，日本发现美国士兵在徒手搏斗上十分薄弱，因此他们"不值得害怕"③。

双方向其部队灌输仇视敌人以及为国家而战的做法，不可避免地造成了"要么杀人要么被杀"的局面。日本帝国部队战至最后一兵一卒的做法正是这种心态的体现。西方人对于日本士兵的顽强不屈，以及即使必败也不投降的看法是有现实依据的。这种现象的出现有多种原因。就文化影响而言，日本士兵被教导要毫不质疑地接受任务，为天皇和祖国奉献自己的生命，并且要服从上级的命令。武士道的精神还教导，对战士来说，投降是最背信弃义的行为。明治时期的全民征

---

① M. Johnston, *Fighting the Enemy: Australian soldiers and their adversaries in World War II* (Cambridge: CUP, 2000), p. 73.
② M. Johnston, *Fighting the Enemy: Australian soldiers and their adversaries in World War II* (Cambridge: CUP, 2000), p. 79.
③ NARA 2, RG 165, War Department, "P" File, Box 531, CINCPAC–CINCPOA Translations, Item No.7, 216, Imperial Headquarters, Army Section, Battle Training Report #7, "Some lessons based on experiences gained in fighting American and Australian forces in eastern New Guinea", dated 25 September 1943, translated 10 March 1944.

兵制度使得这种观念弥漫在来自农村的军人之中，并最终被普遍接受。①日本1941年的《战阵训》（senjinkun）规定日本士兵绝不允许被俘虏，它在很多方面纯粹是普通士兵传统观念的集合。日军俘虏的日记也显示，为了国家而集体自杀，或者说"玉碎"（gyokusai），被看作是最高的荣耀。②一位伍长的日记在格洛斯特角（Cape Gloucester）被发现，其中写道："我面带微笑，我一定会回到祖国，被安葬在靖国神社。"③与此同时，并非所有的日本士兵都有这种思想。被同盟国部队俘虏的日本军人在审问中透露，他们最担心的是现实问题，即担心自身的安全。因为日本人只是从西方的军事宣传来了解西方文化，这种了解十分有限，他们对西方的总体印象是同盟国常常残杀或者虐待日本战俘，因此他们也以同样的方式对待囚犯。

日本军队在囚犯待遇问题上的态度是体现种族仇恨使得太平洋战场上暴力升级的另一个重要因素。《日内瓦公约》规定各国必须以人道主义方式对待战俘，而日本不是该条约的缔约国，因此日本官员在该问题上没有指导方针。因此，日本人很容易犯下某些战争罪行。此外，鉴于日本的军事传统认为投降是可耻的行为，因此他们不认为应当优待被俘士兵。在战争初期的东南亚战场上，日本人在那些很快就投降的同盟国部队身上彻底贯彻了这一原则。囚犯若具有雅利安人特征，如金黄色头发、皮肤白皙，那么他就会被专门挑出来折磨一番。值得注意的是，日本陆军司令部从来没有明令军队实施如此恶毒的行为，这种残暴行径大部分都是作战指挥官所为。正如一位著名历史学家所

---

① I. Hata, " From consideration to contempt: the changing nature of Japanese military and popular perceptions of prisoners of war through the ages", in B. Moore and K. Fedorovich (eds.), *Prisoners of War and their Captors in World War II* (Oxford: Berg, 1996), pp. 260-2.
② U. Straus, *The Anguish of Surrender: Japanese POWs of World War II* (Seattle: Washington UP, 2003), pp. 42-3.
③ MML, RG 3, Box 79, ATIS, SWPA, Information Bulletin, NO.808, Item 1-9981: Diary belonging to Corporal Takano Ryoichiro, capture at Cape Gloucester, received at ATIS, SWPA, 28 January 1944.

说，军方人员称他们只是为祖国履行应有的职责。①从这层意义上来看，日本的战争罪行也体现了爱国主义和军事荣誉等思想常常被看作是其暴力行径的借口。虽然如此，巴丹死亡行军以及利用英、荷和澳大利亚的奴隶劳工建造缅泰铁路等事件，是日本与同盟国之间因文化分歧而互相疑忌的最佳例子，这反过来也意味着太平洋战争定会十分残酷。

同盟国的士兵一直被灌输这种观念，即他们所碰到的日本军队极度危险，必须将其歼灭。美国陆军1943年的一项调查显示，一半以上的美国士兵坚信为了和平可以杀光所有日本人。太平洋战场上的美国士兵常常认为，他们残杀日军就像"消灭一种顽固不化的害虫"②。在战后回忆录中，战地记者罗伯特·谢罗德（Robert Sherrod）回忆称，士兵们对于迫使日本人屈服没有任何的愧疚感。③1942年，澳大利亚部队驻新几内亚指挥官托马斯·布莱米（Thomas Blamey）告诉其在莫尔兹比港的部队："你们的敌人狡猾、残酷且无情。事实上，他们是披着人皮的野兽，将整场战争带回了原始时期。杀了他们，不然他们就会杀了你。"敌军的欺诈手段也常常导致怨恨情绪的滋生。被困部队常常举起双手欺骗同盟军，然后等待他们靠近。一旦盟军靠得足够近，他们就拿出手榴弹同归于尽。其中一位从太平洋西南地区归来的军官称他的对手"既机警又奸诈"④。基于此，大多数同盟国部队都不愿意冒险俘虏日本士兵。

---

① Y. Tanaka, *Hidden Horrors: Japanese war crimes in World War II* (Boulder, CO: Westview, 1996), pp. 199–212.
② Ellis, 1980, p. 320.
③ R. Sherrod, *On to Westward: the battle of Saipan and Iwojima* (Baltimore, MD: Nautical and Aviation Publishing 1990), p. 27.
④ NARA 2, RG 127, Records of the US Marine Corps, General Subject File, Box 12, T. L. Chambers, Intelligence Branch, Security and Intelligence Division, *Interview with Officer from Southwest Pacific Theater*, 9 August 1944.

灌输的局限性：士兵身上的"人性弱点"

尽管各国不断向士兵灌输对敌人的仇恨，然而此举在维持士兵作战精神上效果有限。士兵们的日记和回忆录都反映出，他们对敌人除了仇恨之外还有许多其他方面的情感。许多西方士兵十分佩服他们对手的作战技巧，并认为他们的对手是理性的。举例来讲，斯利姆将军在战后报告中回忆称，"我们最初小看了我们的日本敌人"，在这之后，英国人"把（他们的）敌人宣扬成某种令人恐惧的事物"[1]。这两种态度都是不可取的，并且根据斯利姆所述，他教导他的部队要以平衡的眼光看待对手，即日本人虽然是令人畏惧的斗士，但是他们也存在弱点，只有这样他的部队才知道如何击败对手。同样，新乔治亚战役（New Georgia operation）之后，美国第14集团军发现，在战场上，"我们的部队必须要认识到日本人的能力，但是我们的训练必须让我们的士兵坚信他们更加优秀"[2]。约翰·马斯特斯（John Masters）曾在"钦迪特"（Chindits）部队服役，他说在日本士兵身上能同时看到残酷和人性，"他们在日记中写下精美的诗句，却又利用囚犯练习刺刀。我们的敌人，他们朴素而又卑劣，野蛮而又勇敢，风雅而又残忍……"[3]

除此之外，大部分士兵认为他们只是在完成使命，而不是为了某个崇高的目标而战。一位美国士兵在1943年写道："这里的人最不关心的就是政治；他们只想回家。"克米特·斯图尔特（Kermit Stewart）中尉在菲律宾的林加延湾写给家人的信中写道："我向你们保证，我没有做任何英勇的事。"他最关心的是避免被杀，并尽自己的努力保护好下属的生命。大部分美国士兵回忆称，支撑他们士气

---

[1] W. Slim, *Defeat into Victory* (London: Cassell, 1956), p. 539.
[2] NARA 2, RG 494, US Army Forces in the Middle Pacific (MIDPAC), Box 68, Headquarters XIV Corps, *Lessons Learned from Joint Operations*, 21 January 1944.
[3] J. Thompson, *The Imperial War Museum Book of the War in Burma, 1942–1945* (London: Sidewick & Jackson, 2002), p. 9.

的是他们之间的关系，并且相互分享经历能够促进这种关系。澳大利亚部队通过将来自同一个城镇和地区的士兵放在同一队伍来增强凝聚力，从而让他们建立起一种亲密的关系。同样，在日本部队中，灌输在提升士气方面的作用十分有限。战后研究表明，只有一小部分士兵是愿意为祖国和天皇牺牲自己生命的狂热者。其他人则都有着许多人性特质，如相当一部分应召士兵都将军事服务看成一种平凡的义务。

因此，意识形态狂热并没有像道尔描述的那样在士兵之间蔓延。除此之外，每当士兵遭遇逆境，其战斗意愿就会下降。前线部队必须定期处理饥饿和疾病问题，不然士气就会低落。基于此，为士兵提供充足的装备、食物和药品十分重要，这样他们才能在战斗中生存。同样重要的是足够的训练。就这一点来说，西方部队在提供保持士气的必需品上远比日本成功。尽管如此，虽然日本部队的士气确实随着战争的进行而不断下降，并且越来越多的士兵要么不怎么反抗要么直接投降，但是日本的士气还没有低落到要全体放下武器的程度。大部分战斗人员仍坚持投降是可耻的行为这一观念，并且认为士兵们有义务坚持奋战到底，无论战局多么令人绝望。因此，日本的战斗精神一直支撑着军队的战事行动，直至战争的结束阶段。

士气下降的最重要原因之一是害怕被杀。日本人和同盟国部队都在不清楚对手作战方式的情况下就开始战斗了，并且在最初阶段，相互间的不熟悉常常会引发恐惧。在新几内亚战役中，美国士兵常常因日本士兵突然从隐蔽点窜出来而惊慌失措。第 162 步兵团回忆称，士兵们非常不愿意在远离主营地的地方巡逻以及建立前哨，因为他们已经听过太多被日本人埋伏杀害的故事了。执掌第 14 集团军的格里斯沃尔德（Griswold）少将注意到，许多部队的士兵因害怕日本部队的潜入而患上了"战争神经症"（war neurosis）。[①]英—印部队也存在

[①] NARA 2, RG 165, War Department, G-2 Regional File, Box 2130, File 6000, Observer's Report, from Major-General O. Griswold, 29 August 1943.

同样的问题。在 1942 年至 1943 年进攻缅甸若开地区期间，当士兵发现敌军的掩体没能被持续轰炸摧毁时，就失去了继续前进的毅力。斯利姆将军回忆称，其中最艰难的一项任务是恢复部队的士气，"在经历了一长串的失败之后畏缩不前"①。普通士兵甚至还产生了日本军队不可战胜的想法，因此一定要在进攻精神完全具备之前破除这个神话。

随着艰苦与磨难越来越多，本来充满激情的士兵很快就失去了决心。逃兵很少出现，主要是因为在亚太战场的大部分区域几乎不存在可以提供庇护的大城市或是人口聚集地。唯一的选择是向荒野逃亡，而士兵更有可能会因此死于饥饿和中暑虚脱。盟军之所以能够解决这个问题，不仅是因为他们为其士兵提供了足够的装备。他们进行训练是为了战胜敌人。为了在日本的渗透行动中守住据点，盟军部队需要建立起由多个散兵坑相互支撑的防御带。为了应对丛林密布的作战环境，盟军部队还对战术进行修正。因能见度有限，他们只有等到敌军靠得足够近时才能锁定他们。因此，守卫部队必须要定期进行巡逻以熟悉周边环境。步兵部队在进攻行动中也必须全方位侦察周边环境，避免遭到敌人的奇袭。在战争即将结束的阶段，这些举措终于赢来了可观的回报，缅甸和太平洋西南地区的大部分士兵都表示他们有信心与日本一战。

就日本而言，盟军的猛烈进攻足以说明要想战胜武器优越的敌人是多么困难。日本陆军的教化项目也造成了一系列极为独特的不利情况。大部分士兵都对他们的能力有着绝对的信心，因为他们被灌输了这样一种信念，即在神的干预下战争必胜。战争并非是军备的竞争，更多的是坚信精神上的勇猛能保证战争的胜利。随着战局开始对日本不利且伤亡人数激增，他们"根据最初的期望进行应对"。②一旦战

---

① Slim, 1956, pp. 181–9.
② Drea, 1989, p. 343.

败隐隐可见,最初对胜利的信念越强,背叛感就越强。随着战争的继续,陆军越来越难以维系其作战部队的正常装备,士兵们常常在一起倾诉失望的心情。一支部队持续被敌军轰炸,这支部队的中尉在日记中哀叹:"自登陆新几内亚以来,这已经是我们遭到的第二轮大规模袭击了。我们心中充满怨恨和怒火,但却无能为力。"① 1944 年年末,美国进攻林加延湾时,一位日本士兵承认:"炮击与轰炸相当恐怖。我们不知道敌军是在哪里观察的,但是他们的炮弹真的相当精准。"② 俘虏的日记也揭示出,被围困的士兵常常开始质疑死战到底是否是明智之举。

一直惨遭失败的日本部队还遭遇了凝聚力的崩塌。军人免不了指责军官的不当决策,上下级之间的关系因此变得十分紧张。在萨拉马瓦战役中,日本军官难以指挥士兵,因为他们已经遭到了重大伤亡。③ 一位二等兵抱怨道,"愚昧无知的排长让士兵和士官们吃尽苦头",他所在的部队被澳大利亚部队赶出了据点。④ 随后几天的日记又写道:"与排长起了争执。我为什么一定要听命于这个糊涂、狂妄、无知的傻瓜?"因此,日本士兵也是正常的人类,他们在痛苦和挫折中会士气衰落。即便如此,激情的消退很少导致大规模的投降,尽管日本部队经历了大量失败,但仍纪律严明。

维持作战动机的其他一些阻碍是食物短缺和疾病。在热带气候下,一些疾病——如疟疾和登革热——十分常见。在瓜达尔卡纳尔岛战役中,美国陆军第 25 步兵师报告称,几乎一半的士兵死于疟疾。这种

---

① UKNA, AIR 22/80 "Sweet dreams and a nightmare" (Diary kept by Japanese Lieutenant in first half of 1943, atis Current TranslationNo.106, pp. 33–4), in Air Ministry Weekly Intelligence Summary No. 244, 6 May 1944.
② NARA 2, RG 165, War Department, "P" File, Box 1205, Headquarters South Pacific Base Command, Intelligence Bulletin No.25, 7 March 1945.
③ NARA 2, RG 165, War Department, "P" File, Box 323, ATIS SWAP Interrogation Report No.205, POW JA 145567, 4 December 1943.
④ UKNA, WO 208/2276 "Discipline in the Japanese army", in War Office Weekly Intelligence Review No.15, 24 November 1943.

疾病传播范围十分广泛，而急救站又十分有限，因此必须下达命令，士兵在体温高于104华氏度（40摄氏度）之前不许撤离。日本人同样也惨遭荼毒。更糟糕的是，日本部队应对热带疾病的装备十分简陋，因为日本根本就没有建立为前线部队提供药物援助的足够后勤网络。在同盟国部队占领配备战地医院的敌方据点之后，观察人员对其中的治疗条件感到震惊。不卫生引发的疾病——如痢疾——同样十分盛行。在瓦乌战役中，大部分士兵因胃病死亡，其中一位士兵写道："军队的大部分任务根本就无法执行。"[1]

太平洋战场的条件同样不利于为前线部队提供食物。后勤因素是一大障碍，潮湿的气候也让战斗部队收到的补给难以保存。日本部队的境况更加悲惨。在战争初期，补给需求很容易满足，因为他们靠占领国养活，由当地居民提供补给。特别是在东南亚，当地的农业十分发达，占领该地区的部队能够找到大量农田和耕地。然而，太平洋战场上的条件就没这么乐观了，国家的不发达意味着没有东西可以掠夺。在瓜达尔卡纳尔和新几内亚，盟军的航空和潜艇袭击阻碍了日本军队获得补给，因此士气持续下降，这也是他们失败的一项重要因素。在布干维尔岛，一位士兵写道，"随着口粮的短缺，河里的水草和树的芽都被吃掉了"，而且军官都只能喝点大米稀饭。[2]同盟国部队也面临同样的问题。在新乔治亚，据一位队长称："大家每隔几天吃点冰冷的口粮维生。士兵们的主食是那些量少、发臭的、每天一样的食物。"令人不舒服的温度也让大家没有胃口。在缅甸，皇家埃塞克斯第9军团的一个连队日记中记载："雨水太多了，以致饭盒里充满了雨水，无论吃得多快水仍是满的。所有的东西都泡烂了，培根、豆子，一切的一切。"

---

[1] MML, RG 3, Box 74, ATIS, SWPA, Information Bulletin, No.276, Item 7-2960: "Medical situation during Wau operations."
[2] NARA 2, RG 165, War Department, "P" File, Box 1205, Headquarters South Pacific Base Command, Intelligence Bulletin No.14, 20 December 1944.

同盟国很好地解决了这一问题,因为他们制造出了足够数量的运输工具,因此可以分拨出数量更多的船舶和飞机将补给运输至前线。特别是美国,在战争即将结束阶段能让其部队都有足够的食物。美国陆军人员的平均日摄入量是4000卡路里,远高于标准。事实上,大多数美国军人并没有因营养不足而抱怨过,但令人遗憾的是,这些食物的口味难以令他们满意。因此,无论军队多么努力鼓励士兵们为神圣的事业奋勇杀敌,日常必需品的提供是维持士气的关键因素。同盟国和日本两方部队的作战人员的物质需求若无法满足,那么他们就无法保持足够的战斗精神。

运用心理战操控人性弱点

同盟国和日本都利用心理战和宣传作为打击对手士气的武器,希望以此削弱对方的战斗力,这进一步为我们重新考量道尔的论点提供了理由,道尔认为太平洋战争中的行为主要是由双方之间对消灭对方的不可调和的渴望造成的。西方国家做得更加成功,主要原因在于他们喜欢以事实为基础进行宣传,他们会强调日本帝国部队正面临的困难。这些资料让许多敌方士兵认为,他们的运气正在衰减,以此逼迫他们不要反抗。相比之下,日本则更善于撒谎。其中最臭名昭著的一个例子是户栗郁子(Iva Ikuko Toguri D'Aquino),其更广为人知的外号是"东京玫瑰"。户栗郁子是日裔美国人,战争爆发时她刚好在日本探亲。后来她志愿针对美军进行广播宣传。她宣传的资料中包含了对同盟军伤亡数目的夸大,以及美国本土即将被入侵的故事。因其十分滑稽,此每日广播成了在美国军队内十分流行的娱乐节目。

盟军的心理战玩得更加聪明。宣传常常被用来告诉敌军部队他们为之奋斗的是毫无意义的事。其效果也体现出,日本陆军的许多士兵不再有死战到底的决心了。随着失败不断,士兵们开始慢慢接受宣传中强调他们被围困情形的内容,投降率也大幅提升。在太平洋战场,负责制定并执行心理战的主要组织是远东联络局（Far Eastern Liaison Organization）。该组织是在1942年7月根据麦克阿瑟将军司令部的指示设立的，其成员由美国人和澳大利亚人组成。1944年6月，为了给即将进攻菲律宾的行动预先作好准备，道格拉斯·麦克阿瑟建立了心理战特别部队——心理战部（Psychological Warfare Branch），该部门由美国陆战队准将邦纳·费勒斯（Bonner Fellers）主导。英—印部队也成立了类似的部门，该部门由斯利姆将军司令部监督。

战争中期，同盟国部队在占领日本据点之后，从对日本士兵日记的检查以及对俘虏的询问中发现，日本帝国部队的士兵面对越来越多的失败开始变得沮丧。证据表明，有足够理由相信宣传能够进一步打垮敌人的战斗意愿。然而，为了确保心理战的成功，我们必须十分了解敌军维持士气的手段，以及导致其作战动机衰减的原因。宣传也要考虑到听众们的独特特征来量身定制，还要分为多个不同的主题，不同主题在不同的环境中使用。[①]例如，向正在忍受疾病和饥饿的士兵承诺有食物和药品。如果敌军的据点在盟军的攻击之下无法守住，同盟国就会利用宣传来强调日本的运气越来越差，而且日本部队所遭受的诸多苦难是日军持续战败和物资短缺的结果。根据艾莉森·吉尔摩的说法，同盟国军事人员为计划宣传活动所付出的努力明显说明了他们实际上是将日本人当成正常人类，并且正努力认清他们在战斗中的优势和劣势。

在太平洋战场和东南亚地区进行的心理战开始获得显著效果。在同盟军反攻的最初阶段，只有少数敌军部队被俘虏，1944年冬，菲律宾战役中被俘人员的总数增至1万多人。[②]自愿投降的人数增加并不是所取得的唯一的重大进展。在印缅战场，因为是在大陆上作战，日本部队可以选择退往后方据点，因此日本士兵放下武器投降的情形就

[①] Gilmore, 1998, pp.6-8.
[②] Ibid., pp.149-54.

少之又少。然而，斯利姆司令部编写的战后回忆录中写道："我们有足够的理由相信，高强度的宣传攻势累积起来的效果不可小觑。"① 在许多事例中，敌军在看了传单或是听了广播之后都黯然神伤，随后的战斗软弱无力。

战地指挥官及其部属也开始体会到心理战的好处，这也足以说明，盟军除了屠杀日本人之外还运用了其他方式去战胜日本。陆军官员还引进了一项课程，用来指导士兵们利用宣传来引诱大量日本士兵投降，同时这也有助于盟军避免使用耗时耗力的战斗来消灭敌军的反抗力量。在吕宋岛战役中，其中一个最重要的特点是第6集团军的下级部队对宣传表现出"浓厚的兴趣"。②所有的军团以及许多师团都请求为具体情形制作特定的传单，士兵们很乐意在俘虏敌人上进行合作。

虽然如此，尽管宣传取得了一定的效果，被俘敌军所占的比率仍十分低。大部分士兵，即使是身处困境，也会继续死战到底。宣传员成功打击了敌军的士气，但是在很大程度上，他们没能说服日本人丢弃"他们军事教化的基本原则"③。因此，心理战是在密切关注日本帝国部队文化特征中的重要特性——即其部队被灌输不许投降思想的程度——才开始实施的。在此情形之下，虽然数量在增加，但宣传仅能说服一小部分人投降。正因为如此，西方部队才会制定出消灭敌方抵抗力量的战术。同盟国部队采取的歼灭日本部队的措施通常是为了以最高效的方式取得战争的胜利才实施的。战斗方式主要是出于军事需要的考虑，而非纯粹是由对敌人的仇恨决定的。

---

① UKNA, WO 208/147 Intelligence Notes from Burma: published by GSI（x）, GHQ India, October 1945, Part I: Intelligence in Army Headquarters–Field propaganda.
② NARA 2, RG 407, Records of the AGO, World War II Action Reports, 1940–48, Box 1955, File 106–0.3, 6th Army, *Report of the Luzon Campaign*, 9 January to 30 June 1945, G–2 Report.
③ Gilmore, 1998, p.179.

小　结

在太平洋战争中，士气在促进同盟国和日本采取战场行动时起着至关重要的作用。维持士兵足够程度的热情是激发士兵为各自的国家利益奉献生命的关键所在。约翰·道尔的论断有一定的可信度，他指出交战双方广泛利用了意识形态狂热和种族仇恨来加强战斗精神。很大一部分西方士兵坚信，日本士兵极度野蛮，如果要想活命，就应当将其赶尽杀绝。在日本军队内部，士兵们常常十分蔑视同盟国部队。许多士兵还坚定地认为日本统治亚洲并消灭西方在该地区的势力是一项神圣的任务。

然而，对敌人的仇恨以及维持士气的重要性要用在恰当的环境中。尽管部队指挥官用尽全力教化下属，但是这些措施在维持士兵的热情上作用有限。这在很大程度上是因为战斗精神常在士兵面对战斗困境时开始衰退。士兵害怕被敌人杀害，并且对其战斗能力缺乏自信。食物短缺和疾病，再加上亚太战场上常见的令人不适的气候环境，使得士气更加低落。因此，前线部队必须要有足够数量的武器和补给，如此战斗人员才有信心在与敌军交战中保住性命。西方部队在这方面远比日本做得成功，因为他们拥有足够的资源和强大的后勤网络为其部队提供足量补给。盟军部队还在对日战斗中吸取教训，并教会其士兵战胜对手必须使用的战术。日本帝国部队在提供维持士气的物资方面略逊一筹，很大程度上是因为其军官低估了部队在与同盟国部队大规模作战时所需要的物资，因此日本未能建立起足够多的供给线。与此同时，一个不能忽视的事实是，教化确实在很长的一段时间里维持住了日本士兵的战斗精神。尽管随着战争的进行，日本士兵遭遇的失败越来越多，士气也越来越低下，然而大部分日本军人仍忠实地执行死战到底的原则。这在很大程度上是因为日本士兵被灌输了投降是一种叛国行为的思想，并且在他们的亲朋好友眼里，被俘是一件极不光彩的事。害怕被同盟国部队折磨和虐待也是日本士兵不愿被俘虏的动机所在。在此情形下，无论西方部队多么努力劝说日本士兵投降——通过宣传或公开展示强大的火力——日本士兵放下武器投降的比率仍十分低。因此，日本帝国部队的士气在帮助日本将战争时间拉长中起着至关重要的作用。同样，为了提升与敌军作战的能力，同盟军必须在其士兵中建立足够水平的战斗动机。因此，尽管物质资源在决定太平洋战争的结果中十分重要，但是心理因素在维持交战部队继续战斗中也十分关键。

第 9 章

情报战

前面几章已经详细阐述了在太平洋战场战斗的武装部队是多么需要包括武器和补给在内的物质资源来战胜敌人。同时，恰当的计划也十分重要，它能让部队避免不必要的拖延和伤亡以取得战争的胜利。本章，我们将探讨情报以及对敌人的认识在帮助盟军以高效的方式部署其部队与日军作战中所起的核心作用。在战争开始阶段，西方国家因日本帝国海军和陆军所取得的胜利而不知所措，比如珍珠港上大部分的太平洋舰队被摧毁以及英军在新加坡的远东堡垒被占领。这在很大程度上是因为日本的作战能力被低估，而且同盟国情报部门所犯的大错之一就是估算错误。然而，在战争之后的阶段里，在同盟国的反攻之下，日本对其侵占地区的控制被瓦解，相比其对手，日本帝国武装部队被误导得更严重，而这也是加速日本战败的关键因素之一。

　　太平洋战争中的情报因素直到近几十年来才被广泛研究，有两个主要原因。一是 20 世纪之后，战争中对情报的利用才变得普遍，直至当时，军事学家仍鲜有提及这一问题的。第二，情报活动常常都极为隐秘，因此无论一国是胜还是败，该国政府都喜欢将其情报部门的工作隐藏起来。例如，直到 20 世纪 80 年代，《信息自由法》才允许公众查阅与美国和英国在"二战"中的情报活动相关的档案材料。从那时起，随着可获得的证据越来越多，学者们才推出了许多解释同盟国和轴心国情报工作的著作。①许多作品都以通信情报以及美国部队成功解码德国和日本军队的通信为重心。这些资料为指挥官提供了实施行动所需的重要信息。同样重要的一点是获取敌人作战方式方面的"定性"情报，这些情报对于帮助军官理解敌人的行动能力、战术能力和技术能力十分有用。

同盟国在情报战的这两个方面要比日本拿手得多。其成就取决于在英美两国国防部门中占据优势的战略思想。英美两国都拥有长期的审查敌人政策和潜在的能发动战争的外国竞争对手，也为需要对军事条件进行谨慎分析的大规模作战制订计划。鉴于同盟国的国防官员认为了解对手的实际情况十分重要，所以他们设立了情报部门来搜集并分析日本的相关信息，并将结果分发给战斗人员。相比之下，日本在这一领域的经验则比较初级，信息处理能力也落后一大截。

太平洋战争爆发前日本和同盟国的情报进展

在太平洋战争中，促使西方国家进行情报活动的主要原因是，其领导人普遍认为，对外部世界的准确认识是保护国家利益的必要条件。这源于它们的历史传统。英国是帝国主义国家，两个世纪以来一直在海外建立殖民地，划分势力范围，因此，对潜在的敌人保持警惕是其传统。1900 年，英国在国内建立了通信情报中心，它能搜集到有关英国在全世界殖民地的政治和军事情况的信息。然而，1914 年至 1918 年第一次世界大战的经历表明，英国没有估算欧洲大陆上潜在的军事

---

① Among the most significant works include: D. Alvarez (ed.), *Allied and Axis Signals Intelligence in World War II* (London: Frank Cass, 1999); A. Bath, *Tracking the Axis Enemy: the triumph of Anglo-American naval intelligence* (Lawrence: Kansas Up, 1998); E. Drea, *MacArthur's ULTRA: codebreaking and the war against Japan, 1942–1945* (Lawrence: Kansas UP, 1992); F. Hinsley et al., *British Intelligence in the Second World War, 4 Volumes*, in series *History of the Second World War* (London: HMSO, 1979–90; Prados, 1995, passim.; J. Winton, *ULTRA in the Pacific: how breaking Japanese codes and cyphers affected naval operations against Japan, 1941–1945* (London: Lea Cooper, 1993).

对手的能力。军方在吸取了此次教训之后,在两次世界大战之间,竭尽全力进一步完善其情报机构。

虽然美国一直以来的政策是避免在西半球采取军事行动,然而在20世纪初,美国在太平洋边缘地带部署了大量驻外部队,保护那些受敌人入侵威胁的地区。海军部和战争部在19世纪末都建立了自己的情报部门,并一直在增强其监听远东地区战略情形的能力。同样重要的是,英国和美国的战争计划是以扩大战役,建立多个战线为目的的。因此,随后的情报评定工作是着眼于帮助其部队获胜来制订长远的行动计划的。

另一方面,日本领导人则不怎么重视情报。日本作为岛国,直到1854年,一直有意地将自己孤立,因此日本在一些重要的情报工作方面——如评测其他国家的实力和政策——经验不足。更糟糕的是,在各种历史原因的共同作用之下,如几个世纪以来自我优越的陈旧信仰,以及日本注定要统治亚洲的信念,这些都使得日本军人忽视了预示着他们在战胜对手的过程中可能遇到问题的各种征兆。① 军方领导人在处理同盟国工业产量和进行持久战的关键问题上尤其缺乏经验。

由于西方国家十分重视完善其情报机构,因此两次世界大战之间的间隔期,它们取得了许多重大进展。就美国和英国来说,它们都设立了专门机构,为官员提供战争各个层面——战略、行动和战术——的信息。英国建立了一系列致力于处理潜在对手相关信息的机构,其中最具威胁性的潜在敌人是德国。军方的情报指挥部门监控着外国武装部队的发展,而政府代码及加密学校(Government Code and Cypher School,GCCS)则负责解密英国对手的通信,并深入探索它们对外政策的目的。驻海外的外交官员定期提供其驻在国的政治、军事和经济的相关信息。第二次世界大战的爆发为各国强化其情报圈提供了需要。

---

① D. Ford, "Strategic culture, intelligence assessment and the conduct of the Pacific War, 1941–1945: the British-Indian and Imperial Japanese armies in comparison", in *War in History*, 14/1, (2007), p. 95.

丘吉尔政府开始划拨大量资金来建立能够估算德军部队的系统，因为德国对英国本土和海洋生命线有着最直接的威胁。

对美国而言，处理对外情报的主要部门是战争部下属的军事情报局（MID）和海军部下属的海军情报处（ONI）。尽管它们的活动因资金短缺以及国会对国防预算的削减而受到限制，然而海军情报处和军事情报局仍十分努力地搜集并评价有关日本的信息。海军的情报政策明确表示，"所有的战争行动都要以最好的情报利用为前提"[1]。同样，在1918年之后，军事情报局被改组成战争总参谋部下的独立部门，其被指定的一项任务就是估计会影响美国利益的军事威胁。[2]驻日本和远东地区的情报人员就日本陆军和海军在中国战场的行动提供了许多详细的报告。在通信情报领域，虽然美国的情报能力因国务院于1929年解散了"黑室"（black chamber）而有所削弱，然而战争部和海军部在太平洋战场上的解密能力得到了非常大的提升，并且在随后越发能解读日本的通信信息。

1941年12月与日本爆发战争之时，同盟国掌握了实施情报活动的秘诀。它们战前情报工作的主要问题是缺乏可靠信息。东京政府制定战略的保密性让美国和英国无从预测日本可能采取的行动。此外，日本当局成功隐瞒了其重整军备的行动，以至于西方观察家就日本帝国部队能采取何种军事行动的能力没有获得准确的情报。在此情形之下，同盟国官员很自然就会认为日本作为一个二等强国，没有能力向西方国家挑起战争。

相比之下，日本情报工作的发展取得的进展十分有限。主要的问题是，国防部门认为对敌人实力评价进行校准是一件十分枯燥的工作。对潜在对手的评估体现了日本部队的普遍信念是，日本部队是最优秀

---

[1] W. Packard, *A Century of US Naval Intelligence* (Washington, DC: Office of Naval Intelligence / Naval Historical Center, 1996), p. 16.
[2] B. Bidwell, *The History of the Military Intelligence Division, Department of the Army General Staff, 1775–1941* (Frederick, MD: University Publications of America, 1986), pp. 251–2.

的。日本军队一直在轻视盎格鲁—撒克逊国家。他们认为，美国除了经济实力强大之外，因过于注重和平主义而无法向公民灌输尚武的精神。比起真凭实据，大部分官员常常按照自己的想法，很草率地就作出决定。一位著作曾被广泛关注的将军，提到就训练和纪律而言，"美国是所有国家中最差劲的"①。理由是，日本部队由同一种族的人组成，而美国部队则包含了许多少数民族，因此无法建立起持久战中所必需的凝聚力。

由于日本并不十分重视情报工作，所以其情报活动的覆盖领域十分狭窄。相较于以处理大范围事务的信息为职责的西方国家，日本帝国海军和陆军更为注重战场领域的情报，或是制订及执行战事行动所需的短期信息。1941年之前的记录表明，日本在该领域取得了很大的进步。这一技艺是由武士军阀世代相传的。几个世纪以来，日本都是遭受战争蹂躏的封建国家，因此间谍、信息收集者和"保密者"有了存在的空间。②美国军事情报部门曾称日本的间谍更加"优秀"，因为他们在日本对中国的行动计划中起着十分重要的推动作用。③同样，战略轰炸调查团进行的战后研究注意到，日本政府在战争之前"在世界各地都设立了部门"，通过其海外外交官员和军事代表，以及强大的间谍网络来收集情报。④它们成功确定了同盟国基地的布局以及敌方舰队的位置等信息，日本在太平洋战争的最初几个月里给同盟国造成了巨大的损失，这些信息功不可没。

然而，从更广的视角来看，日本帝国部队并没有十分关注有关敌人战争潜能的长期情报。这一疏忽导致日本最高指挥部在其军备不足的情形下发起战争。日本的战略思想认为，所有的战争都可以一击制

---

① A. Coox, "Flawed Perception", in Handel, 1990, p. 251.
② I. Nish, "Japanese intelligence, 1894–1922", in Andrew and Noakes (eds.), 1987, p. 129.
③ NARA 2, RG 165, War Department, MID Regional File, 1933-44, Box 2131, File 6000, Japanese Army Monograph, prepared by G–2, Undated, ? Spring 1941.
④ USSBS, *Japanese Intelligence*, p. 1.

胜，然后等待敌人乞求和平，就像日本在20世纪初与中国和俄国的战争一样。因此，日本军事官员认为，任何事都以最初的行动为转移，所以就没有过多考虑之后会如何。1941年秋，日本领导人最终决定向南推进时，并没有要求战争部门第二（情报）分局对英美两国的部队实力进行评估。在战争决定颁布之后，该部门才被下令搜集信息，帮助部队制订战略计划。海军的情报工作也是为行动计划制订人提供特定领域的信息。海军主要情报机关——如第三（情报）分局和第四（通信）分局——的主要职能是为行动部门提供敌军当前部署情况的信息。军方只是偶尔调查更广泛的问题，如同盟国进行持久战的潜在能力，其中武器产量的高低在决定战果中起着十分重要的作用。[1]即使是在美国和英国接受过教育的海军参谋部官员也有错误的观念。情报人员收集到的关于美国工业生产能力的材料都被置之不理。1941年3月，驻华盛顿的海军官员与任美国海军部门战争计划总指挥的海军少将里奇蒙德·特纳（Richmond Turner）建立了亲密的关系，他曾向在东京的上级发出警告，在对美国发动战争之前必须要十分谨慎。[2]这条警告显然未引起注意，因此日本海军严重低估了美国在珍珠港事件之后恢复实力的能力。

战时的成就

太平洋战争爆发之后，同盟国与日本之间情报能力的差距进一步加大。1942年年初，英美两国在东南亚地区的失利促使其国防部门大力增强其信息处理的能力，而日本的战无不胜则进一步强化了其军方的轻敌态度。

就组织而言，同盟国的情报工作因集中管理而受益。在英国，处

---

[1] USSBS, *Japanese Intelligence*, pp. 20–1.
[2] S. Asada, "The Japanese navy and the United States", in D. Borg and S. Okamoto (eds.), *Pearl Harbor as History*(NY: Columbia UP, 1973), p. 257.

于军事等级最高点的内阁有联合情报委员会（JIC）为其服务。该委员会由政府官员的代表组成，包括服务部门和外交部，他们通过圆桌会议进行意见交换，以对战争局势进行准确定位。丘吉尔及其参谋部官员因此能够一直获得不受个人组织影响的见解高深的言论。美国国防部官员也建立了类似英国同行的联合情报委员会。美国参谋长联席会议在1942年2月成立之初，特许状就规定，该委员会是负责处理美国国防官员使用的信息的主要机构。为了保证所有的军方部门都有代表，该委员会由海军情报主管、战争部下的军事情报局局长以及航空情报中心主管组成，还有一些来自非军方部门——如国务院和经济战委员会（Board of Economic Warfare）——的代表。

另一方面，日本从来没有建立起中央情报机构。海军和陆军各自为政，而且几乎没有沟通的渠道。参谋部完全是以各自的情报小组获得的信息为基础作出决定。直到战争后期，内阁的非官方成员和军队中的其他各方才介入咨询，并且该体制无法让日本对其对手进行准确评价。

在较低级别的情报体制中，同盟国也建立了相关机构为其部队提供有关日本的准确信息，因此它们也就避免了进一步战败。通信情报组织收到的资金支持最为庞大，它们也十分努力地破解日本海军和陆军的通信信号。在破译机"超越"（ULTRA）的帮助下，英美两国取得了重大突破。太平洋舰队的主要信号小组位于珍珠港。在太平洋西南地区，位于墨尔本的舰队无线电小组（FRUMEL）为盟军部队提供服务，它是美澳联合组成的部队。除了海军通信情报之外，舰队无线电小组还负责为麦克阿瑟将军司令部的中央机构提供日本陆军通信的译电文。英国也取得了同样的进步。英国在新德里设立了无线电实验中心（Wireless Experimental Centre），它有许多分部办事处，其人员超过1000人，职责是破解日本在印缅战场上传输的通信信号。英国皇家海军则主要依靠位于科伦坡的远东联合局。

盟军之间的团结也十分利于盟军的情报工作。对日本通信情报的共享在战争爆发之前就已经开始了，早在1942年1月，尼米兹就授权特遣部队直接将情报转达给其澳大利亚和新西兰同僚，而无需经过各自的总部。① 同年10月，与英国的合作被加强。英美两国的海军代表在华盛顿举行的会议上，均同意英国在布莱切利公园的情报中心破解日本海军的通用密码机，并将所有解密电文传送给美国。② 双方就合作事宜于1943年5月达成了《布鲁沙协定》（BRUSA agreement），该协定进行了明确的分工，美国紧盯日本，而英国则以德国密码系统为主。

通信信号的解密常常能提供许多非常有价值的信息，如日本部队的部署和行动。同盟国依据这些信息，可以在正确的时间和地点部署军队。在中途岛战役之前，美国海军就成功破解了日本舰队的JN-25密码，太平洋舰队因此有机会派遣航空母舰迎击南云忠一的部队。海军情报部门对海上密码的解密揭示了日本商船的动向和船队的目的地等详细信息，借此，美国在阻断日本海上补给线上取得了重大成就。潜艇部队行动长官被指定为战斗情报长官，并且能获得所有的通信译码，于是情报的分发变得更加便捷了。行动长官有权通过内部加密渠道将信息提供给各个部队的指挥官和潜艇艇长。③ 因此，潜艇会在日本航线上的几个特定位置附近等待日本船只的到来，而不是在遥远的西太平洋上漫无目的地搜寻目标。

与日本相比，同盟国在地面战斗中对通信情报的利用要困难得多。这主要是因为，日本陆军指挥官常常利用地面线路或是短程低频无线

---

① Bath, 1998, p.176
② Aldrich, 2000, pp.238-40, 242-3.
③ E. Drea, "The role of communication intelligence in submarine warfare in the Pacific, January 1943 to October 143, Intelligence furnished to submarine commanders, Pacific Fleet", in R. Spector (ed.), *Listening to the Enemy: key documents on the role of communications intelligence in the war with Japan* (Wilmington, DE: Scholarly Resources, 1988), pp. 130-1, and " Comint contributions, submarine warfare in WWII, 17 June 1947: Vice-Admiral Lockwood on value of communications intelligence against the Japanese", in Ibid., p. 134.

电传达信息，这让信息更加难以被截获。然而，盟军还是取得了许多重大突破。例如，在日本袭击英国驻印缅边境的英帕尔和科希马时，通信情报显示，牟田口廉也将军（General Mutaguchi Renya）的第15军正处于补给短缺的崩溃边缘。威廉·斯利姆依据这些信息坚定地认为，如其部队发动反击，将不会遇到太强的反抗。在太平洋西南地区，麦克阿瑟将军的司令部也利用通信情报，效果非常好。1944年年初，麦克阿瑟制定计划沿着新几内亚的北海岸发起钳形攻势时，"超越"为其提供了包括增援何时到达在内的许多关于日本第18军的信息。通信信号解密也显示，日本希望同盟军在离它们前线更近的地方登陆，如马当和阿瓦。因此日本没有准备好应对针对他们在荷兰迪亚（Hollandia）和韦瓦克（Wewak）的后方基地的跳蛙式进攻。随后，大部分战斗部队前往前线地区，而荷兰迪亚的守卫力量则主要由非战斗部队组成，如建筑工人和补给站工作人员。① 为了阻止日本增援其后方基地，麦克阿瑟批准了一项欺骗计划，要求对马当和阿瓦地区进行猛烈空袭，以此让敌军相信他即将在该地区登陆。结果，麦克阿瑟的部队于4月在荷兰迪亚登陆时，其遭遇到的反抗力量十分有限。在海战和陆战方面，对情报的善加利用可以使得同盟国利用敌方的缺陷来制定作战计划，同时避开日本设下的挑战。简而言之，这些情报让指挥官部队的损失——资源与人员伤亡——最小化。

同盟国还利用情报来加深对日本作战方式和武器技术的认识。在这方面，截获的文件以及俘虏的囚犯能提供十分有价值的信息。在美国，海军情报处和军事情报局建立了各自的语言训练项目，这样情报官员就能学会如何解读通过截获的文件以及俘虏的囚犯获得的信息。日本的军事行动让同盟国通过这条途径获得了相当丰富的数据。战俘对与询问者合作表现出了非比寻常的欲望。这种现象是由日本教化的

---

① E. Drea, " ULTRA intelligence and General Douglas MacArthur's leap to Hollandia, January–April 194", in Handel (ed.), 1990, pp. 336–40.

方式导致的，日本军人在教导下相信，一旦他们落入敌手，他们就与国家没有任何关系了。因此，囚犯会尽其所能去迎合征服他们的人，并毫不犹豫地透露军事机密。敌方的文件也十分有价值。日本帝国部队的士兵十分依赖书面文字，而且常常将他们活动的各个方面都进行详细的记录。这一情形因日本最高统帅部认为日语复杂难以翻译而更加恶劣。特别是在普遍认为日本部队战无不胜时，许多最基本的谨慎措施都被忽视了。作战部队常常随身携带敏感文件，所以在据点被攻破时，同盟国部队能获得大量纸质文件。

在太平洋战场和东南亚前线作战的陆军部队成功地深入认识到了指导日本部队作战的原则和方针。为了加快通过袭夺渠道取得情报的进程，同盟国还设立了专门的组织。在太平洋战场中部地区，太平洋地区联合情报中心（JICPOA）是负责进行各种行动的军种间合作团体，其活动包括了文件翻译。英国在印缅战场上也设立了类似的机构——东南亚翻译审讯中心（SEATIC）。然而，在太平洋西南地区活动的盟军情报翻译和分析部（ATIS）是处理书面材料和战俘的最活跃的组织。盟军情报翻译和分析部是盟国间的合作机构，由来自美国和澳大利亚的官员组成。敌军的文件为日本陆军部队的行动和战术理念提供了非常详细的蓝图。到战争末期，盟军情报翻译和分析部获得了35万件材料，翻译了其中的1.8万件。[①]战俘的作用十分有限，因为盟军俘获的都是低级士兵，他们对部队遵循的作战方针所知有限。通过审讯，盟军能获得更有价值的资料，如敌军的士气。盟军情报翻译和分析部基于1万名囚犯发布了大约800份审讯报告。除了大范围收集资料之外，盟军还对文化因素的关键问题进行了一系列的询问，了解其对日本部队战斗方式的影响。许多研究报告对日本陆军的精神状态进行了深入的分析描述，并指出虽

[①] NARA 2, RG 319, Records of the Army Staff, "P" File, Library Branch, Box 1822, GHQ Far East Command, Military Intelligence Section, *Operations of the Allied Translator and Interpreter Section*, GHQ, SWPA, 12 July 1948.

然日本士兵有很强的纪律性、很能吃苦耐劳，但是他们最主要的一项缺陷是面临失败时不会转变方式，这一切都是因为日本部队训练项目中存在很高程度的严密管理。①这些信息有时确实有助于同盟军的指挥官制订出战胜日本的恰当战术。然而，更重要的是，指出日本士兵士气缺陷的情报为盟军打击敌方作战精神而进行的心理战和宣传活动提供了十分有价值的资料。②

海军要想获得相关情报就比较困难，原因在于日本帝国舰队的大量材料——如战术出版物——常常在被盟军获得之前就已经在战斗中沉入海底了。此外，由于日本针对边远地区的防卫战略中使用的是小规模的辅助舰艇分遣队，并且在日本帝国内部地区遭到袭击之前一定要保住主力舰队，盟军的情报直到战争的最后阶段才开始发现日本部署主力舰和航空母舰的方式。

最后，但同样重要的一点是，盟军常常依赖海陆空三军官员提供的战斗行动报告。该资料被看作是关于日本帝国部队作战方式和作战武器的相关信息的重要来源。早在1942年，领导首次新几内亚战役的指挥官称，所有的部队都必须善加利用有关敌军战术的情报，如此便能以部队在战场上必须面对的境况来进行训练。③美国陆军在太平洋战场的情报网络逐步发展成精心制作且相互耦合的结构，各部门都有非常明确的职责分工。各个地区的司令部，无论是太平洋中部、南部还是西南部，都有各自的中央组织。陆军军团，其中包括第6集团军和第10集团军，以及第14集团军和第24集团军，也都有自己的

---

① For examples, see NARA 2, RG 165, War Department, "P" File, Box 341, ATIS, SWPA, Research Report No.76, Part VI, *Defects Arising from the Doctrine of "Spiritual Superiority" as factors in Japanese Military Psychology*, 10 October 1945; MMI, RG 3, GHQ SWPA, Box 120, ATIS, SWPA, Research Report, No.76, *Prominent Factors in Japanese Military Psychology*, 7 February 1945.
② See A, Gilmore, *You Can't Fight Tanks with Bayonets: psychology warfare against the Japanese Army in the Southwest Pacific* (Lincoln: Nebraska Up, 1998), chapters 3–5.
③ NARA 2, RG 127, Records of the US Marine Corps, World War II Subject File, Box 58, *Notes on Jungle Warfare*, No.1: prepared by General Jens A Doe, (US Army), 27 April 1943.

情报部门，代号为G-2。分遣队级别提供的行动报告常常会附有很长的附录，其中就有G-2的情报报告。为了帮助陆军参谋部针对日本陆军制订出更具可靠情报来源的战术方针，情报部门会执行许多重要的任务。首先，G-2各陆军小队的分部会向各自的上级和行动分部提交有关日本作战方式和作战武器的情报。战场上得到的经验会在各指挥部之间进行传递，这样陆军和陆战队总部就能制订出更加协调统一的作战步骤。为了促进各陆军部队之间的信息共享，战争部设立了战斗分析部来评估美军在重大战役中的行为特征。第二，华盛顿的军事情报部门会将日本军队的有关信息在作战部队中传播。G-2的地区文件中包含了许多从战斗中学来的经验，而且它是军方情报部门用来制作信息公报和技术手册的重要信息来源。

情报出版物，其中包括每月总结、《战术和技术趋势》《联合国军事报告》等，不仅仅是对日本战术方式的详细描述。随着战争的进行，陆军的情报开始传播战地指挥官关于打击日本陆军最有效的行动建议。例如，在新乔治亚战役之后，军事情报公报中就出现了第43步兵师主将的建议。[①]此次战役再次强调了如何在视野被茂密植被限制的丛林里穿过非常狭窄的无防备地带。在此情形之下，美国士兵必须密集地设立瞭望哨，并相互掩护以免被孤立。

英—印部队的士兵也认识到准确理解日本陆军部队的作战方式在制定高效的作战方针中十分关键。印度司令部是处理有关日本陆军战术的中心。东南亚司令部（SEAC）建立之初，其情报指挥处就由东南亚盟军地面部队（ALFSEA）和印度最高司令官总司令部（GHQ India）联合掌管。英国陆军的情报活动也大获其益，因为它利用了精通日本军事实践的成员。由曾任驻东京陆军武官的沃兹上校（Colonel Wards）主管的研究中心在印度成立，并由在两次世界大战之间的间

---

① NARA 2, RG 165, War Department, "P" File, Box 570, Military Intelligence Service, Combat Lessons, No.1, "Security in the Jungle," derived from Report of Commanding General, Forty-third Division, New Georgia campaign, undated, ? Early 1944.

隔期曾与日本部队进行过交换交流的官员组成。

海军情报工作也经历了重大发展。1943年年末，太平洋舰队利用大量情报来制定对付日本海军及其航空队的战术。在海军航空局（Bureau of Aeronautics）的提议之下，海军情报官员归属于所有的海军部队，他们的任务是询问完成任务返回的飞行员并准备行动报告，随后与太平洋舰队交流成果。太平洋舰队总司令（CINCPAC）和太平洋地区航空司令部（COMAIRPAC）被指派监督各个机构的行动。传递信息的主要渠道是太平洋舰队总司令公报和太平洋舰队的每周总结。直至战争结束，每份刊物最高印刷了1.4万份。一位特遣部队指挥官指出，战斗人员会收到"数量十分惊人的期刊、专著和论文"[①]。同样重大的突破是航空技术情报中心（Air Technical Intelligence Center）的设立。该中心是在海军部的指导下设立的，它能协调统一许多同样是处理日本航空信息的部门的工作，如战争部、陆军航空队和皇家空军。海军情报公报包含了来自不同地方的大量报告，其中包括被截获的设备以及船员和飞行员对日本帝国舰队和航空队的行动的观察。情报部门同时也是传递有助于消灭敌军的战斗经验和战术过程的渠道。举例来讲，战斗分队强调，保持密集的战斗队形在阻止日军进行拦截时十分重要。[②]在追逐零式战斗机时，最有效的方法是从下方和尾部进行追击，因为这两个位置敌军飞行员无法侦察。[③]海军行动参谋部情报局会定期就各种主题发布总结，如防空防御和战斗机掩护。建立高效的情报网络意味着同盟国的战斗人员十分了解对手的长处和短处。对敌人的了解能为盟军提供十分重要的优势，帮助盟军以恰当的方式战胜日本，而不会造成过度的人员伤亡。

[①] UKNA, ADM 199/1542, Commander Task Group 38.1, Action Report, 1 July to 15 August 1945.
[②] NARA 2, RG 38, ONI, Air Intelligence Group (Op 16-V), Box 6, COMARIPAC, Air Operations Memorandum No.32, "Tactical lessons learned in the South Pacific", 29 May 1944.
[③] NARA 2, RG 313, BLUE 627, Box 80, A9, Air Intelligence Group, Fighter tactics: excerpts from aircraft action reports and battle narratives, January to April 1944.

另一方面，随着太平洋战争的进行，日本评估对手的能力仍止步不前，而且其情报机制在许多方面都在退化。日本迅速战胜同盟国使得日本海军和陆军坚信，它们没有必要去了解看上去如此无能的西方部队。结果，日本军方在情报方面所下工夫甚少。从1941年至1945年，情报开支在国防预算中所占的比例仅增加了0.5%。① 与日本陆军和海军一样，大多数情报机构中充斥了非专业的战斗人员，这也反映出日本普遍缺乏对信息搜集的认识。② 日本军方也没有制订出详细的训练计划，战争院校中也没有情报方面的专门课程。被分派情报任务的官员则被要求边工作边学习。

鉴于日本的情报组织十分散漫，其陆军部队预测同盟国部队反击的能力受到严重阻碍。美国军事情报部门的一项战后研究表明，日本在实际交战之前"一直都无法弄清与之作战的部队"③。日本军队除了在战场上收集信息之外，很少会为各个战场上的同盟国部队列出一张顺序大体准确的战斗列表。预测敌军的战略更是不在此列，主要是因为日本无法解读英美两国的高级密文。信息的唯一来源是信号通信量分析以及对一般行动情况的观察。所罗门群岛特遣队指挥官将瓜达尔卡纳尔岛战役描述成"突击登陆"，并且美国舰队的登陆几乎没有遭到反击。④ 日本陆军对英国的情报工作几乎没有进展。日军在1944年春袭击英帕尔—科希马地区时，第15军的将领对该地区的了解仅仅是从一张附有地方志的1∶125,000比例尺的地图上获得的。⑤

---

① L. Allen, "Japanese intelligence systems", *Journal of Contemporary History*, 22, (1987), p. 560.
② USSBS, *Japanese Intelligence*, p. 3.
③ NWC, Manuscript Collection, Papers of Edwin T. Layton, Box 22, Military Intelligence Service, *The Japanese Intelligence System*, 4 September 1945.
④ UKNA, WO 208/2275, "Japanese Military Intelligence", War Office Weekly Intelligence Review (WOWIR) No.2, 26 August 1943.
⑤ UKNA, WO 208/2280, "Japanese failure and mistakes in the attack on India", WOWIR No.69, 6 December 1944.

海军的情报工作也因同样的问题而止步不前。随着战争的进行，日本特遣部队在执行空中侦察和潜艇护航任务时，面临的困难越来越多。结果，日本帝国舰队对敌方的部队规模一无所知。莱特岛战役时期，日本海军的飞机被消耗到只能对周边地区进行分散的搜索。指挥第二航空舰队的海军中将福留（Fukudome）回忆称，他的飞机报告称发现同盟国部队的3艘航空母舰和1艘战列舰，然后就没有其他信息了。[①]日本由于不知道哈尔西特遣部队的实力和位置的相关信息，因此直到海岸瞭望哨发现美军已经抵达莱特岛时，日本联合舰队才发起进攻。更糟糕的是，船上的指挥官和航空中队的领导人都夸大了各自遭受的损失，因此对盟军兵力的估计就更加困难了。

因日本未能建立起系统分析数据并在各级指挥部传递结论的组织，其情报机制进一步受到了遏制。评估常常是由行动计划制订人作出，而情报部门的工作仅仅是根据上级的需要提供相关数据。在就战略和政策方面的事宜向司令部提供建议上，情报部门和通信部门都未能起到重要的作用。海军情报部门的一位官员回忆道，其部门对海军参谋部其他部门"影响十分小"，他还哀叹海军官员常常以"敷衍"的态度对待他的工作。[②]情报机构还面临着人员不足的问题，因此他们几乎是勉强完成所指派的任务。[③]在陆军中，情报分局一直都在处理人员不足的问题。尽管局长费了很大一番工夫来增加该部门的人员，然而直到战争结束，日本陆军司令部都未能招募到足够的新成员。日本海军也存在同样的问题。第三分部只有一名官员来收集包括技术信息、数据信息和战斗序列信息等在内的同盟国航空部队的相关资料。因此，错误的信息也给日本帝国部队带来了许多困难。日本海军和陆军处境已经十分不利了，因为他们没有足够的物资战胜同盟国。对敌

[①] USSBS, *Japanese Intelligence*, pp. 57-8.
[②] K. Kotani, *Japanese Intelligence in World War II*, translated by C. Kotani (Oxford: Osprey, 2009), pp. 107-8, 159.
[③] USSBS, *Japanese Intelligence*, pp. 18-20.

人的认识不足使得日本无法更好地利用其有限的资源，同时也加快了日本战败的步伐。

小　结

　　同盟国和日本在加入太平洋战争之前，相互之间都没有明确的认识。然而美国及其盟国的武装部队处于认识日本的更有利的地位，因为他们各自的国防部门长久以来都拥有实事求是地评估挑战的传统。除此之外，在战争初期阶段，同盟国在日本手中大败之后便采取了相关措施弄清战争局势。由于同盟国部队拥有应对外国敌人的传统，因此它们在情报改革方面更为有利。结果是，同盟国的军事官员很擅长就与战略、战术和行动有关的全面事宜进行详细的分析计算。优秀的情报能让同盟国准确认识其对手，帮助其获得战争的胜利；而反过来，在战斗中，武装部队能凭借好的情报充分利用敌军的缺点。

　　相比之下，日本的情报能力有所倒退，因为其国防部门并不重视对敌人的了解。日本帝国海军和陆军的官员长久以来都存在这样一种观点，即他们的部队是最优秀的，而这也妨碍了日本建立有效的机制来收集并处理与盟军军事能力有关的信息。更糟糕的是，即使是战场的经历已经确信无疑地表明他们的作战方式无法取得战争的胜利，日本也拒绝承认自身的缺陷。在各种根深蒂固的传统——如贬低外国文化和低估外国军队的战斗能力等——的共同作用之下，日本武装部队认为情报工作无足轻重。其造成的结果是，日本的领导人几乎没有仔细分析战争局势，同时，对西方的错误认识使得日本发起了一场为其带来全面战败的战争。

第 10 章

战时经济

接下来的几章将讨论除战场之外的一系列经济上和政治上的因素，它们对战争的行为及结果有着重大的影响。在全面战争中，如太平洋战场上的战争，经济实力是一件重要的工具。胜利取决于一国动员其资源的效率，以及利用原材料供应和工业造出足够武器用以在一系列持久战中取胜的效率。无论一国部队多么勇敢，作战技巧多么高超，都需要适当的装备，他们才有在战斗中击败敌人的现实可能性。正因为如此，胜利常常站在生产力更高的一边。

经济资产是同盟国战争工事的支柱。尤其是美国，它有足够的资源制造出性能远超日本的船舶、飞机和枪支，而这也是西方国家获胜的关键因素。同样，日本战败的基本原因是其工业产出无法与其对手匹敌，因此日本部队经常处于敌众我寡的状态。

然而，可用资源并非是战争胜利的唯一先决条件。还有两个十分关键的因素，第一是要有足够的资金支撑战争工事。第二，政府在管理生产资料时要确保资源的恰当分配，这样其工业才能维持生产。同样重要的是，要确保武器制造商生产出的武器型号正确。在这两方面，同盟国各国采取了重大措施来组织战时经济，并且效能远远高于日本。

资源的获取

一国在进行战争时，其中最重要的一项任务是国家能够获得足够的经济资源去制造大量武器，为战场上的武装部队提供大量军备。另一方面，若政府未能募集到足够的资金，背负大量财政赤字的话，那么资本的消耗意味着军队很难进行战斗。确保能够获取原材料来制造军备以及获取石油资源来支撑战斗部队的战斗行动，对一国来说更加重要，因为若缺少这些，即使这个国家再富有，也无法发展出足以战胜敌人的军事能力。一国卷入武装冲突之后，其战争工业就必须要具备大量的人力资源，包括技术劳工、管理者和技术员。美国及其盟国之所以获胜，不仅是因为它们能够利用更多的金融资本。它们还能够动用其在国内及势力范围内的领土上的丰富自然资源和劳动力。结果就是它们构建起的战争机器远远超过了日本。

通过对美日两国的国民生产总值（GNP）的对比，我们可以发现，同盟国部队有着更多的资金来支撑其军事行动。1939年至1945年间，美国的国民生产总值从800亿美元上升至近2600亿美元，这意味着仅在6年间其国民生产总值就翻了3倍。[1]因此，美国政府可以增加税收收入而不用纳税人作出沉痛的牺牲。事实上，美国政府一直在避免征收高额税收，因为这会给公民的生活条件带来不利的影响，最后导致公众舆论反对战争。缴纳所得税的最低门槛进一步降低了，于是所有有工作的美国公民都被纳入到联邦税收系统中。[2]税率采用的是累进制，其中高收入的个体要缴纳更多的税，而穷困潦倒的低收入工人则可以少交税。一些美国人甚至要将收入的20%以上作为税收缴纳。然而，美国的战争半数以上都是由税收来支撑的，与其他交战国相比，美国政府向私人投资者贷款的比重并不高。除此之外，战争时期对产品需求量的增大不可避免地会造成通货膨胀。通过对民用物资的定量配给，物价上涨得到有效控制。生活成本上升了大约20%，但

---

[1] H. Rockoff, "The United States: from ploughshares to swords", in M. Harrison (ed.), *The Economics of World War II* (Cambridge: CUP, 1998), p. 83, Table 3.1. Figures are in 1940–45 prices.
[2] J. Abrahamson, *The American Home Front* (Washington, DC: National Defense University, 1983), p. 140.

是工人的工资却增加了将近70%。由于美国当时能够创造出大量的资本，因此政府提高军费时并不会损害经济。国防开支在国民收入中所占的比率从来没有超过40%，而美国的盟国以及轴心国则为此花费了一半以上的国民收入。然而，按绝对价值来计算的话，美国在战争中花费的资金远远超过了其他国家。美国不仅能为自身的战事提供资金，还能援助其盟国，如国家经济不如美国强劲的英国。《租借法案》（Lend-Lease program）以及美国银行家贷给英国政府的大量资金让英国皇家海军、皇家空军和陆军能够同时在多个战场上驰骋。

另一方面，日本的国民生产总值在战争期间仍十分不景气，在战争最后的几年里，随着日本的贸易路线被潜艇攻击，随后日本工业中心又被炸弹轰炸，使得其工业产出大量减少，国民生产总值甚至还下降了。造成的结果是，若不从私人部门挪用大量资本的话，日本的国防开支绝对无法增加。据估计，1944年日本的战争开支占国民收入的76%。为了募集额外的资金，日本政府开始大举印刷纸币。然而，此举造成了恶性通货膨胀，以致日本海军和陆军更是买不起所需要的军备。

交战各国制造的军备数量生动形象地体现了各国金融财富之间的差异。早在1941年美国参战之前，其工业就能制造出价值45亿美元的武器，而日本仅能制造出20亿美元的武器。[1]两年之后，这一差距更加明显，美日两国之间的比例达到了9∶1。虽然英国的工业生产率远低于盟友，但也几乎是日本产量的3倍。同盟国有足够的资金建造大型军械库，而日本则无法做到。

交战各国除了要在资金上支持战时经济之外，还要确保足够的原材料供应。重要资源的获取——如石油、煤炭以及铁、铝等战略金属——在战争时期变得复杂。通常，一国若与在和平时期为其提供主

---

[1] P. Kennedy, *The Rise and Fall of the Great Powers: economic change and military conflict from 1500 to 2000* (London: Harper-Collins, 1988), p.458, Table 35.

要供应的国家发生战争，那么该国随后就要寻找其他可替代的来源。举例来讲，在1941年12月之前，日本一直从美国购买石油，但是它们之间爆发战争之后，这条贸易线路就被切断了。

同盟国占据着绝对优势，因为它们能够迅速取得大量的自然资源供应，其中最重要的是化石燃料，如石油。缺少燃料，武装部队就无法行动。西方国家从来不会出现资源短缺。美国的公司——如埃克森石油公司（Exxon）——出产全世界2/3以上的石油，英国也能从中东地区获得供给。就产量而言，单美国在1942年至1945年间就生产了65亿桶石油，是同时期日本的200多倍。[1]虽然日本可以从东印度群岛获取石油，从中国东北弄到煤，但是其数量要比同盟国少得多。在重要的战略金属方面，如铁矿石和铝，西方国家的产量也处于领先地位。铝因为比较轻，是制造飞机部件的重要金属。美国的钢铁产量与日本之间的比例是13∶1，而且战争期间美国的铝产量也达到了200万吨。同盟国因拥有大量资源，所以能制造出比轴心国加起来还多的武器。1942年，美国、英国和苏联一共装配了4倍于敌军的飞机，并且这一比例在战争结束时几乎达到了5∶1。[2]即便是英国，虽然其工业勉强能够为其部队制造出足够的军备，但是在1945年间，其产量也增加了5倍多，这一切都归功于英国政府齐心协力从私人部门调遣资源注入与战争相关的产业。[3]最终，英美两国在这一方面远超日本。美国战舰的生产量是日本的16倍。[4]尽管1944年很大一部分产出都被用于大西洋和欧洲战场，但是太平洋舰队在对日战争中占据的优势仍十分明显。若仅看太平洋战场，一些数据会令你大吃一惊。1944年，

---

[1] J. Ellis, *Brute Force: Allied strategy and tactics in the Second World War* (London: Andre Deutsch, 1990), p.478, Table 22.
[2] Kennedy, 1988, p.455, Table 34.
[3] S. Broadberry and P. Howlett, "The United Kingdom: 'victory at all costs'", in M. Harrison (ed.), *The Economics of World War II* (Cambridge: CUP, 1998), p.59–60.
[4] R. Overy, *Why the Allies Won* (NY: Norton, 1995), p.192.

日本迫击炮和小型武器的产量还不足美国总量的 7%。[1]

经济产量低下并不是困扰日本的唯一缺陷。因为其商业舰队没有足够的船只将资源从南部地区运往日本本土的主要工业所在地，所以日本制造的产品也存在缺陷。在战争之前，日本就预料到与美国开战之后，其进口线路定然会被美国切断，因此日本储备了相当多的必要物资，如石油。然而，鉴于日本政府和军方都没有想到战争会持续这么久，因此储备量十分有限，所以日本不得不继续依赖进口。更糟糕的是，随着同盟国对日本的封锁，日本造船厂无法制造出足以弥补如此巨大缺口的大型油轮。石油的进口仍十分不足。[2]在和平时期，日本的大量供给是由外资商船来运输的，然而1941年12月，当时的舱位已经难以满足日本海军的需求了。1942年年初，日本的建造工程一直在加速向前，油轮的总吨位在1943年年末攀升至巅峰。然而，在接下来的一年里，美国海军加强了对日军船只的攻击之后，损失的数量还是超过了产出量。储备物资也枯竭了，以致日本海军没有足够的石油前往远离其本土的地区进行大规模行动。在战争即将结束阶段，美军击沉的船舶总吨位数是日本能够生产的4倍。油轮被摧毁使得日本武装部队的石油供应几乎停滞。[3]

将商船也纳入考虑范围的话，在战争一开始的时候，石油供应的总量就已经开始变小了。[4]尽管1942年计划产量增加250%，但是日本严重低估了其可能遭受的损失。在日本军方调用了大量船只为远离日本的战场运输部队和装备之后，其可用来运输原材料的货舱总量就已经大幅降低了。结果，现有船只中，只有37%被用于工业目的。1944年，日本商船的损失达到了临界点。美国击沉了600万吨位的船

---

[1] J. Ellis, *Brute Force: Allied strategy and tactics in the Second World War*（London: Andre Deutsch, 1990），p. 478, Table 22.
[2] Ellis, 1990, pp. 469–72.
[3] Overy, 1995, pp. 229–30.
[4] See Ellis, 1990, p. 427, Table 21.

舶，而日本的造船厂只能生产不到损失一半的船舶。随着日本舰队的规模缩减至战前的40%，日本不得不对准备运回日本本土的原材料按优先顺序排序。钢铁和铝的产量从1943年的最高值下降了1/4。①在此情形下，各种类型的武器产量的下降就无法避免了。尽管在政府的大力支持下，飞机制造工业产量没有下降，但是军舰的建造减少了很多。"阿苏"号（Aso）、"生驹"号（Ikoma）和"笠置"号（Kasagi）因缺乏原材料和制造工厂而一直未能建成。②最初计划建造成战列舰和巡洋舰的船舶，如"云龙"号（Unryu）、"天城"号（Amagi）和"葛城"号（Katsuragi）最终都被建造成了航空母舰。然而，航空母舰上的飞机数量完全不足以支撑大规模舰队行动。在1944年6月的马里亚纳群岛海战中，机动舰队的大部分船舶要么被击沉，要么已经陈旧老化，以至于"没有修复的必要了"③。日本有限的生产能力制约了日本建造新船舶的可能。1945年夏，日本商船舰队在敌方潜艇的持续攻击下无法获得任何重要的工业原材料，以致日本的军备生产陷入停滞状态。④

还有另外两种资源是交战各国战时经济的重要组成部分，第一种是劳动力，第二种是工业工厂。就前者而言，同盟国远超日本，因为它们可以利用的劳动人口规模更加庞大。在美国，1929年至1933年经济大萧条的后果在战争前夕十分明显，大量人口处于失业状态。然而，当许多工厂开始雇用这些劳动力时，情形开始好转。战时环境也意味着许多年轻的成年人都去参军了，这进一步增加了国内工人的需求量。美国的工人总数增加了140万，随着大量劳动力的涌入，美国

---

① See Ellis, 1990, p.476.
② H. Fukaya "Japan's wartime carrier construction", in *United States Naval Institute Proceedings*, 81,（September 1955）, pp.1031-7.
③ M. Ito, *The End of the Imperial Japanese Navy*, translated by A. Kurado and R. Pineau（NY: W. W. Norton, 1956）, pp.112-13.
④ J. Cohen, *Japan's Economy in War and Reconstruction*, Volume II in series, *Japanese Economic History 1930–1960*, edited by J. Hunter（London: Routledge, 2000）, p.58, 113-14.

的工业产出同时也就加快了许多。战争之前,平均每间工厂一周工作40个小时,但是在战争结束阶段增加到了90小时。① 有趣的是,在与战争相关的产品产量激增的同时,民用部门并没有太大的压力。事实上,只有15%的工人要么参军了,要么在专门为战争服务的工厂中工作。美国政府也十分谨慎,避免消费品产量的过度减少影响公民的日常生活。英国的情况则没这么乐观,因为其劳动力规模没有美国这么庞大。英国一半以上的人口要么参军,要么在重要的工业里任职。尽管如此,英国的劳动力供应仍足以保证英国军队的正常运作。

相比之下,日本的经济则面临着劳动力短缺的问题。尤其是陆军对人数的需求十分巨大,主要是因为陆军对步兵的严重依赖,并且步兵的行动要比机械部队的劳动密集型程度更高。1944年,日本政府开始采取措施提高产量,日本的劳动力更是几乎枯竭。为了获得更多的劳动力,老人和小孩都被征召至生产线上工作。直至战争结束,许多工厂里都是未经训练的工人,而这反过来也对日本武器的质量造成了不良影响。

就生产设备而言,同盟国建造新工厂扩大生产的能力也同样远超日本。美国在加入战斗时就已经领先于日本,1941年美国钢铁、飞机和机动车产出就已经超过了所有"二战"参战国之和。② 其主要的问题是,大量工厂要用来制造消费产品,并且美国并没有为军事目的进行生产的长期传统。在战争前夕,美国拥有世界上规模最大的海军之一,而其陆军则远远落后于其他国家,数量与欧洲的中等强国——如葡萄牙和比利时——差不多;航空部队只有不到1700架飞机,并且大部分都过时了。然而,在战争结束时,美国的工业为同盟国提供了将近2/3的军事装备。其生产的机械工具在3年的时间里翻了3倍。美国从头开始建造新的工厂。其中最著名的是位于底特律之外的"伊

---

① A. Milward, *War, Economy and Society, 1939–1945* (London: Penguin, 1977), p. 65.
② Overy, 1995, p. 190.

普西兰蒂"工厂（Willow Run Project）。[1]福特汽车公司为了改进其批量生产的方式，提出要建立一家专门组装整架飞机的工厂。军队批准了该计划，于是福特公司建造了一条规模超过24公顷的装配线。在一小时里，一架飞机所需的100多万个零件就能焊接在一起，到1944年，该工厂每年能生产出5000多架轰炸机。日本飞机制造厂的工人平均制造一架飞机的时间，美国工人可以组装4架，这一切都归功于流水线作业。总而言之，对新工厂和装配线的投资将美国的生产能力提升了约50%。

日本则面临着相反的问题，即日本想要在没有足够的生产基地的情况下保住其战时经济。日本开始工业化的时间落后于西方国家，其工厂的效能也无法与美国和欧洲国家相比。就生产能力而言，日本最严重的缺陷在于需要从海外大量进口机械工具。在两次世界大战之间的时间里，西方观察家常常指出，日本的设计不足以制造高质量的飞机，原因在于其切割金属的精确度有限，而且耐久性也不佳。战争爆发后，日本就不能再从西方国家手中购买装备，其工业面临的艰巨任务是增加专业工具的产量。飞机制造商在武器的数量和质量方面也存在各种问题。

由于日本在建造飞机时没有建立集中式的系统，因此情况变得更加复杂了。在美国，制造商——如波音——会指定分包商制造一定数量的零部件，如引擎、起落架和飞行仪表等，以确保飞机的建造有条不紊地进行，而日本的建造体系仍十分不规范，没有建立配额制度。各分包商以自己的步调工作，并将产成品运往最终装配的主工厂。因此，飞机制造商不是缺少某些关键零部件，就是某些零件过多，装配也就必然会受到阻碍。尽管这一问题似乎难以克服，但是随着战争的继续，日本也让其飞机的产量有了很大提升。这很有可能是因为日本政府竭尽全力调用民用部门的资源以确保战争工业优先。最大的受惠

---

[1] Overy, 1995, pp. 196–7.

者是飞机公司，其产量于1944年升至最高。①美国的战略轰炸调查团发现，这一成就"并非不可观，考虑到日本经济的本质缺陷"②。然而，1945年，随着对日本本土的持续轰炸及其工厂被破坏之后，日本的产量大幅下降，与1944年的最高值相比降低了50%。③无论日本多么努力克服其工业上的缺陷，然而事实上，日本的工业既缺少生产设备又没有生产方法，以致无法追上美国的脚步。

生产资料的管理

在像太平洋战争这样的全面战争中，交战各国的战争工业最重要的一点是必须要优化利用其资源。生产力的高低常常取决于有限的资金、原材料和劳动力向最终生产出战争产品的制造商输送的效率。此外，政府要在军队和制造商之间建立好沟通的桥梁，以确保装配出的武器型号正确。然而，许多问题难以避免，其中最重要的是各军种——海军、陆军和航空部队——之间的冲突。政府还要处理那些不愿意作出过多牺牲的民用部门的反对意见。同样重要的是价格控制，这样军队才能买得起武器和补给，而厂商也有足够的收益。同盟国和日本在这些方面都存在问题。然而，有人认为，美国的资源十分充足，根本就没有管理经济的迫切需要，因此美国可以支撑一定程度的损耗。

正如埋查德·奥弗里指出的，美国的工业生产能力让同盟国的胜利成为可能，但是它无法决定战争的结果。④为了给其部队提供最有

---

① A. Hara, "Japan: guns before rice", in Harrison（ed.），1998，pp. 247-9.
② A. Coox, "The effectiveness of the Japanese military establishment in the Second World War", in A. Millett and W. Murray（eds.），*Military Effectiveness*，*Volume 3: the Second World War*（Boston: Allen & Unwin，1988），pp. 21-2.
③ United States Strategic Bombing Survey, *Summary Report*, *Pacific War*,（Washington, DC: Government Printing Office, 1946），pp. 16-18.
④ Overy, 1995, p. 192.

效的装备，美国政府不得不建立规划署来管理重要工业的生产活动。这一组织在和平年代从来没有出现过，仅在1942年，随着战时生产委员会的诞生，美国才进行集中控制。即使是在当时，该委员会权力也很有限。例如，就原材料分配而言，美国海军和战争部的军械局仍能随心所欲获得资源，而不用询问其他机关。这一困境并没有造成太大的负担，纯粹是因为美国经济过剩，并且能够给各个部门提供远比其他交战国家多的物资。

更具有挑战性的困难在于，美国一直以来都是自由市场经济国家，大多数工业巨头不会轻易让政府干预它们的商业活动。强迫制造商停止生产消费品转而制造飞机、坦克和战舰并没有那么容易。强行征收为国有企业极有可能会离异大型企业，而它们的支持对于战争胜利来说不可或缺。因此，罗斯福总统创设了一项制度，让这些工业领袖有机会发挥出他们作为企业家的能力，鼓励他们想出新的军备设计方案，并想办法提高武器装配的效率。1942年1月，汽车工业家威廉·克努森（William Knudsen）被任命为生产管理局局长。克努森召集了一批杰出的商业领袖，给他们看了一份重要的军事武器清单，并要求他们想办法进行批量生产。该机构给商业圈带来了许多潜在的利益。各家公司开始拼命争夺政府的合同，并愿意以更低的价格生产出更好的武器。这些合同被分给了那些效率最高的生产商。仅通用汽车公司一家就为美国提供了10%的军工生产。

新式战机的生产，如B-29超级空中堡垒轰炸机，也因工业部门和军方的密切合作而成为可能。1940年，在美国加入战争的前一年，国会就批准了陆军航空队开发新型超级轰炸机。[1]在向各大飞机制造商发出请求之后，陆军航空队认为波音公司提供的设计方案最佳，1941年5月，航空部队的司令阿诺德将军下达了生产订单。于是，波音公司制订计划对其原型机之一进行修改，旨在制造出重量和荷载

---

[1] J. Meulen, *Building the B-29* (Washington, DC: Smithsonian Institution, 1995), pp. 14–29.

能力比现有的 B-17 空中堡垒强两倍的试验机。试验机最初的型号是 XB-29。为了让其达到预期的性能,航空工程师夜以继日地工作,以确定何种型号的炸弹最为合适。为了让它在拦截机和防空炮火中获得更好的保护,XB-29 装备了更大的机枪和重型装甲,还有自封燃料箱。荷载量的增大必然要增大油箱的容量。随后,该飞机的机身和翼展都比前几代设计得更长。1942 年年末,美国陆军航空队在 B-29 轰炸机上已经投入了 30 亿美元,并为大批量生产炸弹而建设了许多工厂。光扩大波音公司在堪萨斯州威奇托和华盛顿州伦顿的工厂就花费了 2000 万美元,而通用公司获得了 4000 万美元的订单,为 B-29 提供 6000 多个螺旋桨。美国战时经济的发展是由支持工业发展的传统所驱使的,即广泛的大规模生产的经验,再加上促进公司竞争的社会风气。此二者让政府和军方能够激发商人制造出大量物美价廉的武器的积极性。

日本方面,政府直到最后阶段才对经济进行集中控制。海军部、陆军部和财政部各自为政,而内阁也不愿意介入部门间的冲突,因为这些冲突十分难以解决。1943 年 1 月,东条英机提议让他拥有准独裁的权力。[1]他有权就五大战争工业的相关问题决定其优先级,包括造船业、航空业、煤炭、石油和有色金属。同年 3 月,天皇批准了这一计划,但是首相的特权还是十分有限。这很大程度上是因为日本工业的垄断巨头——也被称为财阀(Zaibatsu)——坚决要求控制整个战时经济。东条英机因此不得不与咨询委员会合作执行其权力,该咨询委员会由来自大型工业托拉斯的主要成员组成。

财阀一直以来决定了原材料的分配,甚至还掌控着大部分武器的生产,包括飞机。为了进一步促进资源的分配,日本政府于 1943 年成立了军需部门,该部门的职责是管理诸如劳工控制和原材料分配等事务。虽然东条英机执掌了这个新部门,但是他的决定并不是都会被落实。这仅仅意味着,特定领域的生产如果没有获得高的优先级,那

---

[1] Milward, 1977, pp. 118-19.

么就不能再争夺配额。由于缺乏政府的有效管理，海军和陆军直到战争最后都要骗取有限的资源。政府合同常常由出价最高者得到，这也就意味着战争物资并不总是出售给有迫切需求的人。该体制也缺乏有限的价格控制机制，因此通货膨胀十分严重，军队甚至买不起所需要的武器。

政府也没有去管理要生产的武器型号等细节问题。这个问题在飞机制造业更为尖锐。几大制造商，如中岛（Nakajima）、三菱（Mitsubishi）和川崎（Kawasaki）都独立于政府的监督之外。因此，军方可以直接与它们联系，并提出各自的要求。日本海军和陆军重质量而不重数量，因此他们常常会要求制造商按新的设计方案建造。战争结束时，日本建造了100多种不同的原型，而同盟国则是集中精力完善一种高性能的炸弹和战斗机设计。每一种新的原型机就需要新的配件，这会让制造商压力太大，因为如果装配的机器被重新整合，工厂就不得不临时削减产品的生产。该体制对产量有着许多明显的影响。例如，海军的名古屋工厂接到的各种各样的要求多到其每个月的建造数量常常落后于陆军的工厂。[①]然而，尽管有着各种各样的问题，军队仍坚持必须由他们来控制工厂。制造商们常常会被要求达到超过其生产能力4倍的生产目标。日本的飞机工业之所以没有崩溃，纯粹是因为日本领导人最终决定给其分配更多的资源。然而，政府对正在生产的飞机型号和数量的管理可以说非常失败，这使得日本未能有效利用其宝贵的资源。

加快武器的生产还需要政府大力支持研究和开发。美国于1941年5月建立"科学研究与发展局"以协调大学与工业实验室之间的工作。同盟国所取得的最重要的一项发明是雷达，它不仅对侦察敌机十分重要，还能帮助防空炮和战斗机锁定目标。英国最先在这一领域取得突破。20世纪30年代末，甚至是在欧洲卷入战争之前，英国航空部任命亨利·蒂泽德（Henry Tizard）负责主持一个委员会，该委员会

---

① A. Yoshimura, *Zero Fighter*, translated by R. Kaiho and M. Gregson (Westport, CT: Praeger, 1996), pp. 165–6.

的任务是研究在敌机进入英国领空时就能被侦察到的可能的方法，而亨利·蒂泽德本人曾经是英国皇家空军研究中心的主任。[1]该委员会得到了大量的财政支持，并且在 1939 年，英国就已经具备在其海岸线上建立一连串雷达基站的技术和物资能力。美国因与其同盟关系紧密而最终受益。海军研究实验室也在舰载空中设备研究中取得了一定进展。1940 年秋，蒂泽德率领特遣部队前往美国，试图取得大西洋另一侧技术进步方面的信息。美国海军官员见识到了雷达在开阔海域锁定敌机的强大作用，并询问了一些关于英军在不列颠之战如何使用雷达进行防空炮的控制和战斗机的指挥的细节。1943 年，海军研究实验室制造了一批有着不同作用——如侦测低空敌机——的设备。电脑也被用来计算来袭敌机的速度和轨道。[2]

雷达的发明也让美国海军有了夜间作战的能力。除了能为船员们提供日本船舶的位置信息，促进火力的精确输送之外，搜索设备还能帮助飞行员侦测夜幕下的敌机。在战争的最初几个月里，美国海军专门设置了一套训练战斗机飞行员使用机载雷达设备的项目。曾指挥海军航空部队进行所罗门群岛海战的海军少将约翰·麦凯恩（John S. McCain）于 10 月被任命为海军航空局的局长，他率先着手调查对付日本夜间战斗机的方法。格鲁门公司被委托生产 XF-7F 虎猫战斗机，第一架原型机于第二年 12 月试飞。实际上，雷达这个关键设备让同盟国部队大大减轻了锁定快速飞行的敌机的压力，因此飞行员可以及时采取应对措施。现代搜索设备之所以能研发成功，不仅是因为西方国家具有工业和技术上的资源。更重要的是，同盟国政府鼓励科学界发明性能好又能大量生产的设备，同时还能提高武装部队战斗效率。

---

[1] A. Beyerchen, "From radio to radar: interwar military adaptation to technological change in Germany, the United Kingdom and the United States", in A. Millett and W. Murray (eds.), *Military Innovation in the Interwar Period* (Cambridge: CUP, 1996), 227–87.

[2] H. Guerlac, *Radar in World War II*, in series *History of Modern Physics, 1800–1950*, Vol.8 (Philadelphia: American Institute of Physics, 1987), pp. 915–16.

由于对研究和开发的资金支持十分充裕，因此许多额外的有用技术也因此诞生，其中最有名的是核裂变。1941年，一组科学家与科学研究局的局长范内瓦·布什（Vannevar Bush）接洽，分析了制造原子弹的可能性。战争部非常信任布什，批准了该计划所需的资金、人员和原料的请求。1943年，在哥伦比亚大学和芝加哥大学的实验表明，铀原子可以用来制造出史无前例量级的大爆炸，之后，总统密令启动"曼哈顿计划"。虽然美国提供了资金、原料和设备，然而该计划还有来自英国的科学家的帮助。1945年8月向日本投放的原子弹在迫使日本投降以及随后太平洋战争的结束中所扮演的角色仍有待商榷。然而，事实上，所有的交战国中，美国是唯一有能力在一项从未测试过的武器技术中投入20多亿美元的国家，并且当时没有任何人能够保证该计划定能开花结果。

相比之下，日本的研究和开发从来没有达到与西方国家同样的水平。这在很大程度上是因为日本财政资源和技术资源的贫乏；而且，军方领导认为日本帝国部队有能力克服任何困难的观念也扼杀了技术的进步。在战争之前，日本海军和陆军的大部分武器都是从国外进口的，而且日本还十分擅长复制国外的技术，并将其与自己的作战方式融为一体。与此同时，日本并不鼓励科学家进行发明创造，因此他们得到的资金十分稀少。战争爆发，同时日本帝国部队取得数场胜利之后，日本军方领导就没有动机进行技术革新了。

改革常常因军方和工业缺乏协调性而难以成功。例如，日本官员发现他们的雷达没有西方的好，从1940年起，他们从德国人那里寻求帮助，由德国人为他们提供设备样本。然而，这种帮助来得太晚以至于难以量产，并且随着战争的爆发，以及两国之间的贸易线路在同盟军的封锁下被切断之后，日本的技术人员和科学家只得自己进行实验。1942年，日本军方想要设立一个科学委员会负责雷达的研制，其人员由部队的科学家和工程师组成。由于该研究有时十分高深，委员会没有与制造商保持沟通，因此最后发现，他们研究出来的设备在日本的工业条件下无法进行大规模生产。结果，日本就一直未能赶上同盟国。航空母舰一直到灾难性的中途岛战役之后才装备上雷达。即使在当时，这个设备也"十分平庸"，只能在近距离侦测到敌军队形。[①]超级战舰"大和"号优先装备了最先进的电子设备，但也直到1943年9月才装备上现代型号的水面和空中搜索雷达。

用来研究新式武器的资金本就有限，还被浪费在了对武装部队没有什么用处的计划上。日本帝国陆军在中国东北建立了专门从事研究的实验室，即"731部队"，该部队进行了许多臭名昭著的生化武器实验。然而，这些武器从来都没有脱离试验阶段。更加实用的对坦克和大炮的研究资源则十分稀少。

小　结

尽管同盟国拥有的资源数量远超日本，有助于同盟国的联合战斗行动，但是物资因素在决定太平洋战争战果中所起的作用仍要在恰当的背景下分析。约翰·埃利斯（John Ellis）和保罗·肯尼迪（Paul Kennedy）认为美国及其盟国获胜的主要原因在于其工业优势，这反过来也让他们拥有大量的军事装备。经济实力当然让同盟国有能力建造出数量远超日本的船舶、飞机、枪炮和弹药。在海上，美国海军凭借其战舰舰队和补给船只在太平洋上称王称霸。其潜艇部队也成功消灭了一部分日本的商船舰队。在空中，1944年年初，美国部队的数量与其对手之间的比例是3∶1，第二年该优势扩大至4∶1。[②]美国航空中队常常让日本帝国部队的防御成为一片废墟，并对日本的重要城市进行轰炸，直至将其烧成一片灰烬。美国和英国的部队曾利用强大的

[①] M. Stille, *Imperial Japanese Navy Aircraft Carriers, 1921–45*（Oxford: Osprey, 2005）, pp. 9–21.
[②] Ellis, 1990, p. 486, Table 23.

火力攻破日本的防御工事，并将里面的人杀得片甲不留。简而言之，物资优势是同盟国战事的基础，它能为战斗的胜利提供武器。若非如此，西方国家根本就没有获胜的希望。

然而，强大的实力当然是至关重要的必备条件，为了建立强大的战斗部队就需要强大的经济实力，而且还要以高效的方式将这些物资注入其中。理查德·奥弗里甚至认为，同盟国具备的一项同样十分重要的优势是其恰当管理物资的能力。战略、行动和战术必须以能够让武装部队战胜重重困难的方式来制订，战时经济的运作要求国家领导人知晓应制造何种军备，并能想办法为其武装部队提供所需的物资。美国及其盟国不仅拥有更多的资金、原材料和工厂可供使用，这些国家的政府还介入其中，以保证资源的高效分配，这样其战争工业就能制造出合适的武器以战胜敌人。同样，经济产量上的劣势不是阻碍日本采取战争行动的唯一缺点。日本领导人没有协调工业工厂之间的行动，这进一步加快了日本的灭亡。日本政府也没有鼓励制造商先行制造日本部队最为需要的军备，其未能建造出足够数量的商船舰队就是该缺陷的最佳范例。

最可信的推论是，经济资源为同盟国提供了战胜日本所需的军备。同样，日本战争工事于1945年崩溃的根本原因在于，日本无法制造出可与敌人战斗的武器。仅有的问题是西方部队是如何利用物资战胜日本部队并迫使他们投降的。为了达到这个目的，好的计划至关重要。因此，美国及其盟国获胜，不仅因为他们拥有必需的物资，还因为他们善于利用手中的一切。

第 11 章

联盟战争

太平洋战争的重要因素中极具特点的一项因素是这场战争并非是单独国家之间的战争。交战各国必然会结成同盟，即使结盟的国家有着不同的政治目标和文化背景。一个国家战争行动的有效性常常取决于其与同伴所形成的合作关系，以及之后针对共同敌人所制定的协调一致的行动。在这个方面，美国及其盟国凭借着优秀的外交能力将它们的资源和军事力量进行融合，以比各国单独行动更快的步伐击败了日本。让这一成就成为可能的原因在于，同盟国一直都在为共同的事业而奋斗，为了消除轴心国日本、德国和意大利带来的威胁，并建立新的国际制度，在该制度中，若军事侵略不违法，那至少不应该受到鼓励。美国及其盟友在刚开始时也因意见分歧而难以合作。尽管如此，随着战争的进行，政治领导人及军事官员意识到若盟军想要实现融合并获得战争的胜利，就必须将争议搁置。

　　同盟国阵营的主要国家是英国和美国。与此同时，其他国家也在太平洋战争中扮演着重要角色。英国的自治领，如澳大利亚和新西兰，不仅能为同盟国提供对日进攻的基地，还能为其提供大量部队和装备。印度在英国的战事中也作出了类似的贡献。中国是第一个与日本作战的国家，而且它消灭的敌军部队是最多的。日本陆军三分之二以上的兵力都被派遣至亚洲大陆，而中国仅仅是站在同盟国这边一直与日本作战，就阻止了日本重整兵力与英美作战。尽管苏联在最后阶段才开始与日本作战，但是在西方国家眼中，人数众多的红军在同盟国部队计划进攻日本本土时是非常有利的助力。

　　轴心国联盟包括日本、德国和意大利。根据1940年9月27日的《德意日三国同盟条约》，它们的共同目标是阻止美国介入到全球大战中。一旦美国宣战，那么它们的目标则变为拉长同盟国的战线，这样它们就能同时在欧洲战场和太平洋战场作战了。然而，轴心国未能明确它们合作实现目标的方式。事实上，日本与德国基本没有合作过，就此来看，它们之间的联盟更像是名义上的。

同盟国的外交：美国与英国

维系着同盟国团结一致的主要国家是美国和英国。在整场战争中，英美两国都宣称，它们的共同目标是消灭世界上的法西斯独裁和军国主义政权。1941年8月签订的《大西洋宪章》宣布，同盟国的主要目标是建立新的战后秩序，让世界人民享有选择政府形式的权利。联合国是作为维持并强化民族自决和集体安全的国际组织而成立的。美国一加入全球大战，同盟国就达成一致意见，要一直战斗到完全摧毁轴心国再次发起战争的可能。德国、意大利和日本在战后要被长期占领，其目的是打击它们实行侵略扩张政策的能力。英美两国的政治领导人，即美国总统富兰克林·罗斯福和英国首相温斯顿·丘吉尔，在加强各国合作中起着重要的作用。然而，低级别的个人也常常扮演着重要角色。举例来讲，来自英国外交部和美国国务院的外交官促进了两国之间的联络。同样，国防部长以及战场上的指挥官在解决各国武装力量合作的问题上十分有帮助。最后，为了保住英美联盟，各国政府需要获得民众的大力支持，因此它们各自的政策也因民众的同意而有了合法地位。

英美两国在进行友好合作的同时，还有许多差异制约着它们之间的关系。毕竟，这两个国家都是主权国家，都有着自己的国家利益。基于此，它们之间的互动常常既包含相互合作又有相互竞争，因此它们都争相就联盟如何运作表达自己的看法。① 然而，长远来看，这两国

---

① C. Thorne, *Allies of a Kind: the United States, Britain, and the war against Japan, 1941–1945* (Oxford: OUP, 1978), pp. 699–704.

的领导人都意识到，要想实现共同的目标，有必要进行一定程度的妥协。

英美两国的地位并不平等。事实上，随着战争的进行且美国的经济实力大幅超越英国，华盛顿的政治影响力也相应地加强了。然而，英国的政治家不愿意接受英国在国际事务中的影响力持续下降这一事实。尤其是丘吉尔认为战后的世界应该以"英—美"为主导。这两个国家会成为全世界的道德和政治领袖，它们的人民会有着共同的公民身份、共同的语言和文化背景。这一计划声明秉持英国是个超级大国的理念，美国当然不可能会对这个声明有什么好印象，因为在美国看来，英国是旧式的帝国主义国家，已经不再掌控权力却还想在亚洲和其他"非白人"地区建立西式殖民地。例如，史迪威上将的政治顾问约翰·戴维斯（John Davis）曾警告丘吉尔拥有的"权力和影响力只能强行推行……19世纪帝国主义和强权政治的政策"[1]。战争部长亨利·史汀生也曾指出"强健有力、充满活力、积极进取且善于创造"的美国很有可能会在赢得战争中扮演关键角色，而不是"日暮西山"的英国。[2]

战争期间，英国变得十分依赖美国的经济援助，因此更加无法在英美联盟中取得话语权。从战争的最初阶段起，英国的战争工事就十分依赖租借的物资。1944年7月，英国财政大臣约翰·安德森爵士（Sir John Anderson）向战争内阁递交了一份由约翰·梅纳德·凯恩斯（John Maynard Keynes）起草的备忘录，预计一旦战争结束，英国将面临超过10亿英镑的贸易赤字。除此之外，英国仅仅是为了保持经济的稳定，就需要从美国那里获得价值20亿英镑的租借物资，还有等量的免息现金贷款。[3]在罗斯福的政府之中，许多领导人注意到美国在大西洋

---

[1] C. Thorne, *Allies of a Kind: the United States, Britain, and the war against Japan, 1941–1945* (Oxford: OUP, 1978), p. 292.
[2] Ibid., P. 392.
[3] C. Thorne, *Allies of a Kind: the United States, Britain, and the war against Japan, 1941–1945* (Oxford: OUP, 1978), p. 387.

彼岸的同伴越来越需要外界的援助。然而，英国不愿承认其国力日渐下降的事实，它转而向美国求助，帮助其维持霸权统治地位。美国国务卿科德尔·赫尔和国防部官员——如海军上将欧内斯特·金——怀疑丘吉尔政府试图诱骗美国支持英国的帝国主义利益的战略和政策。例如，在英美会谈上，英国代表一直认为同盟国的战略要以英国曾有重大影响力的地区——北非、地中海和印度洋地区——为中心。

同样，英国领导人也对华盛顿政府试图在联盟中占主导而心生怨恨。伦敦的政治家认为美国拥有发挥其影响力的资源，但是经验不足、幼稚且对国际事务缺乏足够的认识。在怀特霍尔宫（Whitehall），许多有影响力的人都对英国在联盟中是地位较低的一方表示不解。许多领导人指责美国试图利用其军事实力和经济实力左右战略和政治问题，而不考虑其他同盟国家的意见。例如，美国政府坚持要在和平时期终止《租借法案》，随后开始收取贷款的利息，这一点引起了英国政治家的反感。另一个较为著名的例子是，美国被认为故意怠慢同盟国的原子弹计划。在1943年的魁北克会议上签订的协议规定，在使用核武器的问题上，要获得双方的同意。英国和美国的原子能资源也被集中到一起并对双方公开。然而，随着战争的进行，美国慢慢地退出这一协议。就在美国向日本长崎和广岛投放原子弹之后不久，就公然拒绝与英国共享专业知识和技术。同样，在战后占领日本的问题上，美国宣称自己是主要的仲裁人。道格拉斯·麦克阿瑟将军担任盟军驻日本的首脑，完全掌控了与建设、政府改革和解散帝国部队等事宜相关的权力。英国一直呼吁同盟国间进行合作，但是美国政府通过限制各国在麦克阿瑟的盟军最高司令官总司令部的代表来限制其他同盟国的参与。

由于美国和英国是独立的国家，因此它们对于日本战败后如何重建亚洲有着自己的看法。事实上，战后处置问题上的分歧并不是同盟国之间不和的根本原因。美国与日本作战的目标是确保日本无条件投降，并且建立新的世界秩序，让全世界人民从轴心国的统治中解放出来，享有建立自己主权国家的机会，然而英国不仅想要战胜敌人，还在努力重建全球帝国。顺便一提，这两个国家都以各自的方式解读《大西洋宪章》。美国领导人坚持认为一定要在全世界落实民族自决原则和自由选举的政府。相反，英国认为这些条款仅在处于纳粹德国和法西斯意大利控制下的欧洲国家有效。① 英国政府官员和公众都开始认为美国要利用《大西洋宪章》瓦解大英帝国。同样，罗斯福及其政治顾问对于英国在既定理想的道路上能走多远持保留意见。人们也怀疑英国政府是否愿意与美国政府合作在全世界建立自由贸易体制，废除长久以来的帝国特惠制以及为大英帝国的附属国提供的经济特权。

体现美国不赞同英国帝国主义的最著名的一个例子是印度的独立问题。太平洋战争之初，印度的独立运动就已经进入高潮阶段。1939年，印度国大党中央委员会（All-India Congress Committee）就提出印度要宣布独立，并由当地选出的制宪会议制定新宪法。欧洲战场爆发战争时，印度人民对于支持英国显然没有"一战"时期那么有热情。因为英国当时要集中精力打败德国，英国政府只能回答称所有与宪法修改有关的问题要在战争结束后再定。然而，印度要求立即独立。民族主义运动领袖圣雄甘地（Mohandas Ghandi）发起了非暴力反抗运动。更加激进的独立运动支持者——如苏巴斯·钱德拉·鲍斯（Subhas Chandra Bose）——号召印度与轴心国结盟。动荡的局面威胁着英国对殖民地的控制，而这种控制对其赢得战争又十分重要。作为回应，英国于1942年年初派遣了一支由斯塔福德·克里普斯爵士（Sir Stafford Cripps）率领的特遣部队与支持独立的一方进行谈判。克里普斯爵士同意给予印度自主权，即印度在包括外交政策在内的所有事务上实行自治，但是印度与加拿大、澳大利亚和新西兰一样，仍是英国的附属国。然而，印度坚持要完全脱离英国，谈判陷入僵局。当年

---

① W. Louis, *Imperialism at Bay: the United States and the decolonization of the British Empire, 1941–1945*（Oxford: OUP, 1978）, pp. 123-6.

秋天，这一情形变得更糟了，因为印度东部地区——如人口稠密的孟加拉地区——爆发了大规模起义。大部分地区发起了"退出印度"运动，要求英国部队立刻从印度撤出。在此情形之下，英国除了承诺印度在战后完全独立之外别无他法。在整个这段时期，美国国务院明确表示不愿意介入英国与印度政府之间的冲突。就欧洲在亚洲其他地区的殖民地事宜上，如是否加大对法国和荷兰重新控制印度支那和东印度群岛的支持力度，美国拒绝了英国提出的支持其重建帝国统治的请求。

同盟国领导人在战后处置问题上的分歧使得英美两国的战略有很大的差别。在太平洋战场上，英美关系的显著特征是除了击败敌人之外，没有其他的共同目标。在对抗德国时，同盟国有着保护大西洋航线和不列颠群岛这一共同的利益。此外，英美两国都没有提出领土要求，同盟国均同意所有从德国手中解放的国家实行自治。[①]相比之下，在对日战争中，英美两国都紧盯各自的地区，而且没有采取联合行动的动机。美国紧盯太平洋，其目标是清剿日本在该地区的部队，随后建立起能够打击日本本土的军事基地。另一方面，在英国政治领导层中，一大批有影响力的政治家认为，英国的首要目标是重振英国在东南亚地区的帝国统治。丘吉尔自己也曾说："我当国王的首相，并非为了主持清算大英帝国。"[②]因此，英国的战略常常是以将缅甸和马来亚等地区从日本的统治中解放出来为主，并以印度次大陆为行动的主要基地。

1943年，当战局开始对轴心国不利，同盟国准备就如何消灭日本帝国制订具体计划时，战略上的分歧开始变得越来越明显了。在1943年1月的卡萨布兰卡会议上，美国和英国的国防官员同意加快英美两国在亚太战场上的进程。美国向太平洋中部和西南地区发起

[①] K. Sainsbury, *The Turning Point: the Moscow, Cairo and Teheran Conferences* (Oxford: OUP, 1986), p. 182.
[②] N. Sarantakes, *Allies against the Rising Sun: the United States, the British nations and the defeat of Imperial Japan* (Lawrence, KA: Kansas Up, 2009), p. 30.

两栖行动，与此同时，英国开始进攻缅甸（代号"安纳吉姆"[Anakim]）。然而，在接下来的几个月里，丘吉尔及其参谋部官员认为，参加欧洲和地中海的战斗使得其无法向远东地区派遣大规模军队。同盟国领导人于5月在华盛顿会面时，英国代表表示拒绝履行其在远东地区的承诺，并告知美国，除非美国提供飞机和登陆舰艇等物资援助，否则"安纳吉姆"行动无法实施。这种摇摆不定的行为让许多美国官员，如海军上将欧内斯特·金和马歇尔将军，严重怀疑英国并不是完全想要与日本作战，而更加关心的是解放它之前的马来亚和新加坡等殖民地。

当英国表示不愿意参加史迪威将军重新打开中缅公路的补给线时，英美两国的关系进一步恶化。两国对于中国在世界事务中的重要性的不同观点导致两国难以合作。美国决定让中国继续参战并在战后与其建立同盟关系，而丘吉尔及其参谋部却觉得用其宝贵的资源帮助蒋介石政权并没有什么好处，因为在中国人眼中，蒋介石政权是出了名的腐败和不得人心。1943年11月的开罗会议上，蒋介石被邀请与美国和英国讨论同盟国在远东地区的战略。罗斯福总统提议在中—缅—印战场（CBI）发起战争，并增加对国民党在重庆的基地的补给，而丘吉尔对该行动明确表示了怀疑，并将该计划视为美国绑住中国的产物。[1]英国对于在亚太战场上与美国合作事宜的迟疑更让美国对它失去了信心。

即便如此，尽管英美两国之间确实存在过争议，但是最终英国领导人意识到，要想与美国保持有效的合作关系，英国必须要增强其在亚太战场上的力量，并且与美国的计划保持同步。在1944年5月大英国协首席部长联合会议上，丘吉尔发表声明，在对日作战中，英国不得不接受美国的受压迫者的角色。即使太平洋战略令英国十分不悦，

---

[1] H. Feis, *Churchill, Roosevelt, Stalin: the war they waged and the peace they sought*（Princeton: Princeton University Press, 1957）, p. 248.

但是英国无力改变美国的决定。① 这种认识使得英国领导人开始制定具体的战略。1943年8月的魁北克会议上，丘吉尔及其顾问最终承诺在1944年中期向东南亚地区发起进攻。一年之后，同盟国领导人再次在魁北克会面，国防官员提出派遣一支皇家海军舰队协助美国太平洋舰队作战，同时为入侵日本本土提供地面部队。对维持联盟完整性的担忧，以及确保美国支持英国在远东地区恢复殖民统治，是英国与美国合作的主要动力。同样，罗斯福接受英国的要求，很大程度上是在政治动机——对美国公众舆论的关心——的驱使之下。② 如果美国继续在太平洋战场上承担大部分作战任务，那么美国民众就会质疑为什么美国孤身与日本作战，也会对美国拒绝英国参加战争的提议感到愤怒。驻伦敦大使约翰·温纳特（John Winant）向总统的顾问哈里·霍普金斯（Harry Hopkins）提出建议，将英国士兵经由大西洋和美国本土运往太平洋，以告诉美国公众其盟友正全力与日本作战。

英国提出为入侵日本本土提供地面部队也是希望能够维持英美联盟的完整性。在1945年2月的雅尔塔会议上，丘吉尔及其顾问在苏联参加太平洋战争的问题上被排除在外。英国害怕在远东问题上也被孤立，因此它同意加入以美国为首的针对日本本土的行动。③ 7月4日，丘吉尔及其参谋部官员批准了让其地面部队接受麦克阿瑟指挥的计划，而且联合参谋部在7月17日的波茨坦会议上接受了这一计划。同样，尽管可能遭到严厉的反对，但英国还是决定参与对东京地区的最终袭击（代号"小王冠"［*Coronet*］），因为英国认识到它无法冒着遭受美国和英国自治领的批评而放弃其在亚洲的行动。④

英美两国于是消除了分歧，开始互相合作，这样同盟国就能实现目标。美国领导人知道，即使美国的经济和军事影响力超过了其

---

① Thorne, 1978, p. 408.
② D. Fraser, Alanbrooke (NY: Atheneum, 1982), pp. 491–3.
③ Sarantakes, 2009, P. 123.
④ G. Ehrman, *Grand Strategy*, Vol.5, in series *History of the Second World War* (London: HMSO, 1956–72), pp. 123–4.

盟友，但是华盛顿政府离不开伦敦政府。一旦离开，美国很有可能不得不在没有其他有影响力的朋友的帮助下，单独实现战争目标并建立战后秩序。联盟的所有国家中，英国确实更加擅长处理世界舞台上的政治事务，因此英国在欧洲国家和它的自治领心中有着很大的公信力。正因为如此，美国尽量避免不去冒犯英国及其附属国。例如，美国部队在负责守卫太平洋西南地区时，华盛顿政府要确保没有干涉英国自治领的政治事务或是其与伦敦政府之间的关系。随着新加坡的沦陷，英国在澳大利亚和新西兰的声誉大幅下降。尤其是澳大利亚人谴责其宗主国罔顾附属国的生死，澳大利亚总理柯廷公然表示，澳大利亚要依靠美国的力量来抵御日本的威胁。[①]与此同时，柯廷政府对美国在太平洋地区日渐增强的影响力表示担忧，害怕堪培拉与英国之间的关系会就此放松。

鉴于英国与其自治领之间关系的危险状态，美国官员一直在避免与澳大利亚和新西兰签订条约，承诺由美国在战后保证它们的安全。美国也在单方控制澳大利亚军事活动时十分谨慎，避免给英国带来不好的感觉。当同盟国将澳大利亚排除在重大会议之外，并且不让其代表就战略计划等事宜发表言论时，堪培拉政府十分愤慨。然而，麦克阿瑟意识到，他的西南太平洋司令部下的大部分士兵都是来自澳大利亚，因此，他常常会就行动计划和军队部署等问题与堪培拉政府进行讨论。

同样，虽然丘吉尔及其内阁官员对于被看作地位较低的伙伴而心有怨恨，但是他们也认识到与美国合作是英国重返世界强国的少数可行道路之一。因此，伦敦政府就英国在亚洲重建殖民统治的问题上也不会过分施压，因为此举很有可能会导致与美国关系的破裂。

于是，英美两国间的有效外交便让它们在全球战场合作战斗成为可能。美国以租借形式提供的援助以及美国参与到英国部队正在酣战

[①] C. Thorne, *The Issue of War: state, societies and the Far Eastern conflict of 1941–1945* (London, Hamish Hamilton, 1985), pp. 221–2.

的战场中,使得英国能够在两个半球上进行战斗。同样,英国对美国政策的支持也让美国的战争目标在英国自治领和美国公众眼中变得合情合理。

英美之间既竞争又合作的复杂关系同时也体现在高层政治上。在战场级别,东南亚司令部有着十分独特的权力构架,即英国任命最高指挥官,而美国的许多官员在各个关键岗位任职,并因此能左右战略决策。太平洋地区与之完全不同,美国指挥官——如麦克阿瑟将军和尼米兹上将及他们的部属——享有完全的控制权。蒙巴顿的副参谋长有曾是陆军计划团队一员的阿尔伯特·魏德迈(Albert Wedemeyer)少将和曾是美国航空部队指挥官的斯特拉特迈耶(Stratemeyer)。魏德迈承认,在被任命之初,他就在与英国相处方面遇到了许多困难,并且常常在计划事宜上想要反对蒙巴顿。双方指挥官都顽固地坚持他们各自国家的战略思想,其中蒙巴顿提议向新加坡进军,而魏德迈则想要向中国南部出兵。最终,英美两国认为,它们各自的利益在不同的地区,因此各自的部队可以采取独立行动,而不用依赖对方的帮助。尽管如此,同盟国之间也一直在互相帮助。美国向英国提供了大量的飞机和登陆舰艇等物资援助。同样,缅甸地区的美国部队也被允许使用印度的道路和铁路网络进行后勤运输。对同盟国行动的整合也取得了一定程度的成功。例如,蒙巴顿最终同意将斯特拉特迈耶的航空部队纳入英国皇家空军。

就情报合作领域而言,同盟国之间的互动也反映出它们之间的利益并非总是重合的。在1942年10月的一次会议上,各国达成协议,由美国海军的信号情报部队主要负责处理日本的密文,并将解码文件传送给位于布莱切利公园的英国解码中心,这些信息随后会被递交给海军上将萨默维尔的东部舰队的情报分部。[①]然而,由于英美两国部

---

① R. Aldrich, *Intelligence and the War against Japan: Britain, America and the Politics of secret service* (Cambridge: CUP, 2000), pp. 240–1.

队在不同的地区行动,情报的共享因地缘因素变得十分困难。美国的情报组织以太平洋为主,而其同僚则对日本直指印度洋地区的交通十分感兴趣。尽管英国需要建立协作机制,以便其在战场上的部队能够直接与美国取得联系,但是美国却不愿意建立这样的机构,它担心分散式的通信链会对安全造成危害。1944年9月,美国海军的情报主管提出在科伦坡和太平洋舰队驻珍珠港的情报中心之间——经由关岛——建立两条电传打字信道,使这一情况有所缓解。因此,尽管官僚主义和政治上的障碍确实阻碍了英美两国在战争末期的合作,但是最终英美两国都意识到信息共享对它们的军事行动十分有用。

在制定战术和确定武器与日本作战时,英国和美国都给予了对方相当大的帮助。最初的步骤是在伦敦进行的。1943年6月,参谋部决定派遣约翰·莱斯布里奇准将(Brigadier John Lethbridge)率领部队负责获取美国和澳大利亚在太平洋战场上针对日本陆军采取行动的第一手资料。主要的问题是英国在东南亚地区的部队没有收到其盟友在重要地区——包括在丛林地区的行动和两栖登陆行动——作战方式的资料。莱斯布里奇在亚太战场上转了个遍,并且在英国与日本部队的作战中学到了很多。美国也允许英国观察员紧跟着在太平洋战场作战的海军和航空部队,从而促进了作战方式和作战武器的改良。同样,英国在印—缅战场上的指挥官与美国分享了他们在战术问题上的认识。战争部和海军部的出版物常常会包含武装部队官员提供的资料。美国与英国及其海外属国之间的外交关系使得它们有了进行军事合作的可能。因此,它们可以共享资源和专业知识,实现互惠互利。

与非西方同盟国之间的关系:中国与苏联

同盟国联盟中的各国成员之间也必须进行对话,因为它们的政治体制和文化存在许多差异,其中最重要的是中国和苏联。苏联自1917年建国以来,奉行的政策就是在全世界传播马克思列宁主义思想。与此同时，中国的国民党与共产党之间的权力之争已经持续了20多年。在许多方面，你可以认为，在同盟国阵营忙于对付日本时，就已经为东亚地区的冷战格局以及西方民主思想和共产主义思想之间的意识形态冲突埋下了伏笔。然而，与英美两国解决战后问题上的冲突一样，西方同盟国进行太平洋战争并非为了遏制共产主义的扩张，反而争取为中国和苏联提供援助。尤其是美国认为，对这两个国家的援助对于在经济上迅速战胜轴心国十分重要。

就中国而言，虽然英国仍对蒋介石政府不冷不热，但是在美国的战后计划中，它是避免亚洲被共产主义化的重要一员。在战争期间，罗斯福政府中的许多官员以及国务院的许多官员都希望中华民国可以崛起为维护世界新秩序的"四大"警察之一，其他三个分别是美国、英国和法国。在1943年的开罗会议和1944年9月的敦巴顿橡树园会议上，有人提议，作为中国与同盟国合作的回报，应当给予中国战后新的世界组织中安全理事会常任理事国的席位。然而，随着对日战争的进行，毛泽东及其带领的共产党接管中国的可能性越来越大。而且共产党获得了广大人民的支持，而在重庆的国民党政权由于未能解决因长期对日抗战造成的经济问题而越发不得人心。除了试图牵制毛泽东的崛起之外，美国官员还试图介入调停，建议他们与国民党共享权力。1944年，美国派遣了"迪克西使团"（Dixie Mission）前往毛泽东领导的共产党的基地延安进行观察。在与毛泽东进行了一轮谈话之后，该使团返回美国，并得出结论，联合政府要比国民党一党独大更符合美国在中国的利益。

苏联渴望在远东地区获得领土也是个重大威胁。早在1943年11月的德黑兰会议上，约瑟夫·斯大林就暗示苏联想要夺回俄国在1904年至1905年与日本作战期间失去的包括库页岛南部和千岛群岛在内的领土。英美两国领导人意识到苏联是个潜在的对手。1944年至1945年，美国参谋长联席会议制订了许多备忘录，并预测随着日本的战败，亚洲极有可能会因民族主义运动而分崩离析，苏联也许就会利用这一时机。事实上，修正主义历史学家认为，原子弹是用来阻挡莫斯科政权在亚洲称霸的。这种观点并非无凭无据，因为苏联被拒绝控制战后日本，并且不允许参加任何与管理被占领国家有关的同盟国会议。

然而，进一步研究这一事实可以发现，同盟国作战的目的是为了确保苏联的参加。1943年9月，美国国防官员总结了苏联军事力量援助的重要性，同时还称，苏联红军强大的实力能为西方国家进攻日本本土提供强大的外援。在德黑兰会议上，斯大林称苏联会在德国战败后立刻加入远东战争，美国军事计划制订人也对此表示满意，称在红军的帮助之下，日本会更快战败。在1945年2月的雅尔塔会议上，为了确保苏联支援太平洋战争，罗斯福向斯大林承诺苏联将有权拿回1904年至1905年失去的领土，包括库页岛南部和千岛群岛。苏联还将获得旅顺港的温水海军基地，以及其在中国东北的铁路特权，这条铁路可以与西伯利亚直接相连。战后势力范围的划分也都确定好了。美国对太平洋地区负责，英国负责东南亚。苏联被专门指派为东北亚地区的保卫者，其中包括中国东北。该协议被一位十分著名的冷战历史学家称作"罗斯福未能将军事战略与其战后政治目标相协调的经典案例"①。罗斯福总统在没有咨询国务院顾问的情况下同意苏联加入对日战争，他仅仅听从了参谋长联席会议提出的建议，他们认为一定要不惜一切代价保住莫斯科的援助。

然而，美国领导层应对斯大林的做法体现了他们更关心的是打败轴心国，因此不愿意冒险与苏联在领土问题上产生争议，至少在战争即将结束阶段不要产生争议。国防计划制订人一致认为，为了战胜日本，苏联的加入是必不可少的。美国参谋长联席会议和军方部长在1945年6月18日举行的会议上，美国总统要求对苏联加入战争的必

---

① J. Gaddlis, *The United States and the Origins of the Gold War, 1941–1947* (NY: Columbia Up, 1972), p.79.

要性进行评估。他们一致认为，在入侵日本本土时，若有苏联的加入就能迫使日本投降。① 当年 7 月在波茨坦举行的同盟国会议上，美国总统哈里·杜鲁门（Harry Truman）再次对让苏联红军一有机会就向中国东北进军作出了努力。因此，美国非常希望苏联的加入，并且愿意作出一定程度的让步以获得斯大林的合作。尽管西方领导人明白，苏联追求的目标与西方国家的利益相背，然而，他们的疑虑在与轴心国的战斗面前被搁置在一边。

轴心国联盟：只是名义上的联盟？

相较于同盟国之间的合作，日本、德国和意大利组成的轴心国联盟却未能建立起有意义的协调合作，至少在太平洋战场上如此。这三个国家以耗尽同盟国的战争工事为共同目标组成联盟。轴心国还有着类似的意识形态，它们的政府都是以法西斯主义理想来构建的，而且它们都有着相同的志向，即消灭现有的强国（英国和美国）以重建世界秩序。然而，德国与日本之间的合作方式未曾明朗过，因此有人认为《德意日三国同盟条约》只是徒有其名而已。

即便是在太平洋战争爆发之前，日本领导人也十分不愿意让自己的政策与其同伴的政策相呼应。1941 年 6 月初，德国入侵苏联的 3 周之前，希特勒将这个即将进行的行动告诉了日本驻柏林大使大岛浩（Hiroshi Oshima）。东京方面，德国大使馆想尽办法进入外务省，希望与日本达成协议，确保日本陆军与德意志国防军（Wehrmacht）合作，同时入侵西伯利亚。日本领导人知道其盟友的决定后十分不安。日本外相松冈洋右认为，自《德意日三国同盟条约》签订以来，包括日本与莫斯科于 1941 年 4 月签订的中立条约，这些外交动作表明日本已

---

① M. Stoler, *Allies and Adversaries: the Joint Chiefs of Staff, the Grand Alliance and US strategy in World War II* (Chapel Hill: University of North Carolina Press, 2000), p. 248.

经为入侵东南亚、与英美交战作好了准备。①亚洲南部地区能够为日本提供维持其军事行动所必需的资源，然而西伯利亚则无法提供切实的回报。在德国发起"巴尔巴罗萨"行动之后，东京方面在支持德国的事宜上犹豫不决。一方面，当年7月举行的政策会议得出结论，现在介入还有可能，而且要派部队镇守中国东北——西伯利亚边界。然而，最后，日本领导人决定日本战略的未来走向最首要且最重要的决定因素是侵华战争和东南亚地区战局的情况，而不是日本在《德意日三国同盟条约》条款下所应履行的义务。对苏联宣战的任何决定都要独立作出，而无需十分注意来自柏林的压力。

当日本与英美两国开战时，日本与德国之间的对话仍十分少。地理上的遥远距离阻碍了轴心国各国同步协调各方的军事行动。纳粹德国对其日本盟友的蔑视进一步增加了日德之间的障碍。在《德意日三国同盟条约》签订之后，德国确实采取了一些措施将"黄祸"一词从大众文学和官方声明中消除。然而，日本仍是低等民族，与德国人不具有任何亲缘关系。②因此，这一联盟因缺乏相互信任而没有稳定的基础。轴心国的领导人，如东条英机和希特勒，也没有像同盟国领导人那样经常会面。

轴心国未能协调其在印度的战略足以说明它们缺乏共同的目标。柏林政权和东京政权确实有通过发起针对英国殖民政府的革命，将这块次大陆纳入其势力范围的计划。这两国在1942年1月签订的协议约定，日本帝国部队负责东经70度以东的地区，其中包括印度。在帝国联络会议上，日本领导人颁布了一份文件，称"日本政府要毫不犹豫全心全意帮助印度的独立运动，无论是在印度内还是在印度外"③。主要的问题是，日本政府从来没有与印度的政党直接接触，

---

① J. Chapman, "The Imperial Japanese Navy and the North–South dilemma", in J. Erickson and D. Dilks (eds.), *Barbarossa: the Axis and the Allies* (Edinburgh: Edinburgh, UP, 1994), pp. 173–5.
② Thorne, 1985, p. 232.
③ M. Hauner, *India in Axis Strategy: Germany, Japan and Indian Nationalists in the Second World War* (Stuttgart: Ernst Klett, 1981), pp. 392–3.

并且只有其盟友向该地区派遣部队之后，它才愿意支持其独立运动。由于德国和意大利均不愿意在苏伊士运河以东地区采取军事行动，因此从来没有制定出具体的战略。轴心国因缺乏联络而失去了渗透英国的绝佳时机，也就失去了随后给同盟国致命一击的机会。日本和德国的战略重点覆盖不同的地区，前者以亚太地区为主，而后者则集中精力于欧洲。在此情形下，针对同盟国的统一的军事行动仍希望渺茫。

日本和德国采取的任何统一协调行动对它们战事的影响十分小。举例来讲，日本驻柏林大使大岛浩想方设法与希特勒及其顾问建立亲密关系。因此，大岛浩享有获取有关德国军事行动的秘密信息的特权，如纳粹德国空军（Luftwaffe）的部署、构建大西洋壁垒的进程以及德意志国防军的战斗指令等。这些资料会定期传送给东京的外相。然而，最终却是同盟国利用了这些信息。美国的密码专家能够解读日本驻外外交人员发出的所有通信信号，他们会将解码的信息传递给同盟国军方。结果，美国能够获得具有重要价值的信息，而这些信息无法通过解码德国信号获取，抑或是通过德意志国防军的通信提取出有用的信息。

日本还从德国那里获得了许多技术支持。1943年至1945年间，德国为了回报日本从东南亚向其运输原材料，U型潜艇向日本输送了大量最新的武器样本，其中包括喷气式飞机和飞行炸弹，同时还允许日本公司复制这些军备。[①]在某些领域，其中最有名的是雷达，日本帝国部队凭借此次交换大大提升了相关方面的能力。然而，这些帮助来得太晚，日本已经追不上同盟国的脚步了。日本的工业设备也无法大规模制造这些先进的武器。最后，轴心国只顾各自追求自己的战斗，而没能进行合作，以更加高效的方式联合它们的军事力量。

[①] M. Felton, *Yanagi: the secret underwater trade between Germany and Japan, 1942–1945* (Barnsley: Pen & Sword, 2005), pp. 184–5.

小　结

　　有效的外交以及战时战略的适当协调是美国及其盟国在太平洋战场上获胜的关键因素。同盟国之间确实存在不少分歧，这些分歧很有可能会阻碍同盟国对日本采取的行动。具体而言，西方同盟国之间就战后对亚洲的处置问题未能达成一致意见，这是它们之间关系紧张的重要原因。美国希望终结殖民主义，并且鼓励欧洲国家解散其海外帝国势力，而英国在首相温斯顿·丘吉尔的领导下想要在日本战败之后在远东地区重建殖民帝国。基于此，英国并不愿意加入美国在太平洋上的行动，而希望集中精力夺回诸如新加坡等地区。反过来，由于英国的战略与美国的战略缺乏同步性，许多美国领导人开始对其盟友产生不信任感。然而，在战争结束阶段，英国意识到任何重建大英帝国的行动都离不开美国的支持。为了保证联盟的完整性，为了让同盟国实现全面战胜轴心国的目标，英国不得不进行必要的合作。同样，华盛顿政府的领导人也认识到，尽管美国的经济实力和军事实力日益强大，然而美国若想要实现《大西洋宪章》中提到的目标，即建立新的世界秩序，消灭独裁统治和军国主义政权，则离不开英国的支持。因此，同盟国在战胜对手这一共同目标面前，成功地将争议搁置一边。

　　美国在处理其与中国和苏联的关系问题上也表明，美国想要联合全世界的力量来反抗轴心国，即使要作出一定程度的让步也在所不惜。罗斯福总统及其继任者哈里·杜鲁门将苏联的援助视为战胜日本的关键。随后，美国官员便采取了一切必要措施，以确保红军会加入到太平洋战争中。美国还承诺，为了回报斯大林的合作，苏联将会获得远东地区的相关领土。为了确保能够实现战争目标，同盟国对于苏联在亚洲的扩张以及共产主义的传播的担忧也被搁置在了一边。事实上，同盟国之间的协调行动将它们之间的经济、军事和政治力量结合在了一起，让它们能以更加迅速的方式击败日本。

　　相比之下，包括德国和日本在内的轴心国联盟在太平洋战争期间没有进行什么合作。它们各自的利益覆盖了十分广泛的区域,其中德国以欧洲为中心,而日本的目标是亚洲。除了耗尽同盟国的战斗能力之外,这两个国家也没有什么共同目标。然而,轴心国从来都没有明确它们实现目标的方法。最后,纳粹德国和日本帝国都独立地对同盟国发起进攻,它们的资源从来没有集中使用过。反过来,协调性的缺乏也加快了轴心国战争机器崩溃的速度。

第 12 章

战争与大后方

全面战争需要充分调动国家的全部资源，因此平民百姓必然会被卷入其中。无论公民是被征召入伍，或是在制造军需品的工厂中工作，战争总是会对人民的日常生活造成重大改变。若人民要支付高额税收来支撑战争工事的话，这种财政上的牺牲会引发公民更加强烈的反应。资源从私人部门向军事活动转移也意味着，政府被迫采取节俭措施，如对燃料、衣服和食物等日常必需品的定量配给。随后，普通人民的生活条件会受到影响。最后，但同样重要的一点是，一国人民很容易遭到攻击，要么是以空袭的形式，要么是以经济封锁的形式。敌军部队常常会遵循这样一个基本原则，即公民是国家战争工事的重要组成部分，因为他们能为战争工业提供人力，也能为政府落实政策提供政治支持。基于此，非战斗人员被认为是合法的袭击目标。简而言之，全面战争会对公民产生重大的影响，因此后方极其重要。

对同盟国和日本而言，让战争获得民众的支持至关重要。最主要的任务是告诉公民为何他们的国家要与如此遥远的敌人进行战斗。除此之外，家庭成员中有人在前线战斗的话，那么要让他们知道那个人为之冒着生命危险的是什么。政府常常会通过宣传来实现这一目的，一般会以电视、广播、官方出版物和政治漫画等形式告诉大家敌人对公民生命带来的直接威胁。在属于同盟国阵营的国家中，尤其是美国和澳大利亚，日本常常被描绘成决意统治世界的野蛮人，并且将会把亚洲式的独裁施加给西方的民主国家。同样，在日本，在战争即将结束的阶段，日本本土将被入侵之时，日本人民被告知要不惜一切代价守住国家，抵御美国帝国主义的入侵。

在战争的最后阶段，尽管日本因日益增加的军费开支而陷入贫困，城市因同盟国的狂轰滥炸而被毁，然而日本在教化其子民上还是极为成功的，事实表明日本人民并没有逼迫其领导人停止战斗。这一现象很大程度上是因为日本社会习惯了服从上级的命令。另一方面，同盟国的大后方并没有这些问题。尽管也实行定量配给以及征收高额税收，但是普通百姓的生活水平并没有明显下降。最紧迫的问题是维持足够程度的热情，以及缓解因战场上的大量人员伤亡而出现的反对战争的声音。

公众舆论与战争

为了获得公众对战争的支持，日本政府和西方国家的政府向民众散播了对敌人的仇恨和恐惧之情，而这种情感同样会被灌输给战场上的士兵，用来提升部队的士气。在日本社会里，广播和报纸会定期进行宣传，其目的是灌输种族优越感。政府会重点强调传统的信仰，如日本人是源自天神的纯净种族。此外，人们会有"国体"（kokutai）的理念，这种理念会赐予他们许多独特的品德，如对国家忠诚，以及为了更广大群众的利益而牺牲自己的倾向。[1]具备这些品质的民众要比以自我为中心的美国人和英国人更容易为同一目标团结一心，并发起胜利之战。在战争的最初阶段，日本帝国部队仅在数月里就将同盟国赶出了东南亚，于是日本政府宣扬，西方国家没有奋勇抗战的能力，而这种观点也就有了很大的可信度。即便是在中途岛和瓜达尔卡纳尔岛战役之后，战局变得对日本不利，日本本土仍不会遭到敌军的攻击，同盟国的军事力量可以很容易地被消灭。

西方国家常常被描绘成缺乏道德价值观的人，而这阻碍了他们战斗能力的发挥。例如，罗斯福和丘吉尔不仅是想要支配世界事务的霸

---

[1] B. Shillony, *Politics and Culture in Wartime Japan* (Oxford: OUP, 1981), p. 142.

主，他们也不让日本获得其应有的亚洲领导人的身份。英美两国的领导人也被描绘成堕落的流氓，他们只注重日常的享受，如大吃大喝、纵情声色。整个西方社会也被贴上了许多负面的标签。尤其是美国人沉溺于物质享受，因此难以忍受战争中的艰苦条件。一篇报纸文章写道："赚钱是美国人生命中的唯一目标。男人赚钱过上奢侈的生活，让他们的妻子接受过多的教育……随着汽车的发明，两性关系不断恶化，离婚非常普遍。"[1]尽管美国的科技和经济发展十分强劲，但是美国本质上就是个腐败堕落的国家。同样，《朝日新闻》（*Asahi Shimbun*）的一篇社论指出，由于美国是富裕国家，因此美国公民没有什么值得牺牲生命去战斗的东西。这是将个人利益置于国家和社会之上的民主体制的固有缺陷。

1943年之后，战局开始对日本不利，日本政府就要想办法掩盖日本所遭到的战败。然而，直到同盟国准备对日本本土发起大规模进攻时，日本民众仍无法理解日本所处的弱势局面。日本政府还有一项优势，即它的信息部门完全掌控了报纸和媒体，因此政府可以利用各种各样的宣传渠道来避免公众产生恐慌情绪。[2]日本在太平洋西南地区的战败很大程度上被掩盖了。例如，在瓜达尔卡纳尔岛战役之后，同盟通信社（Domei Tsushin）报道称虽然日本帝国舰队有所毁损，但是美国失去了许多艘航空母舰，日本每有一架飞机被击落，就会有9架美国飞机被摧毁。当公众开始对美国的工业能力以及制造大量飞机的能力表示担心时，日本政府会进行宣传，只要工厂的工人们加班加点，日本就能制造出比对手更多的稀奇古怪的船只。[3]只要不让公众了解

---

[1] C. Thorne, *The Issue of War: states, societies and the Far Eastern conflict of 1941–1945* (London, Hamish Hamilton, 1985), pp. 124–5.
[2] T. Havens, *Valley of Darkness: the Japanese people and World War II* (NY: Norton, 1986), pp. 63, 68; Shillony, 1981, pp. 95–7.
[3] See UKNA, AIR 23/7720 "The Japanese view of air warfare" (Discussion reported in September issue of Fuji, translation obtained by Far Eastern Bureau of the Ministry of Information), in Air Command Southeast Asia Weekly Intelligence Summary No.5, 19 December 1943.

到事实的真相，老百姓的情绪也就得到了维持。

战败的新闻还会附上一份声明，承诺日本部队最终会取得决定性的胜利。在这方面，日本的历史让它可以获得民众的支持和信任。就德国而言，军事上的失败会唤起人民在"一战"中遭到的耻辱，并且民众会对国家继续作战的能力失去信任，而日本则没有类似的"1918年综合征"①。日本的失利只会唤起人们对1905年的回忆，当时日本即将因俄国舰队的逼近而失去奋战一年的成果，而在日本水域上的决定性一战挽救了日本。太平洋上的领土损失，如从阿留申群岛撤离，很容易被看作是战术撤退，其目的是缩短日本的防线，同时引诱同盟国靠近这众所周知的狮子的巢穴。日本海军也同样坚信，日本舰队能够在美国舰队靠近日本本土时将其歼灭，复制40年前对马海战的辉煌，而且日本公民也被告知了这一如意算盘。日本的宣传还称，日本公民不投降的意愿一定会带来胜利，而同盟国则很有可能会因厌战情绪而退缩。在战争的最后阶段，日本政府让公民相信日本最终一定会战胜对手的做法在遏制公众的反对上确实十分有效。

在西方，到处充斥着描述日本人恶毒的宣传。公众完全支持他们的国家制止日本统治世界的脚步。唯一的例外是英国。其国土在地理上远离亚太战场，其民众正专注于与德国作战，德国才是最主要的敌人。除了有家人在远东地区作战的家庭之外，大部分公民将抗日视为一件十分遥远的事，不会对他们的生活带来太大的影响。一位从东南亚返乡的官员对于英国人民对第14军和缅甸战役"可怕的无知"而感到失望。②另一方面，在美国和澳大利亚，日本的入侵被看作是切实的、当下的危机，至少在战争开始阶段的确如此。公众对珍珠港遭到偷袭以及西方部队被赶出东南亚的反对声音从来就没有停过。当日本在同盟国战俘身上施加的残暴行径被大家知晓之后，公众更加愤慨。

---

① See UKNA, ADM 223/158 Political intelligence review, in Admiralty Weekly Intelligence Summary No.170, 11 June 1943.
② Thorne, 1985, p. 121.

虽然政府在宣传敌对观念上起了一定的作用，但是报纸和媒体都不是国家控制的，它们常常使用种族主义者和好战分子来描绘日本人。在澳大利亚，《悉尼先驱晨报》（Sydney Morning Herald）在新加坡沦陷后不久发表了一篇文章，写道："敌人当下的目标是……完全摧毁我们。"[1]流行歌曲也常常用来诋毁对手。在珍珠港事件之后不久，有人创作了一首歌曲，歌词中有一句"我们不用再害怕'日本鬼子'（Japs）"。希特勒或墨索里尼等领导人的脸最常出现在与德国和意大利有关的政治漫画中，以此来表示这场战斗是为了反抗敌国的独裁统治，而不是敌国的人民。然而，描绘日本人的海报上总是有有关日本民众的漫画，他们有着许多公式化的特征，如身材矮小、有框眼镜和暗示其对外界世界一无所知的面部表情。

在其他例子中，日本人常被描绘成非人的野兽。《时代周刊》（Time）的某一期封面就有一幅漫画，里面的日本士兵就像是在树林间穿梭的戴着头盔扛着枪的黑猩猩。英国驻华盛顿的大使曾在一份周报中写道，"美国人将日本人视为不知名的害虫"。在许多城市，商店的玻璃上会挂上标牌"日本鬼子开猎季"（open season on the Japs），许多零售店会出售"狩猎日本鬼子许可证"（Jap hunting licenses）等新奇纪念品。战争结束阶段，报纸告诉公众，向日本投放原子弹是征服凶恶敌人的最有效的方法。1945年8月广岛被轰炸之后，澳大利亚报纸写道："利用原子弹对付一个将其士兵训练成嗜血嗜杀的种族是……完全合理的……尤其是日本还拒绝投降。"历史学家——如道尔——认为，美国领导人决意使用如此大规模杀伤性武器的动机之一是公众要求对可憎的日本人施加惩罚。[2]对长崎和广岛事件的进一步分析表明，杜鲁门政府关注的焦点是尽快结束太平洋战争，入侵日本本土会带来巨大的人员伤亡。因此，种族仇恨在影响政策决定时

---

[1] Thorne，1985，p.132.
[2] J. Dower，*War Without Mercy: race and power in the Pacific War*（NY: Pantheon, 1986），pp. 37–8，142.

的作用十分渺小，对动用原子弹的决定也是如此。

然而，美国人对日本人的仇恨使得美国政府采取了一些有问题的举措，其中问题最大的是拘留美国西海岸各州的日裔美国人。1942年2月，罗斯福总统签署了第9066号行政命令，授权陆军将10万多名日裔美国人从加利福尼亚州、俄勒冈州和华盛顿州迁移出去。这些被遣散人员会被关在设立于内陆地区的集中营里，直至战争结束。此举是因为人们普遍怀疑随着战争的爆发，日裔美国人可能会为了给即将进行的侵略铺路而进行间谍活动，如破坏和刺探美军重要的防御工事。①在战争爆发之前，生活在西海岸的日本移民就成了替罪羔羊。大部分移民还因歧视措施而在美国社会中小心翼翼地生活，因此也无法完全融入到当地的社区之中。1924年的移民法禁止来自日本的移民，并同时宣布4.7万名第一代（Issei）移居北美的日本人不符合归化条件。许多州也都颁布法律禁止日裔美国人在当地选举中投票或是拥有土地。许多日本移民被看作是二等公民，保留着自己的传统。第二代（Nisei）日裔美国人仍会将其小孩送到教授日语的学校，结婚也要通过日本中介来安排。反过来，日本人未能被同化的事实让他们对美国的忠诚饱受质疑。

决定囚禁日本人，并不是因为有可信的证据表明他们对国家安全造成了威胁。相反，联邦调查局在多个场合向总统汇报称，并不存在实施颠覆活动计划的迹象。虽然如此，罗斯福在代表西海岸各州的政治家的压力之下不得不这样做，因为这些州的公民在珍珠港事件之后对于日本可能的行为十分疑虑。总统以及白宫里的许多官员也存在种族偏见，因此他们在公众的压力之下也顺水推舟。此次拘留事件完全罔顾了许多被拘留之人都是受宪法保护的美国公民这一事实。他们的财产未经合理补偿就被没收，他们在人身保护令（habeas corpus）中享

---

① For the most recent analysis, see G. Robinson, *By Order of the President: FDR and the internment of Japanese-Americans* (London: Harvard University Press, 2001).

有的权利也被取消,这也就意味着日本人在未经正式控告具体罪行之前就可以被逮捕。而且,政府官员也无需为这些逮捕提供任何法律证据。尽管司法部门和最高法院明确表示抗议,然而此次事件仍继续进行。

尽管种族仇恨在美国的某些地区四处弥漫,但是西方国家的大部分公民对于战争还是持中立态度的,因为这些战争对他们的生活状况没有太大的影响。举例来看,1942年9月盖洛普民意测验(Gallup poll)显示,40%的美国公民并不知道美国发起战争的原因,他们也不清楚领导人所追求的目标。① 大部分美国公民承认,他们无法在地图上指出日本在哪里,也不知道一些重大战役的发生地——如新几内亚——在哪里。这些漠不关心的迹象也让我们有所疑问,向平民灌输对敌人的仇恨到底对平民的士气和公民对战争的支持有多大的促进作用。同盟国为了让公众舆论站在自己这一边,它们的政府必须要关心其公民的福祉,并要确保他们能够获得足够的食物和生活必需品,尽管大部分资源被军方占用了。若未能做到,则国家领导人就要对这些降临在公民身上的艰难困苦作出解释。

战争及其对平民生活的影响

同盟国和日本的公民都不得不应对同样的逆境,如军队开支增大引起的人民生活水平下降。虽然各自的配给量有所不同,但定量配给在各交战国中不可或缺。此外,在诸如太平洋战争这样的全面战争中,公民还面临着本国领土被入侵的可能。

尽管就全球范围来看,公民在战争面前不得不作出牺牲,但是日本面对的是更加艰巨的挑战。尽管实行了定量配给并且限制了消费性开支,但美国和澳大利亚民众仍过着比较不错的生活。在这两个国家,对侵略的恐惧巅峰时期是1942年,当时正是日本帝国部队称雄之时,

---

① Thorne, 1985, p. 122.

但是第二年这种恐慌很快就消失了，因为同盟国已经逼得对手开始防御了。特别是对美国人而言，太平洋战争是一场发生在远离美国本土的战争。①虽然亚洲的大部分地区都已经被占领，但是在持续的轰炸之下，日本终将被封锁，生活在美国大陆的人们是不可能亲身体会到这场战争给日本带来的死亡和毁灭的。日本方面，战争严重破坏了公民的日常生活。美国海军对日本本土的封锁，日本与海外联系的运输线被切断，更是加重了日本军方强征物资所引发的问题。在战争结束阶段，基本必需品——如食物——的短缺更加严重了。1945年年初，美国对日本城市加大轰炸力度之后，这一问题变得更加严重，因为许多基础设施——如工作场所、运输网络和公用设施——都被摧毁了。对大部分农村人民而言，背井离乡已经不是一次两次了。即便如此，虽然苦难多多，但是日本政府仍成功压住了人民的起义，很大程度上是因为其有效利用了镇压和思想控制手段制止了人民的反抗。

由于西方国家，尤其是美国，能在经济过剩的条件下进行战斗，其公民的生活条件相对来说不受什么影响。相反，美国借助第二次世界大战获益颇丰。它为美国解决了因经济大萧条导致的数百万人口失业问题。1939年至1945年间，总共创造了1700万个新岗位，其中一半左右都在工业领域。对大多数公民来说，战争能带来工作岗位、更多的收入和经济财富。②食物和衣物的定量配给更像是表示政府正在采取行动的象征，而且该项行动需要大量的资源。随着战争的进行，人们的生活条件反而提高了。在大多数主要城市——包括纽约和洛杉矶——家庭平均收入提高了50%，在华盛顿特区甚至增加了2倍。消费性购买增加了12%。③企业的税后收入在1940年时是64亿美元，而到1944年增加到了108亿美元。虽然汽车产量有所下降，但是汽

---

① J. Blum, *"V" Was for Victory: politics and American culture during World War II* (NY: Harcourt Brace Jovanovich, 1976), p.16.
② Ibid., pp. 90-1-2.
③ Thorne, 1985, pp. 255, 261.

车工业实际上十分繁荣。汽车厂雇用了超过100万的工人，并且每个月制造价值10亿美元的军备。[1]美国政府见识到战争带来的繁华之后，便利用这种趋势来获取民众的支持。一部名为《这值得我们为之战斗吗？》（*Is This Worth Fighting For？*）的宣传电影描绘了美国的战时生产力越来越高，经济也因此蓬勃发展，之后美国人民就能过上奢华的生活。《星期六晚邮报》（*Saturday Evening Post*）的一篇专栏曾夸耀说，日本为了一场毫无成功希望的战争耗尽资源，而美国正在为"大规模就业、批量生产以及大规模分销和所有权的光明未来"而战斗。

同盟国的其他国家也取得了类似的发展。一方面，澳大利亚的经济生产力没有美国那么强盛。由于大部分年轻男性参军，因此战时需求对劳动力造成了极大的压力。1942年春，美国战斗人员大量涌进澳大利亚也带来了诸多问题。美国海员和士兵的工资远高于当地的平均收入，而且他们奢侈的消费习惯拉高了许多商品和服务的价格。然而，整体来看，澳大利亚的经济也因此受益。金属和机器的产量增加了两倍多，而且战争为其工业带来了"具有决定性的巨大转变"[2]。澳大利亚的平民百姓与美国人民一样因经济增长而获益，其中包括越来越多的就业机会。只要将人员伤亡保持在最低的程度，公众支持战争的热情很容易维持，而且绝不会成为眼前的问题。只有在战争即将结束阶段，德国战败之后，同盟国政治领导人才开始担忧，若太平洋战场上的战争仍没有获胜的迹象，公众会产生不满情绪。

战争也会带来巨大的社会变化。在美国，对劳动力的需求增大意味着工业被迫启用那些先前被边缘化的劳动力，如女性。1944年7月，美国的职工中有1900万女性，相比战争开始之初增加了50%。美国女性离开家出来工作所占的比例从1/4增加到了1/3以上。其中大部分要么在工厂工作，要么在联邦政府担任文职。不幸的是，这一数据

---

[1] J. Abrahamson, *The American Home Front* (Washington, DC: National Defense University, 1983), p. 149.
[2] Thorne, 1985, p. 251.

的增长并没有带来性别平等。女性的工资仍远远低于男性,而且在1945年战争结束,战争物资的需求下降之后,大部分女性员工被解雇了。尽管如此,第二次世界大战带来的变化使得美国公众"重新思考男性和女性在家庭、工作和国民生活中的角色"①。

少数民族群体也有了新的机遇。70万非裔美国人因战争的爆发而从南部诸州迁移到了北美五大湖地区。其中大部分在底特律定居,并在许多制造汽车和飞机的工厂工作。直到战争结束,美国黑人在劳动总人数中的比例翻了3倍。还有同等数目的黑人在军队服役。然而,黑人团体在法律面前仍没有获得平等的权利。他们仍不享有投票权,并且种族歧视仍十分盛行。然而,与此同时,非裔美国人进入工业部门和部队不再存在重大障碍,这是向着后来社会全体成员人人平等的立法得以通过所迈出的第一步。

日本方面,其维持公众士气的主要障碍在于,它要在短缺经济的基础上进行战争,因此若不牺牲民用部门就无法满足军队的需求。为了让日本公民忍受住清苦的条件,日本政府发起行动强调国家正进行一场生死存亡之战。通过高压统治和镇压,公民的士气得以维持。举例来说,1940年10月,大政翼赞会(Imperial Rule Assistance Association,IRAA)作为社会控制的手段而成立,当时日本已经在与中国作战了。其行政工作由居民委员会组织(tonari-gumi)协助进行,并且每个辖区都会设立一个,其职责是汇报任何具有煽动性的行为迹象。②这些组织设立之初是为持久战提供人口,培养他们的社群精神。委员会的工作是"组织并团结生活在城市、城镇和农村的人",建立邻里间的团结,并为当地居民提供"精神和道德上的培训"。该体制还能为那些更加实用的任务的执行提供媒介,如每日必需品的定量配给以及针对敌军空袭采取民防措施。随着战争的进行,而且日本的战

---

① Abrahamson, 1983, p. 165.
② Havens, 1986, pp. 74–5.

事行动需要民众贡献更多之时,这些组织就担任起了"思想警察"的角色,镇压那些有异议的人。然而,大政翼赞会和居民委员会组织都未能像德国和意大利的法西斯政党一样引起群众的注意。①媒体常常会针对政府的政策发表不同意见,谴责政府对资源管理不善,以及未能控制住通货膨胀。②战后研究也表明,日本在贫困面前很容易变得意志消沉。③人们对于日本定能战胜同盟国的信念也不再坚定不移。美国战略轰炸调查发现,至1945年,68%的民众认为日本已经失败了。④

战争的结束阶段出现了许多艰难困苦。消费商品产量跌至仅占国民总收入的17%。⑤食物短缺已经到了相当严重的地步。1944年8月,一名官员在向日本政府高层提交的报告中预测,除了大米之外,所有的粮食供应定然会在来年下跌。⑥事实上,至1945年,每位公民平均每天摄入的热量跌至不足1800卡路里,远少于保持营养所必需的量。即使是在出产粮食的农村地区,大米的消费也比前一年降低了1/5。

同盟国对日本城市地区的轰炸给日本公众的生活带来了相当大的压力。日本的城市极易遭到攻击,因为房屋都是由木头建造而成的,这也就意味着燃烧弹能将整片社区烧光。更糟糕的是,城市的安全措施十分原始。防空洞只能掩护一小部分人,供水系统也不足以扑灭大面积的火灾。日本公民常常在消防训练中组成人链传递水桶,随后手动倒水来浇灭大火。破坏最大的一次袭击是1945年3月9日夜间对东京的袭击。41平方公里的商业、工业和居民区化为灰烬。大火完全不受控制,以至于城市消防队长后来也承认,在袭击发生后的30分钟之内,他的队伍已经无法采取任何措施了。许多人死于窒息,因为

---

① S. Ienaga, *The Pacific War, 1931–1945: a critical perspective of Japan's role in World War II* (New York: Pantheon Books, 1986), p.112.
② Shillony, 1981, p. 100.
③ Ienaga, 1986, p. 196.
④ R. Overy, *Why the Allies Won* (NY: Norton, 1995), p. 301.
⑤ Havens, 1986, p. 95.
⑥ Ibid., pp. 130–1.

大火耗尽了氧气。而其他惊慌失措的市民为了逃离这片地狱而跳进当地学校的游泳池或运河,但却因温度太高而被烫死。成千上万的人聚集在隅田川(Sumida River)河岸和拱形桥上以躲避大火。然而,他们的命运也十分悲惨,当时刮起了北风,大片火焰吹向下游,烧伤了路上的每个人。那些跳进水里的人要么被淹死了,要么因伤势太重而未能游到河岸。第二天清晨,幸存者称整条隅田川就是一片焦尸的海洋。在言问桥(Kototoibashi)上,成百上千的焦黑尸体一个压一个高高地堆着,表现出幸存机会是多么的渺茫。总共26.7万座建筑被毁,100多万人无家可归。官方统计的死亡总人数是8.3万人,还有4万多人受伤。在大多数社区中,由于毁损太过严重,以至于许多人无法辨别出他们的住所和公司所在的街道。在接下来的几个月里,其他几个大城市也遭到了类似的袭击,其中包括大阪、神户、名古屋和横滨。因害怕进一步的空袭,大批城市居民迁移至轰炸目标更少且更稀疏的农村地区。1945年夏,大城市的人口总数与战前相比下降了40%。① 日常活动——如上下班——实际上已经是几乎不可能了,因为公共交通已经完全被破坏。工厂的产量因工厂的旷工率飙升而进一步下降。

公众舆论也开始反对战争。高级特警向内务省报告称,颠覆性的舆论已经发展到令人担忧的程度了。日本人会在与亲朋好友一起的时候,背诵煽动性诗歌和猜谜语,然而这些娱乐活动在战争期间是被禁止的。日本人民不许在公开场合表达不同意见,因此他们只能在社交聚会上谈论绯闻和谣言聊以自慰。思想警察还从公开场合和私人家庭的墙壁上搜集涂鸦,这些涂鸦表达的是"杀掉富人。发起红色革命。无产阶级的人们,站起来吧。消灭资产阶级。无政府主义万岁。杀死天皇。埋葬政治家。团结起来,推翻日本的帝国主义"。

然而,与轴心国的其他同伴相比,日本成功避免了其政权被公众

---

① Havens, 1986, p. 167.

或武装部队和政府的其他势力推翻。尽管战后历史学家费尽力气去寻找日本从事了与希特勒德国类似的"反抗"运动的证据,然而进一步的研究表明,当时的日本既没有反抗当权者的地下组织,也没有公然反抗的例子。[1]日本向公众灌输投降会使国家灭亡的信念,而这种教化反过来也防止了军事独裁被迫提前终止。甚至是在同盟国部队在马里亚纳群岛和冲绳岛建立军事基地之后,日本本土即将被进攻,日本公众仍十分坚定,愿意为军队奉献自己以保卫国家。平民中的青年被征召入伍,拿起武器抵御进犯的敌人。一位高级官员在日本投降之后回忆道,空袭"加深了人们对美国的仇恨,强化了他们获胜的意愿"[2]。军事警察,或者说"宪兵队"(Kempeitai),大规模逮捕持异见者,囚禁那些发表反战言论的人,其中包括共产主义者、和平主义者和无政府主义者。根据治安维持法,即使是程度最轻微的颠覆性出版物都会被审查,或是被禁止。[3]因此,尽管日本人民越发地不满,但是日本的战争工事仍继续运作。[4]最重要的是,日本人民已经习惯了接受政府的政策而不提出任何重大疑问。日本人民被告知,军事独裁者所享有的统治权是传承自天皇的最高权威,而正是因为这一特征,日本政府才没有被民众强迫提前投降。[5]反过来,日本成功维持住了公民的士气,这也是日本领导人在越来越不利的境地下还能继续将战斗进行到底的关键因素之一。出于同样的原因,裕仁天皇于1945年8月宣布投降时,日本公民只是"被动接受"其统治精英颁布的结束战争的命令。[6]

---

[1] Shillony, 1981, pp. 126-7.

[2] Havens, 1986, p. 186.

[3] Shillony, 1981, pp. 120-3.

[4] T. Iritani, *Group Psychology of the Japanese in Wartime* (London: Kagan & Paul, 1991), pp. 23, 60-1, 98; Ienaga, 1968, pp. 217, 222-3; Havens, 1986, pp. 70-1.

[5] Dower 1986, p. 282.

[6] Ienaga, 1986, p. 223.

战争及日本占领地区的亚洲各族人民

本书更加关注太平洋战争中主要的几个国家,即日本和美国的战争行为,而没有关注那些被日本占领的国家的行为。事实上,有关太平洋战争的大部分著作常常将亚洲国家看成是强国之间大战的棋子。① 对于中国和东南亚的大部分公民来说,太平洋战争造成了经济上的贫困以及政治上的极大不自由,征服者口中的共荣与自由则完全没有实现。

日本在朝鲜、中国等地的占领政策,在太平洋战争爆发之前就已经是日本帝国的一部分了,该政策是南部地区属民待遇的基础。在大多数情况下,当地人民都被用来满足其日本"主子"在政治、经济和战略上的需求。② 朝鲜和中国台湾地区在 20 世纪初就已经受到日本的殖民统治了,它们是日本重要的食物来源,同时也是日本工业发展的劳动力来源。对于这两个地方,东京政府从来没有想过让它们自治。日本也没有努力去建立本地政府,而且几乎所有重要的事项都是留待日本官员决定的。为了将朝鲜同化入日本宗主国,学校必须以日语教授课程,学生也要向日本天皇宣誓。日本在台湾地区也实施了类似的措施,当地报纸上禁止出现汉语栏目。公民还得忍受生活条件的不利。举例来看,在朝鲜,当地人的平均工资比外派的日本人低 2/3。工厂工人生活的宿舍极不卫生,他们感染肺结核等传染病的死亡率是日本人的两倍之多。

日本占领台湾岛之后,随后又入侵中国大陆,20 世纪 30 年代,日本再次利用镇压手段来控制这个"新的属国"。在"伪满洲国",关东军的司令出任总督,所有与国内法令有关的事务都归日本掌控。日本还系统化地掠夺其经济,为自己的战争机器提供物资支持。工厂和矿场都处在日本公司的管理之下,并且为了给殖民者提供生活空间,

---

① Exceptions include: Thorne, 1985, chapter 5; Ienaga, 1968, chapter 8.
② Ienaga, 1968, pp. 156–71.

农民的土地也被夺走了。1937年之后，中国大陆命运也好不了多少。日本建立了当地政权，如1940年汪精卫成立的南京"伪国民政府"，但是他们仅仅是占领军的工具。洗劫在当时十分普遍，日本部队在1937年12月进行的南京大屠杀是证明日本暴行最臭名昭彰的实例之一。

1941年秋，日本在计划占领东南亚时确立了相互冲突的目标。一方面，政策制定人建议，日本的目标应当是给当地人民带来更好的生活条件和更加自由的政治条件以获取他们的支持。1941年11月20日的联合会议批准了《管理南部地区的方针》（Principles for Administration of Southern Areas）。该文件声称，"在尊重当地惯例的基础上，尽可能利用现有的政治组织"，从而建议日本应对当地人民表示同情。[1]然而，日本的首要任务是获取日本针对同盟国的战争所需要的资源。在此情形之下，日本意识到也许必须要采取剥削的手段了。日本在当地建立军事政府，并清楚地规定征服者的等级地位。简而言之，本地人要"在日本的领导下共同建设共荣圈"。为了实现这一目标，施加在当地人民身上的任何经济困难都要被接受，同时还要采取措施安抚当地人。

因此，尽管日本宣称要为亚洲人民建立"共荣圈"，而实际上，日本设立了一套摆布当地人为自己利益服务的体制。日本第16军在爪哇颁布了1号法令，该法令宣称，日本人和爪哇人属于同一种族，荷兰殖民统治者确定的阶级划分已经成为历史。[2]日本首相东条英机在1943年召开了大东亚会议，此次会议的主要目标之一是将欧洲殖民列强设立的"种族歧视制度废除"，并"制定亚洲经济发展计划"。[3]日本统治下的各个国家之间的关系是以"和平共处和共同繁荣"的理念为基础的。日本政府宣扬的理念是亚洲各国应加入到消灭西方殖民统

---

[1] J. Lebra（ed.）, *Japan's Greater East Asia Co-prosperity Sphere in World War II*（Kuala Lumpur: OUP, 1975）, pp. 113–17.

[2] Thorne, 1985, p. 145.

[3] Ibid., p. 115.

治的队伍之中,这种理念实际上已经被许多重要领导人接受,如东印度群岛的苏加诺(Sukarno)和缅甸的巴莫(Ba Maw)。

然而,事实上,日本在还没有仔细考虑如何在当地设立顺应民心的政府的前提下,就继续征战东南亚。在大部分地区,各部门机关和军队之间缺乏合作。当地政权也没有与东京政府就如何管理及推进独立运动保持有效的沟通。最重要的是,攫取原材料来支撑日本的战事成了第一要务。普遍认为,日本主导着生活的各个方面,包括军事、政治、经济与文化等领域。[①] 所谓的"共荣圈"里所有的成员都要向日本看齐,视其为最高统治者。

剥削政策带来了一些破坏性的后果。由于当地经济被用于生产与战争相关的物资,因此包括食物在内的民用商品的产量大幅下降。从欧洲和美国进口的渠道被切断,而在战争爆发之前,它们都是非常宝贵的贸易伙伴。1944年之后,海上运输线在盟军潜艇的袭击下被进一步破坏,这也就意味着日本无法从东南亚获得原材料了。殖民地人民的生活条件受到了严重的不利影响。日本侵略者引进了自己的货币,然后通过发行纸币来购买商品和服务。东京政府无所顾忌地印刷纸币,结果造成了恶性通货膨胀,就连日常必需品都没有人买得起了。由于发放给当地居民的配给量只有日本人的一半,营养不良的现象普遍存在。

日本的侵略也给殖民地人民的自由带来了极大的限制。征服者为了确保其属民的忠诚而以极其残忍的手段对待他们。任何人只要有密谋反叛日本的嫌疑就会被宪兵队逮捕。在新加坡,有7万名中国居民因颠覆活动而被逮捕,其中大部分都被屠杀了。东南亚地区的本土居民最初将日本视为救星,后来慢慢相信,日本甚至比欧洲列强还暴虐。一位马来亚人悲叹道:"傲慢的英国人被野蛮残暴的日本人取代了。"反社会行为是一种常见现象。日本士兵常常在公共场合喝醉,然后随机地杀害当地人。在许多地方,人民享有的政治权利比在荷兰和英国

[①] Thorne, 1985, p.157; Ienaga, 1968, pp.171–80.

统治时还少。在东印度群岛,所有的集会都被禁止,也禁止进行与政治相关的演讲、写作和其他活动。独立只是名义上的。举例来看,缅甸的国党领导人巴莫即使是在日本已经承诺缅甸独立之后,也被视为日本的奴仆,因此他不得不询问日本何时出台政策。缅甸的国防军也从来就不是一支独立的部队。尽管日本成功宣扬了从白人殖民主义解放的思想,但是亚洲人民并不认为日本是更好的选择。相比之下,在战争结束阶段,公众转而坚决反对日本。在泰国,1944年,当与日本维持伙伴关系已经造成了巨大的经济贫困的情况十分明显时,亲日的銮披汶·颂堪(Luang Pibul)政府倒台。因此,亚洲人民在战争期间的经历表明,日本建立"共荣圈"的理念充其量只是个白日梦。最糟糕的是,宣传工具掩盖了真正的军事目标,即为了日本自身的利益剥削被占领地区。

小　结

交战各国公民在太平洋战争中起着十分关键的作用,因此对所有参战国家来说,大后方是非常重要的战场。对同盟国和日本而言,激起公众对战争的热情十分重要。若没有公众的支持,政府也无法期待公民作出奉献。随着军事开支持续增加,人们会被要求作出经济牺牲并且忍受较低的生活水平,或是忍受武装部队在战场上的伤亡,而政治领导人则要作出令人满意的解释,如为什么国家要卷入这场耗费巨大的战争之中。在这方面,日本面对的挑战要比同盟国严峻,主要是因为西方国家是在经济过剩下发动战争的,因此其公民不用承担过于繁重的负担。在美国和澳大利亚,战争时期对生产成品日益增长的需求为普通市民带来了更多的就业机会和更高的工资,于是生活条件也就更好了。节俭的措施被降到最低限度,政府最关心的是避免战争陷入持久战及其武装部队损失太多的人员。

相比之下,日本则是在短缺经济下发动战争的,资源向军事部门的转移给公民生活带来了许多不利影响。1943年之后，战局开始对日本不利，日本政府还成功地向公众隐瞒了这一事实。在战争结束阶段，日本本土面临着大规模袭击和轰炸，而且食物短缺十分严重，大后方的士气面临着最艰难的考验。然而公众的不满并没有达到推翻政权的程度。大多数公民是支持战争的，尽管他们生活困苦。这一现象很大程度上源于日本人民的心态，他们长久以来的传统就是服从上级的命令。日本领导人也着手教育人民为什么要进行战斗，并且成功地利用宣传说服他们，向同盟国投降会导致日本的毁灭。在这种情况下，反战一方也就无力迫使政府改变其政策了。

对日本占领地区的亚洲人民而言，战争带来的主要是经济上的贫困和政治上的压迫，虽然日本自吹自擂能为他们带来繁荣，让他们从欧洲殖民统治手中解放。这些地区的征服政策一直都是对这些地区的统治要以满足日本的物资需求为主。因此，殖民地人民被当作征服者的奴仆，而不是亚洲社区中平等的一员。

太平洋战争给相关各国公民带来了十分深远的影响。在美国，战争就像是期待已久的良药，治愈了大萧条造成的经济衰退，解决了广泛的失业问题和贫困问题。对日本来说，给日本人民带来的贫困使得他们对持续已久的战争感到厌恶。最后，对被占领地区的亚洲人民来说，尽管日本的统治通常是以剥削为主，但是各方面的发展确实也带来了长期的利益。日本赶走了殖民霸主，降低了西方国家对亚洲的控制，激励了独立运动。事实上，欧洲列强在日本投降之后，试图在马来亚、印度支那和远东地区重建其殖民统治时，它们都被冷眼以待。因此，第二次世界大战在亚洲是一场全面战争，不仅是从参战人数上来说。也许同样重要的是，这对参战各国的公民来说是场决定性的战斗，直到战争结束之后，它所造成的影响仍在持续。

第 13 章

最后阶段，1944 年秋至 1945 年夏

1944年下半年，美国占领了马里亚纳群岛，同时盟军打破了日本的内部防御并在打击其本土范围内建立基地，之后日本的战争形势便开始急速恶化。1945年年初，菲律宾被夺回，虽然包括马来半岛和东印度群岛的南部地区仍处于日本的控制下，但是日本的海上供给线被切断了。最终，日本的战争工业无法从占领区获得原材料的供应。至1945年春，日本与中国之间的运输线被切断，甚至是在日本本土附近的商船也面临被击沉的高风险。美国陆军航空队对日本城市持续的轰炸造成了进一步的破坏，日本大部分工厂和交通网络陷于瘫痪之中。同年3月，硫磺岛被占领。5月，冲绳失守，随后同盟军开始拟订对九州、本州两大主要岛屿的入侵计划。至此，无论是日本帝国的海军还是陆军都无法抗衡同盟军、保全日本，战败只是时间问题。但是，日本当权者直到1945年7月都拒绝承认这一事实。相反，日本政府在努力进行和平谈判的同时，下达了全力给同盟国最后一击的命令。

同盟国：以结束太平洋战争为中心的战略

　　确保日本无条件投降，集中力量抵御德国，是同盟国军事战略的主要目标，从太平洋战争开始前直至战争的最后阶段，这一目标都不曾改变。然而，在反攻的初始阶段，美国及其他同盟国将精力集中于选择进攻日本本土的路线上。至1944年，他们制定出了具体的实施计划，即以最有效和最迅速的方式摧毁敌人的战争机器。同盟军的军事部署主要为了实现三个目标。第一，坚持摧毁并征服日本。从政治角度看，美、英解放菲律宾、缅甸、马来亚以及其他被日本强占的领土，并以此报复在这场战争伊始所遭受的失败。从战略角度来说，占领中国和东南亚等地区有利于同盟国部队建立军事基地，进攻日本本土。第二，且更重要的是，通过封锁和轰炸，摧毁日本的战争经济。1945年年初，潜艇战扩张至日本本土水域，美国飞机开始封锁包括濑户内海在内的主要航线，日本海上交通陷入瘫痪。同时，美国加大了对日本的空袭，摧毁了大部分工厂，日本经济基础设施被进一步摧毁。第三，也是最重要的是，同盟国部队意识到要彻底打败日本，必须占领日本本土。因此，他们开始计划进攻九州岛南部，并随后对日本政治经济中心——东京地区——实施最后的进攻。

对美国和英国来说，太平洋战争在某种程度上是为了夺回在战争初期所失去的殖民地，从而重新建立起它们在亚洲人民心目中的信誉和威望。麦克阿瑟将军计划解放菲律宾就包含了这种因素。1944年5月，美军在澳大利亚的帮助下，占领了新几内亚，并开始攻打菲律宾。美国参谋长联席会议已经命令麦克阿瑟作好攻打棉兰老岛（Mindanao）南部岛屿的准备，6月15日，麦克阿瑟要求在莱特岛登陆，并在10月发起进攻。然而，西南太平洋盟军指挥官时常遭到其同僚尼米兹将军及支持他的身在华盛顿的国防部部长的反对。① 由于中国台湾在地理上毗邻日本，能够为进攻日本本土提供绝佳的基地，因此争执双方都将主要兵力集中部署在这里。同时台湾也是日本与东南亚的交通枢纽，占领台湾也有助于海军切断日本的贸易路线。然而麦克阿瑟却继续推行解放包括主岛吕宋岛在内的菲律宾群岛的计划。这一战略很大程度上是因为麦克阿瑟渴望雪洗其部队在1942年年初被日军驱逐出菲律宾的耻辱。在逃亡澳大利亚前，他曾对菲律宾人民发过誓："我一定会回来的！"

美国参谋长联席会议在麦克阿瑟的政治高压下，最终决定攻打

---

① S. Ross, *American War Plans*, *1941–1945*（London: Frank Cass, 1997）, pp. 130-4.

菲律宾。事实上,战略因素也发挥了重要作用。国防规划者意识到美军没有足够的力量去征服像台湾岛一样的幅员辽阔而又固若金汤的岛屿。1944年7月,美国参谋长联席会议以耽误进攻台湾岛为由,正式拒绝了麦克阿瑟将军的计划。同时,美国占领了莱特岛和棉兰老岛,以确保盟军的南翼能顺利地向西太平洋进军。麦克阿瑟将军同意了此项计划,因为该计划认可了他在菲律宾的据点,并且让他作好进攻吕宋岛的准备。同年年底,莱特岛行动被提上日程,同时太平洋舰队也准备协助进攻马里亚纳群岛和菲律宾群岛之间的帕劳群岛。其主要目的是建立舰艇基地,并为进攻莱特岛提供陆基空中掩护。

然而,欧洲的战局对台湾行动产生了巨大影响。1944年9月,阿纳姆"市场花园"行动(Market Garden)的失败意味着盟军无法在1945年年初战胜德国,兵力也无法向太平洋战区转移。同时,华盛顿国防部官员发现进攻台湾所需的人力远远超过了预期。自1895年起台湾岛就处于日本的统治之下,而且岛上的防御比盟军迄今占领的任何一个区域都要完善。尼米兹认为攻打台湾需要20万兵力,而美国只能等到欧洲战事结束才能组建出如此规模的部队。因此,1944年10月,包括海军上将欧内斯特·金在内的美参谋长联席会议承认进攻台湾计划不可行,并且决定将吕宋岛作为莱特岛行动之后的下一个目标。

美国的战略是在毗邻日本本土的地区建立基地,同时努力向该地区潜在的盟友表达善意,这一战略的最好例证是,美国继续帮助国民党反抗日本侵略者。1944年秋,乔治·马歇尔的门徒,阿尔伯特·魏德迈被派往中国指挥战局。美军提供的借贷物资通过有驼峰(Hump)之称的喜马拉雅山脉航线进入中国。然而此航线的运载能力极其有限,直到1945年1月缅甸利多公路的开放才使得陆路通道畅通。然而,由于欧洲战场的拖延,盟军无法提供所需的军队,该计划再次破产。因此,美军利用中国建立反日基地的目标只能实现一部分,对美国来说,中国战场在太平洋战争中便处在了次要地位。

同时，在东南亚地区，英国和澳大利亚部队继续实施解放日本殖民地的计划。1944年春，日本进攻英帕尔和科希马地区失败之后，缅甸的战争形势明显偏向于威廉·斯利姆的第14集团军。由于人员伤亡惨重、物资枯竭，牟田口将军不得不率领部队撤回中部平原地区。而另一方面，英—印部队建立了军队和后勤部队，准备进攻伊洛瓦底江（Irrawaddy）流域（代号"括首"［*Capital*］），并同时对若开海岸发起进攻（代号"罗穆卢斯"［*Romulus*］），以分散敌军注意力。9月，在季风的呼啸声中，英国准备进军中部平原。1945年3月，日本帝国部队在曼德勒（Mandalay）的基地被摧毁，5月，缅甸首都仰光（Rangoon，2005年后缅甸首都为内比都）获得解放。由于通信线路陷入瘫痪而且兵力也被分散，日本部队只能零星地进行抵抗。随着缅甸战场的胜利，英军准备进攻马来半岛等更远的地区。英国拟定"拉链"行动（*Zipper*）计划，准备于1945年8月在马六甲海峡进行两栖登陆，随后进军新加坡。幸运的是，日本在计划发动的前几天投降，英军没有遭到任何反抗就解放了马来亚。重要的石油产地——婆罗洲（Borneo，加里曼丹岛旧称）——也是盟军的目标。同年5月，在美国海军、航空部队广泛轰炸清理了地面部队之后，澳大利亚第7师联合荷兰军队在婆罗洲东北海岸的打拉根港口登陆。接下来的一个月里，澳大利亚占领了文莱，7月1日，澳大利亚占领了巴里巴板东海岸的油田。这些行动进行之时，日本从亚洲南部地区获取资源的海上供给线已经被切断了，因此占领婆罗洲没有给盟军带来任何重大的战略利益。然而，此次行动带有强烈的政治目的，英联邦和荷兰都借此夺回了自己的殖民地。

随着日本占领的地区被逐步解放，盟军开始将注意力转移到对日本本土的经济封锁和轰炸上，并借此削弱日本的战争经济。潜艇舰队也继续攻击日本的海上航线，至1944年，日本商船的总规模减少至250万吨。第二年，继续下降至120万吨，不到战争开始时的五分之一。美国海军成功阻断东印度群岛的石油输出，同时还破坏了日本在国内水域的开采行动。1944 年 10 月，阿诺德指挥 B-29 轰炸机中队袭击日本本土和周围的关键航线，[①]第 313 轰炸机联队负责此次行动。1945 年 1 月，柯蒂斯·李梅少将（Curtis LeMay）指挥第 21 轰炸机指挥部下达四级作战计划，以部分封锁为起点，逐步完成对日本海上交通线的全面封锁。3 月，日本三分之二的常规航线无法正常使用，甚至经下关海峡与中国东北的贸易线路也难以维系。最后，6 月，日本朝向太平洋的所有港口因为战争警报不得不被关闭，而包括濑户内海在内的沿海地区和主要航线上的商船规模跌至几个月前的 10% 以下。

对日本经济基础建设的袭击也不再仅仅局限于对海上贸易的袭击，工业厂房成为了最主要的攻击目标。美国参谋长联席会议于 1944 年 4 月批准"马特洪恩计划"（*Matterhorn*），命令第 58 轰炸机联队驾驶驻中国基地的 B-29 超级空中堡垒轰炸机，对日本本土展开进攻。6 月，该计划开始实施第一个任务，袭击九州岛南部的八幡（Yawata）钢铁厂，而紧随其后的是在夏天和秋天发起的一系列空袭。然而，大多数空袭都因轰炸机的数量太少而未能给日本造成重大破坏。后勤问题以及通过驼峰航线空运弹药、燃料和备件所遇到的强大阻力，使得这一问题难以得到有效解决。[②]到了 11 月，美国每月最多只能进行 3 次空袭。此后，因后援问题无法得到有效的解决，阿诺德便取消"马特洪恩计划"，并决定将部队转移至驻扎在马里亚纳群岛中的塞班岛、天宁岛和关岛上的第 21 轰炸机指挥部。

同时，国防制定者也意识到封锁和空中轰炸并不足以迫使日本投降，因此有必要对日本本土发动进攻。于是，盟军便采取措施占领周边岛屿，使之成为合适的基地。美国参谋长联席会议里的欧内斯特·金坚持认为，必须占领台湾岛，并将其作为中转站，1944 年 10 月，他会

[①] W. Craven and J. Cate (eds.), 1948-83, Vol.5, *The Pacific: Matterhorn to Nagasaki, June 1944 to August 1945* (Washington, DC: Office of Air Force History, 1948-83), pp. 663-72.
[②] K. Werrel, *Blankets of Fire: US bombers over Japan during World War II* (Washington, DC: Smithsonian Institution, 1996), pp. 104-6, 110-11.

见了来自中央太平洋司令部的代表,并向他们兜售这一计划。然而,考虑到美国及其他同盟国并未将足够的兵力转移至太平洋,尼米兹否决了这一计划。因此,攻打像台湾岛一样的大岛可能最终会以失败告终。尼米兹认为,像硫磺岛和冲绳岛这样的小岛是更好的选择,因为它们不仅容易征服,而且更靠近日本。当金上将回到华盛顿时,美国参谋长联席会议批准了这项计划,并下令为来年春天攻打硫磺岛和冲绳岛作准备。

日本的选择

1944年,日本要么选择投降,要么加强外围驻军拼死反抗盟军的进攻,除此之外别无他法。对于日本领导层来说,投降仍是他们心中十分厌恶的事。马里亚纳群岛海战失利之后,东条英机辞去首相职务,随后继任的政府表示要死战到底。即使所有的高层都知道征服领土已经是不可能的,但政府还是坚持认为,只要日本陆军和海军仍能作战,那么继续战斗就是有意义的。日本部队十分清楚,仅凭一次胜利已经无法阻挡敌军进攻日本本土了。因此,他们主要的作战目标是给盟军造成最大程度的伤害,以耗尽美国及其同盟的兵力。

战争的最后阶段,日本为了耗尽对手兵力,制定了新行动。其中第一个便是"捷"行动(sho)。1944年7月,大本营下令联合舰队与逼近西太平洋的美军展开全面战斗。[1]战争的关键位置完全取决于敌军舰队出现的地点。第一个变种计划,即"捷一号"(sho-1),设想战争会在菲律宾发生,而第二个、第三个变种计划分别是阻止敌军对冲绳岛和日本本土的入侵。事实上,"捷"计划已经为日本部队阻止美国于1944年10月的莱特岛登陆行动提供了胜利蓝图,然而此次行动

---

[1] T. Koyanagi, "The battle of Leyte Gulf", in Evans, D. (ed.), *The Japanese Navy in World War II: in the words of former Japanese naval officers*, 2nd edition (Annapolis: Naval Institute Press, 1986), pp. 357–60. Also see S. Fukudome, "The air battle off Taiwan", in ibid., pp. 335–6, 338–41.

却仍以日本大部分主力舰队和航空母舰的沉没宣告结束。

同时，日本还开始实施自杀式战术。"神风特攻队"（kamikaze，即自杀式袭击）的第一支空中部队就在莱特湾海战中被启用，在随后的冲绳岛海战中，日本招募了数百名志愿者潜水袭击盟军的战舰。一方面，神风特攻队式袭击是一个徒耗资源的鲁莽决定，其中大多数袭击都是海军司令部拼尽全力扭转日本败局的产物。[①]第一航空舰队的201航空兵团被指派到守卫莱特岛的行动中，参谋人员被告知，形势十分严峻，帝国的命运完全取决于这场行动的结果。司令部认为，由于飞机的短缺，传统的作战方式不可能达到预期的结果。而且自杀性的潜水袭击往往会因失去目标而无法击沉大部分的敌军船队。此外，首次突围往往是由经验丰富的飞行员执行的，因为新手无法在开阔的海域上击中船只。结果，日本部队中合格的飞行员越来越少。随着海军航空部队的飞机和人员持续减少，日本不得不请求陆军飞行员以及志愿者的援助，但他们都无法进行准确的攻击。在冲绳岛海战结束时，日军由于极度缺乏燃料、飞机和飞行员，大本营决定将大部分飞机撤回本土，并且为即将来临的袭击作好防御准备。[②]

然而，就短期内给敌军造成伤亡的能力来说，神风特攻队式袭击是一种相对节约的武器，因为飞行员的命中率比传统袭击的命中率要高出很多。而且战术也计划得非常详细，特攻队为了躲避雷达探测会选择海拔极高或者极低的地区。而袭击战舰的最佳位置是甲板升降机，因为这样可以使轰炸机的发射通道被堵。神风特攻队的训练相对来说也比较容易。日本的军事传统一直都在强调英勇的精神，因此许多志

[①] See A. Axell and H. Kase, *Kamikaze: Japan's suicide gods* (London: Pearson, 2002); R. Inoguchi et al., *The Divine Wind: Japan's kamikaze force in World War II* (Annapolis: Naval Institute Press, 1958); R. Inoguchi and T. Nakajima, "The Kamikaze attack corps", in Evans (ed.), 1986, pp. 415-39; Y. Kuwahara and G. Allred, *Kamikaze* (NY: Ballantine, 1957); R. Lamont-Brown, *Kamikaze: Japan's suicide Samurai* (London: Arm & Armour, 1997).

[②] D. Warner et al., *The Sacred Warriors: Japan's suicide legions* (NY: Von Nostrand Reinhold, 1982), p. 268.

愿者报名参加了神风特攻队。由于根深蒂固的爱国主义情结，许多"特别攻击队"（tokkotai）的士兵毅然决然地选择自杀。其中主要的动机是死亡被认为是最光荣的牺牲。然而，大多数飞行员称自杀事实上是因为其他一些更加实际的问题，而且他们坚信为了保卫祖国可以牺牲自己的生命。①

最后，日本开始为应对盟军进攻日本本土作最后准备。1944年7月初，每个军区都接到加强防御的命令。② 1945年春，在盟军的登陆迫在眉睫之时，日军采取了各种措施来加强本土的防御。每个重要城市都会安排一个特别指挥官，他们的职责就是动员人民进行最后的反击。而且精英部队和坦克部队也开始采取行动。他们的任务是在海上阻断盟军的进攻，并在盟军设法登陆时消灭残余部队。神风特攻队被用于对付敌军的地面部队和军舰。在陆地上，日军加强了对盟军登陆的沿海地区的防御。大本营认为，首个被占领的地区将会是作为中转站的九州岛，之后美军最有可能攻打的地方则会是关东地区。日本的想法是给盟军造成重大的人员伤亡，以此逼迫盟军放弃对日本本土的进攻，同时为和平谈判结束战争创造空间。

除了军事措施之外，日本还希望通过外交手段来确保战争的结果对其有利。1945年年初，外务省命令其驻莫斯科大使从中斡旋，要求苏联遵守1941年的中立协议。其目的是说服苏联作为调停人，推进日本和西方同盟国之间的和谈。尽管克里姆林宫在5月就已经宣布了在一年之内废除中立协议的意图，而且日本大使佐藤尚武（Sato Naotake）在试图与苏联联系的每一个场合都遭到冷落，然而直至战争的最后阶段，日本仍寻找机会与苏联达成协议。

---

① E. Ohnuki-Tierney, E. Kamikaze, *Cherry Blossoms and Nationalisms: the militarization of aesthetics in Japanese history* (Chicago: Chicago Up, 2002), p. 169.
② S. Hayashi, in collaboration with A. Coox, *Kogun: The Japanese Army in the Pacific War* (Quantico, VA: Marine Corps Association, 1959), pp. 114, 156–50.

盟军战略的实施，1944 年 10 月至 1945 年 6 月

  1944 年秋天后，以美国为首的盟军开始执行其战略，即将日本从其占领的地区孤立，随后建立起攻打日本本土的军事基地。在整个太平洋战争中，盟军的胜利主要是因为其拥有远超日本的舰队、飞机和武器。在战争初期，数量上的差异就已经相当大了，然而在太平洋反攻部队快要攻入日本帝国腹地之时，二者的差距仍在加大。与此同时，对资源的良好规划和有效使用，在一些关键性战役中起到了重大的作用。为了避免不必要的延误和伤亡，美国及其盟军一直都在修正其战略。在战场上，指挥官们根据敌人的形势不断调整战术，同时充分利用与日本作战的经验，以更好的方式来部署军备。

  菲律宾的解放是攻陷日本帝国的第一步。为了让陆基飞机能够打击到其目标，以此确保进攻计划能够得到足够的空中掩护，美军占领了帕劳群岛，为该行动作好准备。佩莱利乌岛（Peleliu）上的飞机场是主要目标。威廉·鲁佩图斯（William Rupertus）少将领导下的第一海军陆战师除了几张空中照片之外，没有任何关于这些岛屿防御和地形特征的相关信息。日本已经建立了一个复杂的洞穴防御系统，初步的轰炸无法对其造成任何破坏。在美军占领了飞机场之后向内陆进攻时，发生了最为惨烈的战斗，因为美军需要清理每一个洞穴内部的防御部队。由于无法直接击中目标，大炮和空中支援显得毫无用处。为了使日军离开隐蔽点，海军陆战队不得不使用火焰喷射器、破坏性炸药和手榴弹。最终，美军超过 1000 人阵亡，另有 5000 人受伤。

  在占领佩莱利乌岛之后，美军将下一个目标定为莱特岛。对菲律宾初期的空袭已经摧毁了日军大部分的空中力量。根据空中侦察团的情报，日本没有足够的空中兵力进行大规模的反击，哈尔西上将决定将登陆时间从 1944 年 12 月提前至 10 月。[①]哈尔西将负责第 3 和第 5

[①] W. Halsey and J. Bryan, *Admiral Halsey's Story* (NY: McGraw Hill, 1947), p.199.

舰队，总共包括 300 艘战船，其中集中了 6 艘航空母舰。同时舰队拥有充足的后援，包括油轮、运输弹药的船只和航空燃料。而护航航母则带来替换的飞机。地面部队则由麦克阿瑟将军的 16 万人的军队担任。沃尔特·克鲁格将军（General Walter Krueger）的第 6 集团军则将在莱特岛的东海岸登陆，由托马斯·金凯德上将（Admiral Thomas Kinkaid）领导的第 7 舰队则负责提供海上和空中支援。

与此同时，第 5 舰队负责巡逻周边海域，拦截试图阻挠盟军行动的日本特遣部队。盟军在 10 月 24 日的登陆行动中没有遇到任何实质性的抵抗。主要的战斗还是发生在海军之间。联合舰队司令丰田副武大将（Admiral Toyoda Soimu）认为菲律宾海战能为日本创造决定性的机会。对日本海军来说，必须不惜一切代价保护菲律宾群岛，因为失去它们意味着日本与东南亚的航线将会被切断。日军的作战计划是充分利用舰队的唯一武器，即战列舰和重型巡洋舰的火力。在日本海军高层得知美国特遣部队进入莱特岛时，"瑞鹤"号、"千岁"号（*Chitose*）、"千代田"号（*Chiyoda*）和"瑞凤"号（*Zuiho*）已经从日本本土驶往南部地区与哈尔西的舰队展开正面交锋。与此同时，由水面舰队组成的第二支打击部队也从文莱出发，驶往指定地点与航空母舰会合。而日本因对美军舰队规模的误判，决定集中力量攻击美军的主要舰队。在同一个月的早些时候，哈尔西的舰队为了摧毁敌机，防止日本增援菲律宾，开始进攻台湾岛。日本也予以反击，并估计他们已经击沉了美国大部分的舰队。栗田健男中将（Vice-Admiral Kurita Takeo）的特遣部队在还没有明确敌军实力的情况下，就卷入了莱特岛海湾的战斗中。

同盟国方面，它们同样不清楚日本联合舰队的位置和规模，但唯一能确定的是敌军的大部分重型舰队停驻在新加坡地区。哈尔西和金凯德都没有预料到日本会夺取莱特岛。第 7 舰队总部得出结论：我们不会将舰队的主要兵力部署在此，同时日本也仅会派出巡洋舰、驱逐舰和潜艇。①仅在 10 月 18 日,计划登陆前的一个星期,通信情报才显示,由几艘重型战舰组成的特遣部队在栗田健男的带领下已从新加坡出发。②即便如此,哈尔西仍然无法确定日本航母的位置,而当时获得准确信息的唯一途径就是彻底侦察周边海域的情况。在得知日本舰队正在靠近其北翼部队时,哈尔西决定派出舰队拦截敌军,因此整个登陆地区处于毫无防备的状态。哈尔西认为要想阻止敌军的舰载飞机对两栖部队的穿梭式轰炸,必须先发制人。③哈尔西曾在马里亚纳群岛海战中因让敌军舰队逃脱而备受谴责,因此他不想让历史再次重演。在之后的战斗中,日本损失了大部分舰队,其中包括所有的航空母舰以及"武藏"号(*Musashi*)等 3 艘战列舰。在美军压倒性的火力面前,剩下的舰队只能被迫撤退。莱特岛战役失败之后,日本海军再也没有发起过主动进攻。

与此同时,在陆战中,麦克阿瑟的部队在登陆时相对来说十分轻松,但是在进军内陆时,他们遭到了强烈的反击。在奥尔莫克湾战役(Ormoc Valley)中,日本占据高地设立防线,因此火炮和迫机炮无法击中日军。④同时日军的机枪也被掩护得很好,因此在锁定这些武器的位置之前,盟军部队只能"小步前进"。⑤美军的表现也有待提高。

---

① D. Robertson, *Operations Analysis: the battle for Leyte Gulf* (Newport: Naval War College, 1993), pp. 13–14.
② J. Winton, *ULTRA in the Pacific: how breaking Japanese codes and cyphers affected naval operations against Japan, 1941–1945* (London: Leo Cooper, 1993), p. 183.
③ See T. Cutler, *The Battle of Leyte Gulf, 23–26 October 1944* (NY: Harper–Collins, 1994), pp. 162–5, 215; S. Falk, *Decision at Leyte* (NY: W. W. Norton, 1996), pp. 152–3; W. Halsey, "The battle for Leyte Gulf", in *United States Naval Institute Proceedings*, 78, (May 1952), 494–5; J. Merrill, *A Sailor's Admiral: a biography of William F Halsey* (NY: Thomas Y Crowell, 1976), p. 153; C. Solberg, *Decision and Dissent: with Halsey at Leyte Gulf* (Annapolis: Naval Institute Press, 1995), pp. 116–18; H. Willmott, *The Battle of Leyte Gulf: the last fleet action* (Bloomington: Indiana UP, 2005), pp. 120–5, 194; S. Morison, *Leyte, June 1944 to January 1945*, pp. 193–4.
④ R. Smith, *The Approach to the Philippines*, in series *The US army in World War II: the war in the Pacific* (Washington, DC: Historical Division, Department of the Army, 1944–81), p. 267.
⑤ M. Cannon, *Leyte: the return to the Philippines, and Triumph in the Philippines*, in series *The US Army in World War II: the war in the Pacific* (Washington, DC: Historical Division, Department of the Army, 1944–81), p. 339.

推进部队一遇到小阻碍，常常就会往后撤，然后请求火力支援。克鲁格将军认为，步兵需要更积极地战斗，并且要在炮火减弱时立即向前突进。

美国海军和陆军还必须应对大规模的空袭。日本在菲律宾的航空力量被低估了，美国的大多数指挥官——包括麦克阿瑟的航空参谋长乔治·肯尼（George Kenney）——都认为日军不可能抽调大部分兵力来防御菲律宾群岛。然而，日本帝国部队从中国战场抽调了大量的飞机，且并未被美军的侦察人员发现。日军兵力的部署情况，直到盟军开始进攻莱特岛时才逐渐变得清晰，甚至在夺取该岛之后，日军的空袭也使麦克阿瑟突破据点的战况变得更加复杂。肯尼坦白道，他没有足够的飞机来控制美国进攻的整个区域，同时他也开始怀疑进攻吕宋岛的行动能否成功。敌军似乎能够在大部分地区部署足够多的飞机来抵御美军的进攻，如林加延湾，是进攻菲律宾首都马尼拉最容易走的路线。因此，美军不得不根据难以预测的情况时时调整其战略计划。由于莱特岛没有麦克阿瑟当时设想的占领该岛后为其地面部队提供掩护的机场，而且修建新的基地所需要的人员和设备也超出了预期，因此附近的民都洛岛（Mindoro）是唯一合适的据点。1944年12月，美军在民都洛岛实施登陆计划，尽管期间两栖部队遇到了空袭，但麦克阿瑟将军下令按照计划继续向马尼拉进军。最后，美军于1945年1月8日在林加延湾成功建立了滩头阵地。

太平洋舰队也面临同样的问题。1944年10月30日，美军的3艘航母遭到了日本的自杀式袭击，并且损失惨重，不得不撤走进行维修。尽管美国海军费尽心血努力改进其战机指挥系统，但是现有的雷达设备根本就无法捕捉到日本战斗机做出的敏捷规避动作，因此战斗机中队无法进行及时的拦截。为了进行更加有效的防御，特遣部队指挥官下令战斗机中队在离重要战舰更远的地区进行巡逻，这样一来美军就能尽早击落敌机。美国还派出舰载飞机对日本的机场进行持续轰炸与扫射，这样日本的神风特攻飞行中队就难以起飞了。在战争最后阶段，日本修改了战术，因此美国人被迫要想出新的应对策略。

回到陆战上，麦克阿瑟将军的部队突破了日本在林加延湾建立的滩头阵地，于是日军制定了新的计划，即在马尼拉等关键区域布下重重防御，尽可能给盟军造成重大伤亡。首都的争夺战变成了血腥残酷的巷战。在马尼拉解放之前，成千上万的菲律宾平民被杀害了，最终马尼拉成为了"二战"同盟国的城市中毁坏最严重的城市。同时，美军经过了艰苦的洞穴战之后，科雷吉多尔岛（Corregidor）也被盟军夺回。山下奉文不得不将在吕宋岛的部队撤回至周围的山脉之中，而且接下来几个月的时间里，盟军一直都在艰难地进行清扫残余势力的行动。举例来说，在碧瑶地区（Baguio），日本驻防部队建立起了互相支援的机枪炮位系统，"控制山路上的每一个弯道"和"地面上的每一个褶皱"。[①]美国步兵常常发现，在清剿山脊一边的敌军时，敌军就已经转移至另一边。因此，虽然日本兵力相对较少，但是他们也可以进行持久战。

美国海陆两军正忙于占领菲律宾之时，美国陆军航空队对日本本土发起了战略轰炸。首轮轰炸是由驻扎在马里亚纳群岛的第21轰炸机指挥部在1944年11月发起的，轰炸目标是位于东京郊区的飞机组装厂。然而，由于轰炸机仍无法从高空准确锁定目标，因此大部分攻击只能造成很小的损失。而日本工业基础设施的分布又是一个重要的障碍。德国喜欢将工厂集中在城市的固定地区，而日本跟德国不一样，它喜欢将设备的不同部分分包给不同的承包商。工厂和车间往往是分散的，因此要想给日本的总产出造成重大影响，美军就必须实施大范围轰炸。而且气象因素也给美军的行动造成了严重的阻碍，急流产生的强风意味着炸弹往往会偏离目标。而敌军的反抗也加剧了问题的严重性。由于日本在马里亚纳群岛与本土之间的通航枢纽硫磺岛上建立

[①] R. Smith, *Triumph in the Philippines* (Office of the Chief of Military History Department of the Army, Washington, DC., 1993), pp. 469, 497.

了战斗机防御系统，因此美军的 B-29 轰炸机不得不采取迂回战术。而且日本在硫磺岛上装备了雷达，因此日本可以提前获得警报，然后派出拦截机。美军飞机在飞抵日本时，往往燃料已经不足了，而且还要对付敌方的战斗机。由于飞行员没有足够的时间来搜寻目标，因此他们不得不随机投放炸弹。

1944 年 12 月后，这一情形得到了很大的改善，当时阿诺德解除了第 21 轰炸机指挥部海伍德·汉塞尔（Haywood Hansell）的职务，并以海军少将柯蒂斯·李梅取代了他的位置，李梅曾发誓要解决美国轰炸机中队遇到的问题。1945 年 3 月，美国海军占领了硫磺岛，因此来自该岛的日本战斗机的骚扰问题也得以解决。李梅命令飞机在低空飞行，投放燃烧弹，成功解决了难以准确打击目标的问题。[①]由于日本城市的房屋主要是由木头建造而成，这一战术效率非常之高。燃烧弹会引发大火，而大火最后会将工厂及其他生产中心吞没。2 月 4 日，美军针对港口城市神户进行了第一次燃烧弹袭击。此次袭击十分成功，12 个主要工厂中有 5 个工厂在此次袭击中被毁，还有一个日本最大的造船厂也遭到严重的破坏。在阿诺德的指挥下，对日本主要城市的燃烧弹袭击退居次位，轰炸日本的飞机引擎工厂成了首要目标。[②]最具破坏性的一次袭击是 3 月 9 日晚对东京的袭击。李梅下令 B-29 轰炸机在海拔约 1500 米到 2500 米的空中发起攻击，以便飞行部队可以进行准确的打击。为了使破坏达到最大程度，燃烧弹全部投放在了这座城市中工厂、商业区和住宅密集的 41 平方公里之内，而且据估计，这一区域是世界上人口最密集的地区。地面上 50% 的面积都是建筑物，而美国城市平均只有 10%，这为大火的肆虐提供了非常理想的条件。轰炸机飞抵日本本土时，天气十分晴朗，90% 的飞机能够清楚锁定它们的目标。美军轰炸机在 3 小时内投放了 1600 多吨的炸弹。

[①] Werrel, 1996, pp. 152–4, 159–60.
[②] Craven and Cate, 1948–83, Vol.5, pp. 611–16.

飞行员回忆称，整个夜空在地狱之火的照耀下呈现出一片明亮的橙色。其中有人提到在撤回的途中，他们在160公里外都能看到这场大火。而随后大阪、名古屋、横滨和神户也遭到了袭击，70%以上的建筑物都被烧毁了。

只有广岛、长崎和京都仍安然无恙。总的来说，对日本的轰炸取得了显著的成果，美国陆军航空队以最小的伤亡，给日本城市和平民带来了巨大的打击。与此同时，此次袭击对日本工业产出的影响仍有待商榷，因为日本的大部分工厂早已因缺乏原材料而陷入停滞。[1]然而，空袭确实也给日本造成了重大的心理影响。尽管日本领导人没有因此投降，但是此次轰炸行动也表明日本绝对无法与美国抗衡。

随后，美军准备入侵日本本土。为了给盟军提供近距离的基地，同时防止日本对攻击部队进行骚扰，1945年春，美军占领了硫磺岛和冲绳岛。在这两个岛屿上进行的战斗可以说是太平洋战争中最为残酷的战斗。栗林忠道（Kurabayashi Tadamichi）将军负责硫磺岛的防御工事。他的部队有2.1万名士兵，其中包括一个顶级步兵团。他放弃了在海滩上拦截敌军的计划，命令部队作好在岛上进行长期战斗的准备。日军驻防部队在洞穴、隧道和地底碉堡建立了一个复杂的防御系统。栗林的部队还充分利用了硫磺岛上的火山灰。火山灰与水泥混合在一起，可以形成几乎牢不可破的混合物。日军还动用了300多支火炮、数十挺迫机炮和海军炮，以及大口径高射炮来加强堡垒的防御。在两栖部队登陆前，美军的飞机、潜艇和高速摩托艇将会被损耗殆尽。

1945年2月，美国海军陆战队登陆硫磺岛后，虽然美军指挥官并没有完全了解日本的防御工事，但是手中的信息就足以让他们忐忑不安了。

第3、4、5海军陆战师组成了负责登陆的两栖军团，并由哈利·施

---

[1] Werel, 1996, pp. 240–1.

密特少将（Major-General Harry Schmidt）指挥。尽管美军进行了猛烈的初步轰炸，然而美军的坚船利炮仍无法刺穿日本准备的复杂洞穴和隧道。日本的驻防部队几乎毫发无损，而且还能发起猛烈的反攻。美国海军陆战队登陆时，发现敌军的防御工事在火山岩下隐蔽得非常好。下午时分，整个滩头都被猛烈的炮火笼罩。火山灰使得形势进一步复杂化，同时也阻碍了车辆的前进。因此，海军陆战队不得不放弃坦克的掩护，在岛内步行前进。最后，美军在硫磺岛折钵山上扬起美国国旗，这一刻也被永久记录在普利策获奖照片上。在这场战役中，美军有将近7000人阵亡，约2万人受伤。

在冲绳岛战役中，大屠杀在第10集团军登陆前就开始了。两栖部队由40多艘航空母舰、18艘战列舰和200艘驱逐舰组成。尽管初步轰炸只进行了几个月，但也使神风特攻队倾巢而出，与美国特遣部队展开了激烈的战斗。特遣部队指挥官虽然已经预料到日军会进行激烈的反抗，但他们还是下令对冲绳岛打击范围内的所有敌军机场持续空袭，其中包括台湾岛和九州岛上的机场。美国陆军航空队还分派了一部分对日本主要城市进行战略轰炸的B-29轰炸机用来袭击日本的机场，据称日本的自杀式袭击航空中队都在这些机场集结。不幸的是，事先袭击并未完全摧毁日本的空中力量，而且在盟军开始进攻冲绳时，神风特攻空中中队的数量没有减少。而美国海军在防御战舰时也面临着许多困难。日本十分善于躲避侦察，他们常常在低空飞行，这样一来雷达就无法锁定其踪迹。针对这一情况，美国将驱逐舰队部署在特遣部队的外围，以便尽早地发出预警；而且美军战斗人员被命令用自己的视力来代替搜索设备进行持续侦察。战斗机中队也被投放到了不同的地区和不同的高度，为航空母舰和战列舰提供全面的防御。然而，神风特攻队的强大杀伤力令美国司令部大为震惊。在这场战斗中，美军第5舰队的64艘战船被击沉，近5000名海军丧生。

陆地上的战斗同样激烈。美军出动了18万兵力，于1945年4月1日开始进攻。第1海军陆战师协同第10集团军，在冲绳岛的西南海岸建立了滩头阵地。日本方面，冲绳岛的防御则由牛岛满中将（Lieutenant-General Ushijima Mitsulu）的第 32 军以及来自中国的两个步兵师负责。日本计划在岛屿内建立起一个防御系统，迫使美军进入中央山区，打一场同归于尽的持久战。牛岛将兵力集中在冲绳岛中心的首里（shuri）地区，他在山里建造了一圈圈的洞穴、炮位、碉堡和军事掩体，并与地下隧道连在一起，形成一个复杂的迷宫。每个洞穴入口都有机枪和迫机炮，与武器设备相互支援进行防御。美军在登陆时几乎没有遇到任何反抗，但是大多数指挥官都明白这种情况绝对不会持续下去。事实上，仅在一个星期内，美军抵达牛岛防御系统的最外层时，日军便发起了一场大规模的反击。美军的推进十分缓慢且费力，他们利用重炮和空袭逼迫日本驻防部队向洞穴内部撤退。[①]美国步兵在接近防御工事之后停止炮轰，改用手榴弹和火焰喷射器，把日军困在隧道中。最后，每个隧道的入口都被堵住，日本残余部队全都被闷死。直到 6 月 21 日，美国成功粉碎了所有有组织的防御力量；在这场战斗中，美国损失了 7000 名士兵和海员，而日本损失了 7 万人，还有 8 万冲绳岛居民在该战中丧生。

冲绳岛战役的经历迫使美国战略家重新考虑是否要对日本本土发起进攻，因为那里的部队可能要比盟军迄今为止所遇到的部队还要强大。"没落"行动（Downfall）需要进行两个阶段的进攻，第一阶段是占领九州岛最南端（代号"奥林匹克"［Olympic］）以进一步加强对日本的封锁并对本州岛发起猛烈的轰炸。

在第二阶段（代号"小王冠"），同时也是最后阶段，盟军准备在关东地区登陆，随后进军东京，以削弱日本帝国的经济和政治力量。预计的伤亡人数将会高达数十万，而日本将会损失包括平民在内的 2000 万人。

---

① R. Appleman, *Okinawa: the last battle*, in series *The US Army in World War II: the war in the Pacific*（Washington, DC: Historical Division, Department of the Army, 1944-81）, pp. 256-7; B. Frank, *Okinawa: the great island battle*（NY: Talisman, 1978）, pp. 104-5.

然而日本并未放弃抵抗，即使是在本国领土已经受到盟军的全面入侵，而且随时可能发生大规模屠杀的情况下，是什么支撑着日本的战争努力呢？最主要的原因是日本政府和军队心中普遍的信念，即投降会让国家完全丧失主权。这种命运是日本领导人所无法接受的。此外，日本武装部队仍然具有行动力，并且有能力抵御敌人对日本本土的进攻。日本陆军还拥有许多支队伍，包括装甲部队，还有拥有4000多架飞机的航空队。虽然日本的工厂已经无法制造出武器，但是日本在远离主要城市的补给中心里还有许多库存。只要日本部队还有战斗力，日本领导人就坚信，他们绝对能够击退入侵日本本土的盟军，因此，在这种情况下，日本不太可能作出投降的决定。事实上，正是原子弹彻底震慑了日本的统治精英，使他们相信日本再也无力与之抗衡。

小　结

同盟国和日本在太平洋战争最后阶段进行军事行动的方式，以及关键战役的结果，有着许多重要的特征，这些特征在太平洋战争刚开始时就已经呈现出来了。首先，美国及其盟国要想取得战争的胜利，有效的计划与物资的优势同样重要。直到莱特湾战役之后，盟军才根据作战经验，被迫调整进攻策略以适应不断变化的环境，同时调整战术以应对日本的具体行动。其次，或许是更重要的一点，日本帝国部队进行长期消耗战的能力，以及战斗至最后一个人的信念，也无法改变他们注定要输掉这场战争的事实，但是不管怎样，日军的这种做法使得这场战争拖延了很久。美军在攻占硫磺岛和冲绳岛时所遭到的重大伤亡引发了许多问题，如对日本本土的进攻是否能够成功？美军是否愿意在伤亡超过预期的情况下继续战斗？然而这些意义深远的问题似乎永远得不到答案。正如下一章将会证实，1945年8月在广岛和长崎投放的原子弹，以及日本随后向同盟国投降，这一切都让攻占日本本土显得毫无意义。

第 14 章

原子弹与太平洋战争的结束

1945年7月26日，同盟国领导人在波茨坦举行会议，向日本发出了最后通牒，要求日本政府立即无条件投降，否则日本将被完全摧毁。日本领导人收到这份公告后，决定无视其中提到的要求，因此杜鲁门政府将这种不回应的态度视为拒绝。为了履行《波茨坦公告》中提到的承诺，8月6日，保罗·蒂贝茨（Paul Tibbets）上校驾驶着B-29轰炸机"艾诺拉·盖"号（Enola Gay），装载着名为"小男孩"的原子弹从马里亚纳群岛的天宁岛起飞。早上8点后不久，"艾诺拉·盖"号到达广岛上空，投放了第一枚用于战争的原子弹。这座城市瞬间就被蘑菇云和火焰吞没了，据估计最终的死亡人数达到了14万人。然而日本对于是否要投降仍犹豫不决，美国领导人在没有收到日本接受同盟国要求的回应之后，决定再次使用原子弹轰炸日本本土，直至东京政府同意投降。8月9日，第二枚原子弹被投放到长崎。日本政府当下就开始考虑同盟国提出的和平条款，并于第二天发表声明称，只要保证日本天皇性命无忧且日本政体得以存续，他们愿意投降。虽然这一回应十分模棱两可，而且也不能算是无条件投降，但是8月11日，美国国务卿詹姆斯·伯恩斯（James Byrnes）发出照会，要求日本天皇受盟军占领部队最高统帅的监管。投降之后，日本战后政府体制应在"日本公民自由表达意愿"的基础上建立。8月14日，在内阁大臣们争吵了数日之后，裕仁天皇作出了最终的决定，日本接受伯恩斯发出的照会。最后，8月15日，同盟国认可了日本的投降，太平洋战争就此落幕。

原子弹的投放及其在结束太平洋战争中的作用引起了学者们的热

议。这主要是因为原子武器的使用不仅标志着对日战争的结束,也预示着现代战争的降临。在核时代,大规模冲突不仅会带来军队的损失或是城市的毁损,整个社会和民族都面临灭绝的危险。纵观人类文明史,从来没有这么凶险过。因此,1945年原子弹的使用引发了许多问题,诸如美国一定要使用这种大规模杀伤性武器才能迫使日本投降吗?杜鲁门政府的动机也被审查了,一些学者称原子弹最初是用来对付苏联的,日本的战败已经是意料之中了。从这个意义上来说,美国应该为向苏联挑衅,并为接下来数十年冷战期间超级大国进行军备竞赛埋下隐患而接受指责。

动用原子弹的动机

关于美国领导人为什么决定使用原子弹这一重大的史学争论可以被划分为三种主要的思想流派,即传统主义学派、修正主义学派和后修正主义学派。传统主义者——如利昂·西加尔(Leon Sigal)——认为,杜鲁门的行为主要是因为他想要尽快结束与日本之间的战争。[①]另一方面,修正主义者,其中最著名的是加尔·阿尔佩罗维茨(Gar Alperovitz),认为直至1945年夏,美国官员坚信日本已经处于投降的边缘。原子弹是用来强迫苏联放松对从纳粹德国解放的领土的控制,如波兰和巴尔干半岛地区。[②]巴顿·伯恩斯坦(Barton Bernstein)在其最新的著作中表示,这种两极化的现象完全没有必要。[③]更为现实

[①] L. Sigal, *Fighting to a Finish: the politics of war termination in United States and Japan*, 1945 (Ithaca, NY: Cornell UP, 1988).
[②] G. Alperovitz, *The Decision to Use the Atomic Bomb* (London: Fontana, 1996).
[③] See B. Bernstein, "Reconsidering Truman's claim of 'half a million American lives' saved by the atomic bomb: the construction and deconstruction of myth", in *Journal of Strategic Studies*, 22/1, (March 1999), 55–90, and "Understanding the atomic bomb and the Japanese surrender: missed opportunities, little-know near disaster and modern history", in *Diplomatic History*, 19/2 (1995), 227–73.

的假设是，投放原子弹首要的且最为重要的意图是为了在同盟国原计划于1945年11月进攻日本本土之前削弱日本的军事实力。杜鲁门政府希望能够迫使日本投降以结束太平洋战争，但没有预料到会取得决定性的胜利。同样，影响斯大林的行为则是次要问题，但并不是促使美国领导人使用这一战略的关键因素。

在战争最后的几个月里，杜鲁门政府的当务之急是在避免不必要的拖延和伤亡的前提下战胜日本。动用原子弹的决定是基于一系列政治和战略上的考量，以及1945年夏天美国领导人的当务之急下作出的。其中最为重要的长远因素是同盟国与日本作战的终极目标是让日本无条件投降，并且美国的战略是采取一切可能的措施来实现这一目标。1945年4月，富兰克林·罗斯福去世之后，哈里·杜鲁门接任美国总统，他决定继续执行其前任的政策。这位新任总统在向国会发表的首次演讲中称："我们的要求仍是无条件投降。我想要全世界都知道，这个目标不会改变。"[①]国会及美国公众也强烈支持继续战斗直至日本完全战败。在此情形之下，杜鲁门要想改变美国的战争目标将会面临极大的困难。公众极其渴望惩罚日本。6月的民意调查显示，90%的美国人支持继续进行太平洋战争，即使伤亡会越来越重。[②]战场上的士兵心中也十分渴望惩罚日本对珍珠港的偷袭，而且当时的政治氛围是倘若有人提出修改对日和平条款，那么他将会被谴责，甚至会被斥责为叛徒。

然而，美国坚持要求日本无条件投降的政策并非完全是因公众舆论或是对敌人的仇恨而导致的。战略上的需要才是最重要的。美国及其盟友要确保日本不会危害世界的和平。1945年6月，美国参谋长联席会议预计倘若同盟军无法占领日本本土，日本可能会提出任何条件。为了抢占先机，参谋长联席会议要求重申无条件投降的要求。国务院

[①] T. Allen and N. Polmar, *Codename Downfall: the secret plan to invade Japan and why Truman dropped the bomb*（NY: Simon & Schuster, 1995）, p. 126.
[②] Sigal, 1988, p. 95.

曾提出修改和平条款的议案，然而杜鲁门处理这一议案的方式明确体现了其贯彻这一政策的决心。国务院副国务卿约瑟夫·格鲁（Joseph Grew）在战争爆发前曾任驻东京大使，他认为与日本建立友好关系且在战后尽可能与日本结盟这一点十分重要，这样苏联在远东地区的势力就能被遏制。格鲁提议保证日本天皇和政体，或者说日本人口中的"国体"的完整性。这种让步能让日本政府更加容易接受投降的条件，同盟国实行战后统治会更加容易。[①] 5月初，格鲁会见了国务卿、海军部长和战争部长，商讨美国达成全面战胜日本的目标的迫切问题。此次争论的焦点是苏联的加入是否值得，因为这样会牺牲西方国家在亚洲的势力而使苏联壮大。海军部长詹姆斯·福雷斯特尔（James Forrestal）认为为了在苏联介入之前达成和解，他赞同格鲁提出的修改战争目标的观点。有了海军的支持之后，格鲁于5月底向杜鲁门提交了议案，但是后来总统并没有采纳。总统在阵亡将士纪念日的通告中再次承诺，如果日本不立即投降，那么将面临跟德国一样的灭亡命运。

之所以坚持无条件投降政策是因为害怕背离这一政策，同盟国也会在战争目标——全面摧毁轴心国发动战争的能力——上作出让步。此外，对许多美国领导人来说，裕仁天皇是日本战争工事的领导人，让他继续担任天皇风险太大，因为这会阻碍西方国家对日本军国主义势力的剿灭。虽然如此，政策在很大程度上是出于政治和战略上的考量。举例来说，波茨坦会议上保留日本天皇的议题一经提出，同盟国领导人就表示反对，因为此举违背了他们长期以来所坚持的迫使日本无条件投降的目标。为联合参谋部准备的一份评估报告指出，"若要日本部队接受投降，那么就有必要让日本部队领导人有死灰复燃的希望"。代表英国国防部发言的阿兰布鲁克爵士称，向日本解释无条件投降并不是指完全摧毁其天皇体制会带来一定的好处。美国参谋长联席会议随后讨论了这一议题，马歇尔将军宣称，我们不应该作出一些

[①] Sigal, 1988, pp. 99, 109–15.

暗示要取缔裕仁天皇的行为。然而，同盟国让步的程度也十分有限。最后，《波茨坦公告》承诺一旦日本完成了必要的政治改革之后，同盟国占领部队就会撤离日本，而日本要建立一个"人民能够自由表达意愿"，一个"和平负责的政府"。这种措辞为日本保住天皇留下了空间，但是在杜鲁门的提议之下，伯恩斯去掉了"一定保证"的字眼，因为他们认为这种条款会鼓励日本提出进一步的要求，战争会因此而延长。① 因此，若没有审视实现战争目标对美国领导人的重要性，就无法正确认识动用原子弹的决定。原子弹被视为加速日本战争工事崩溃的可能手段。对敌人本土造成大规模杀伤是弱化发动战争能力的途径之一。同样重要的是，它还能让日本领导人相信，他们赢得战争的可能性已经微乎其微了，以此迫使其投降。

　　第二种影响美国对日战略的长期考量是，原子弹计划从最初开始就是为了给美国制造能在战争中使用的武器。正因为如此，原子弹一制造出来，杜鲁门政府中的多数官员就同意将其用在当前与美国敌对的国家上。原子弹的发明从1939年起就开始了，当时美国还没有加入第二次世界大战。欧洲的许多核物理学家，其中很多人都是犹太后裔，他们为了逃避纳粹政权的迫害而移民至美国，因为美国是世界上少数几个能够资助他们研究的国家。逃亡的人里有一些是当时欧洲最有名的现代物理学家，如尼尔斯·玻尔（Niels Bohr）。其他一些科学家，如罗伯特·奥本海默（Robert Oppenheimer）和欧内斯特·卢瑟福（Ernest Rutherford）已经要么在英国居住，要么住在美国。1939年，科学家们拉上爱因斯坦（Albert Einstein）警告罗斯福，德国有可能制造出核武器。1941年，科学家们获得了范内瓦·布什（Vannevar Bush）——科学研究与发展局局长——的赞助。由于战争部十分信任布什，因此他在研发核武器的项目上不会缺乏人力、原料与资金。1943年，"曼

---

① G. Alperovitz et al., "Marshall, Truman and the decision to drop the bomb", in *International Security*, 16/3,（1991–92）, 217, 220.

哈顿计划"最终成型。除了丘吉尔和罗斯福之外,几乎没有人知道这一计划。战争部的马歇尔将军和史汀生时时跟进该计划。主持原子弹项目的莱斯利·格罗夫斯(Leslie Groves)将军同时也负责主持为探索原子弹的可能用途而设立的委员会。这些人审视了德国和日本的许多军事目标和城市目标。科学家与美国领导人都坚信,原子弹一旦制造出来,肯定会被使用。因此,杜鲁门任总统之时,他身边的顾问完全同意使用原子弹,总统几乎没有反驳的余地。史汀生是最强力支持使用原子弹的人,他回忆道,他从来没有听过总统和政府官员说不能在战场上使用原子能。[1]战争部长也建议总统坚持最后通牒中的要求,因为美国可以通过使用原子弹来落实通牒中的威胁。[2]若不动用原子弹也会带来重大的政治危机。如果公众知道有原子弹的存在,而领导人却不使用的话,那么美国人民可能会发出强烈的抗议,并会要求政府回答,为什么军队不使用花费了纳税人20亿美元的技术,特别是在美国正想尽办法结束战争的时期。因此,1945年7月原子弹制造出来以后,杜鲁门政府中的官员没有人会提出强烈异议,只要能加快太平洋战争的步伐。

就直接原因来说,当时美国领导人想要尽快击败日本,原子弹可谓出现得非常及时。1945年5月德国战败之后,公众更加不能接受太平洋战争继续拖延下去。除此之外,1943年的魁北克会议上,罗斯福和丘吉尔已经达成协议要在德国投降之后的12个月内战胜日本。国防计划制定人开始怀疑继续封锁并轰炸日本本土是否能够迅速摧毁日本的战争工事。美国的战略家明白,要想迫使日本领导人投降,就必须入侵日本本土。然而,此举会造成大量的资源消耗。海军上将金和阿诺德将军率领的海军和陆军航空兵中具有影响力的人认为,封锁和空中轰炸的结合必然会起作用,因此没有必要进行地面入侵。与此同

---

[1] Sigal,1988,pp. 175-6.
[2] H. Feis,*The Atomic Bomb and the End of World War II*(Princeton: Priceton UP,1996),p. 22.

时，美国陆军的计划制定人称，日本只有在其本土被占领之后才会投降。尽管争论不断，但是国防部官员达成一致意见，认为至少要为入侵制定计划。参谋长联席会议从来都不觉得轰炸、封锁和入侵是相互冲突的，并且认识到，这三种措施是实现他们目标的必要条件。①

直到1945年6月，关于同盟国是否对日本本土发动进攻才有了定论。4月，参谋长联席会议正式指派麦克阿瑟和尼米兹为登陆九州岛作准备。华盛顿的国防计划制定人，其中包括金和海军上将莱希，不愿将进攻日本作为不容更改的决定。最后，5月25日，参谋长联席会议发出指示，"奥林匹克"行动，或者说进攻九州岛的行动将于11月1日发动。虽然这一指示已经发出，但是情报显示日本正在增援九州岛，杜鲁门及其国防官员不得不重新考虑这一计划。日本陆军的通信信号以及美国情报部门在"超越"的解密显示，日本正等待盟军的进攻，并采取了加强防御的措施。②通信情报显示，日本在九州岛与朝鲜之间的狭窄水域上运输了6万名士兵。6月中旬，军事情报部门估计，九州岛上有30万名士兵，比1945年年初增加了10万人，而据估计，到11月，这一数字将增至50万。截获的通信情报也显示，日本正准备实施大规模自杀式攻击。

1945年夏，美国政府就"奥林匹克"行动可能导致的人员伤亡表示担忧。6月14日，威廉·莱希向参谋长联席会议递交了一份备忘录，称总统要求参谋长联席会议提交关于结束太平洋战争军事计划的详细信息，以便在即将举行的波茨坦会议上进行讨论。具体而言，杜鲁门想要获得的信息是战胜日本所需要的部队规模。③另一个重要问题是保护美国人的生命，总统、海军部长、战争部长和联合参谋部在6月

---

① R. Skates, *The Invasion of Japan: alternative to the bomb*（Columbia: South Carolina UP, 1994），p. 253.
② D. MacEachin, *The Final Months of the War against Japan: signals intelligence*, *US invasion planning and the A-bomb decision*（Washington, DC: Center for the Study of Intelligence, 1998），pp. 6–9.
③ Allen and Polmar, 1995, pp. 203–10.

18日举行会议，会议的焦点是可能造成的伤亡率。得出的结果是，美国制定行动计划的前提是损失达到与冲绳岛相同的等级，也就是约为计划部署兵力的35%，或者说计划参与此次行动的19.3万名士兵中的6.3万人。[①]这一数字远低于某些学者提出的预计，其中美国战略家预计会有50万的人员伤亡，而投放原子弹能够避免该局面的出现。虽然如此，事实上，马歇尔已经告诉过总统伤亡人数肯定会增加，也许会增至6位数。[②]此次会议的结果是总统批准了"奥林匹克"行动，但是入侵东京的计划要在未来再作决定。杜鲁门承认，在衡量了战局的所有可能因素并考量了所有可能的候选计划后，参谋长联席会议仍"一致认为九州岛行动是目前的最佳选择"。与此同时，他补充道，他不希望看到美军遭到与冲绳岛战役类似的人员伤亡，而且该言论也表明美国政府不愿意让美军在战斗中损失过于惨重。[③]虽然倘若原子弹未能制造成功，大家可以任意猜测杜鲁门可能采取的行动，但是根据当时的情况，我们可以推测"奥林匹克"行动一定会在1945年11月发动，然后导致美军重大伤亡，入侵东京的计划会被延迟，美国政府不得不通过其他方法来结束战争。[④]

在此情形之下，杜鲁门极有可能会找机会以最小的伤亡战胜日本。在波茨坦会议上，美国最终决定动用原子弹，而此举是为了进一步摧毁日本的战争工事。若能一举击败日本，迫使日本投降的话，那是最好不过的了，但是美国领导人对此并不看好。从7月7日杜鲁门起航前往欧洲之日起，以及在整个波茨坦会议期间，情报显示日本在九州岛的地面部队一直在增加。7月9日，日本在九州岛部署的总兵力达到了35万，这已经是乔治·马歇尔所预计的进攻部队可能面对的兵

[①] R. Frank, *Downfall: the end of Imperial Japanese empire*（NY: Random House, 1999), pp. 142–4.
[②] Bernstein, 1999, p. 66.
[③] MacEachin, 1998, p. 15.
[④] Bernstein, 1999, p. 67.

力上限了。①美国总统实际收到了多少情报的记录并不完整，主要是因为保密法禁止在指令和官方报道中提及这些。然而，杜鲁门会定期收到新信息，而且在7月16日，他收到了原子弹在美国新墨西哥州阿拉莫戈多试验成功的消息。第二天，总统会见了他的顾问，伯恩斯、史汀生和各参谋长，并向他们咨询了是否使用原子弹的意见。他们一致认为美国应当使用最新发明的武器，以更快、更节约的方式结束这场战争。②然而，由于没有人能够预见原子弹的心理效应，杜鲁门及其顾问并不期待这能强迫日本投降。美国并没有解散其部队，让他们继续待命准备进攻日本本土。因此，使用原子弹的目的是进一步削弱日本的作战能力。

认为杜鲁门想要以此威慑苏联的观点很大程度是基于间接的证据。原子弹的投放确实给莫斯科带来了危机感，并且这是战后两大超级强国进行军备竞赛的第一步。修正主义历史学家认为，即便是在战争期间，美国也将原子弹视为足以威慑苏联入侵的手段之一。在美国拒绝与其他国家分享这项科学研究之后，这种观点就变得更加可信了。罗斯福和丘吉尔都认为原子弹应用来增强西方联盟的军事实力，并拒绝苏联跟进曼哈顿计划的提议。杜鲁门执政期间，他身边的顾问都支持前任总统的策略，因此他根本无法推翻之前不让苏联掌握美国科技成就的决定。

决定使用原子弹还与美苏在东欧地区关系日渐紧张有关，杜鲁门政府正想办法逼迫斯大林控制自己的行为。利用原子弹对付目前仍与美国作战的国家貌似十分可行。然而，证实原子弹在战斗中的杀伤力的机会似乎正在消逝，因为在波茨坦会议之前，杜鲁门的军事顾问屡次提到日本就快要投降，只要苏联对日宣战，也许日本就会接受无条

---

① MacEachin, 1998, pp. 17, 25–6; Frank, 1999, p. 201.
② L. Moron, "The decision to use the atomic bomb", in K. Greenfield (ed.), *Command Decisions* (Washington, DC: Center of Military History, 1987), p. 511.

件投降了。①若真的如此，苏联就会宣称它在结束太平洋战争中起着决定性的作用。修正主义者甚至还认为，1945年夏天，杜鲁门政府及其国防顾问不再认为有入侵日本的必要，但是考虑到与苏联相关的多种因素，他们仍坚持使用原子弹。②首先，美国已经不打算与苏联共享胜利的果实，而且一旦使用原子弹，美国领导人就能避免苏联红军参与到太平洋战争中。第二，据称伯恩斯曾说过，美国掌握了原子弹能让苏联"在欧洲更容易控制"，同时也能制约苏联对亚洲的入侵。7月16日原子弹制造成功之后，利用原子弹制约莫斯科的计划占据了美国领导人的脑海。美国的外交人员开始积极要求改变巴尔干半岛地区的领土，同时杜鲁门称罗马尼亚、保加利亚和匈牙利等国必须独立于任何一个国家的势力范围之外。

然而，掌握了原子弹或许会让美国人胆子变大，但是领导人最关心的是尽快让日本无条件投降，同时避免给自己的军队带来重大的人员伤亡。6月1日，伯恩斯向总统提出了一系列建议，他明确表示"原子弹是逼迫日本立即投降的唯一出路，除非日本想要亡国"③。书面证据也表明，将苏联排除在对日战争之外从来都不是杜鲁门最为关心的事情。7月18日，总统在日记中写道："相信日本会在苏联介入前投降。"然而，就在同一天，他在写给妻子的信中强调："我已经达成了我来这里的目的！斯大林将会在8月15日对日宣战。想想那些不用被杀害的孩子们。"④这位总统真诚地希望苏联能够加入战争，或者说他至少知道美国无法阻止苏联红军占领亚洲东北部的大部分地区。总之，罗斯福政府认为苏联的帮助对盟军最后进攻日本十分重要，而杜鲁门也没有偏离其前任的立场。斯大林并没有在《波茨坦公告》上签字主要是基于法律上的原因，即苏联还没有对日本

---

① Alperovitz, 1996, pp. 112–13, 122–4.
② Alperovitz et al., 1991–92, pp. 210, 244–5, 266.
③ Feis, 1996, pp. 47–8.
④ Bernstein, "Understanding the atomic bomb", pp. 245–6, 256–7.

宣战，因此没有资格发出惩罚性声明。杜鲁门也不希望日本这么快就投降，他十分希望在原子弹和苏联参战的共同作用之下，胜利再迅速来临。然而，这位总统也承认不知道让东京政府投降还需要多长时间，而且他对于日本在广岛被轰炸之后的数日内就提出有条件投降感到吃惊。因此，考虑到形势的变化，利用原子弹来阻止苏联参战以及阻止苏联进军远东并不符合杜鲁门的预期。即便是向斯大林发出的警告也是政府的计划，它在战胜日本面前最多算是个次要目标。

并非所有的美国领导人都将原子弹视为迫使苏联让步的手段，这一点让修正主义者的言论失去了可信度。虽然杜鲁门及其高级顾问想要让美国独霸这项技术，然而他们并没有想到去充实他们的武器库。库存原子武器的数量十分少，国防官员一直在提醒总统，原子弹的使用可能无法阻止苏联常规军占领西欧的步伐。当时将原子弹用于外交领域的方法还不明确，只有少数官员想出了连贯性的策略。白宫的主要成员——尤其是史汀生——开始认为，如果原子弹能够一直保密，苏联一定会在美国手中大吃苦头。其他人，如伯恩斯，则认为一定要不惜一切代价垄断这门技术，这样美国在与苏联谈判时就会更有把握。关于原子弹在外交政策中所扮演的角色从来都没有定论，而且大部分政策制定人都不知道如何利用这个武器与敌人达成和解。在此情形下，若还有人认为杜鲁门政府决定使用原子弹轰炸长崎和广岛是为遏制苏联扩张而精心设计的计划的一部分，对于这种观点，我只能持最大的保留态度。

原子弹与日本决定投降

与杜鲁门政府使用原子弹的动机一样引人争议的是原子弹在迫使日本政府于 1945 年 8 月投降中扮演的角色。主要的问题是，原子弹是否是迫使日本接受同盟国的条件以及结束太平洋战争的最有效途径。传统主义者认为，日本领导人在广岛和长崎被轰炸之前并没有投降的意图，并且日本政府和军事高层本来就打算不惜一切代价继续战斗。1944 年 6 月，塞班岛战役失败之后，东条英机卸任日本首相，新任首相小矶国昭（Koiso Kuniaki）组成了新政府，其中大部分官员承认日本已经失败，战局已经无法挽回。然而，在日本领导层中，没有人准备乞求和平。①小矶国昭提出在太平洋岛屿或东南亚地区取得决定性胜利的战略，并以此作为与同盟国进行和平谈判的条件。1945 年 4 月，苏联宣布废除《苏日中立条约》，并声称将在一年之内终结该条约，之后日本前海军大将铃木贯太郎掌握日本大权，他的内阁请求增强国防以抵挡不期而至的同盟军进攻。5 月，德国即将战败，日本政府宣称希特勒的倒台不会给其国家政策带来"丝毫改变"。②尽管日本面临着大规模的轰炸和封锁，并且日军在冲绳岛上损失惨重，然而要想日本政府接受西方国家提出的无条件投降的要求绝无可能。6 月 9 日，最高战争指挥委员会制定了"基本政策"，称日本会"为了守住国体，守卫帝国的领土，发起一场更加艰难的战斗"，并"实现其发动战争的目标"。日本海军和陆军的参谋部官员不仅想要调遣所有的武装部队来抵御同盟国的进攻，而且还将所有的日本人民征召入伍。同日，裕仁天皇颁布敕令，命令全体日本人"粉碎敌对民族的非分之想"③。因此，要想让日本政府相信，它已经无法战胜同盟国率领的进攻其本土的部队，投放原子弹是唯一的途径。

另一方面，修正主义者认为，东京的统治精英在原子弹投放之前就已经开始考虑投降的可能性了。因此，美国没有必要残忍到使用大规模杀伤性武器。后修正主义者提出了更加温和的假设，他们称日本领导人因日本的持续战败已经开始意识到要想办法结束战争

---

① Sigal，1988，pp. 33–4.
② R，Butow，*Japan's Decision to Surrender*（Stanford: Stanford UP，1954），pp. 79，99–100.
③ H. Bix，"Japan's delay surrender: a reinterpretation"，in *Diplomatic History*，19/2，（1995），213.

了。① 主和派由皇室的重要成员组成,还有内阁的文官成员,如首相铃木贯太郎和外务大臣东乡茂德。虽然主和派担心是否继续战斗可能会带来更好的结果,但是他们也都知道任何结束战争的决定都需要内阁的一致同意,而其中有几个人是来自军队的主张战斗到底的大臣。文官领导人害怕引起与军方人员之间的长久争论,也没有公开表达其观点。日本高层领导,其中最具影响力的是日本天皇,因广岛的原子弹而开始加快结束战争的进程,并采取积极的措施说服死战派不再对同盟国放松和平条款抱有任何希望。另一方面,往长崎投放第二枚原子弹并没有必要,因为日本内阁在收到攻击的消息之时就已经开始讨论投降事宜了。因此,日本极有可能会在美国仅摧毁了广岛的前提下,就此投降。②

先不考虑学者们支持哪种观点,任何一种答案在很大程度上都要先行推测:若美国没有使用原子弹,日本会如何作为。因此,为了判断东京政府是否有可能在"奥林匹克"行动计划发动之日前(即1945年11月)就投降,就要利用这种反事实场景来得出所有相互冲突的论点。然而,在审视了同盟国在战争结束阶段的各种不同战略以及日本的反应之后,我们可以找到令人信服的证据,证明原子弹是避免在进攻日本本土时陷入消耗战和持久战的唯一可行途径。

第一种可能的选择是修改日本投降的条件。修正主义历史学家认为,如果向日本政府直接保证保留天皇体制,也许日本政府可以借此说服天皇停战。然而,这一政策不可能成功,主要是因为日本愿意接受的最低条件并不仅仅是保留天皇。举例来说,1945年6月至7月,外务省邀请苏联在日本与美国及其盟国之间进行和平调解,当时,日本官员无法为日本驻莫斯科大使佐藤尚武能接受的条件提

---

① See F. Morgan, *Compellence and the Strategic Culture of Imperial Japan: implications for coercive diplomacy in the twenty-first century* (Westport, CT: Praeger, 2003), Chapter 6.
② Bernstein, "Understanding the atomic bomb", p. 255.

供明确的指示。①美国在瑞士和瑞典等中立国家的外交使团，收到了许多来自日本的"和平试探"，日本想要通过非正式的渠道协商解决，但是，这种和平试探也没有明确给出日本愿意接受的条件。这主要是因为东京内阁因这个问题产生了分歧。文官领导人满足于保留天皇的保证，而日本军方，尤其是陆军，提出了一系列额外条件，例如允许日本保留朝鲜和台湾岛、承诺外国军队不会进驻日本以及日本自己监督自己裁军等。②除此之外，日本军事家还强烈要求与同盟国的侵略部队死战到底。日本陆军仍认为，虽然取得最终胜利已经不太可能，但给同盟军带来巨大损失的战略能够让日本以更有利的条件结束战斗。③在此情形之下，仅承诺保留天皇制度不可能让日本投降。甚至是在向长崎和广岛投放原子弹之后，日本内阁的军事领导人仍提出除了保留裕仁天皇之外的条件，例如限制盟军进驻日本的部队数量。④修改和平条款也会给杜鲁门政府带来巨大的危机。美国公众绝对不会接受对最初提出的无条件投降的要求有所削弱的行动。

继续对日本进行战略轰炸和封锁是盟军摧毁日本战争工事的第二种可能的战略。美国陆军航空队的战略轰炸调查团发现，"当然，在1945年12月31日之前，并且很有可能在1945年11月1日之前，即使没有投放原子弹，即使苏联没有加入战斗，即使没有制定任何进攻计划，日本也会投降"。该结论是以该调查中心在战后与日本高层官员进行的一系列访谈为基础的。然而，该调查因航空队的组织议程而受到了严重的影响，它为了向美国的国防官员兜售其战时成就，声称自己的战略轰炸行动在战胜日本中起着决定性的作用。因此，其结论是在有选择地挑选了某些证据之后得出的，谈话的结果也是以支持

---

① Bernstein, "Understanding the atomic bomb", pp. 238–44.
② Feis, 1996, pp. 181–2.
③ Sigal, 1988, pp. 69–70, 229–30.
④ Butow, 1954, p. 161.

陆军航空队先前论断为目的进行解释的。①考虑到日本内阁在广岛被轰炸之后仍因是否结束战争而争论不休，那么认为常规的空袭能够迫使日本提前投降这种观点也就没有什么说服力了。直到8月10日，日本天皇介入内阁的争论，海军总参谋部部长丰田大将以及来自陆军的代表还是坚持认为，最终的失败尚不能确定，日本仍有在本土赢得决定性战役的可能。②此外，在战争结束之后，许多日本领导人也证实，若没有原子弹的话，他们会继续战斗。近卫文麿公爵（Prince Konoye）告诉调查中心，战争"也许会在1945年持续整整一年"③。铃木强调称，陆军计划在保卫日本本土时发起全面进攻，并解释了至少在原子弹投放之前，军事参议院并不相信日本会仅因空袭而战败。④简而言之，保持对日轰炸的势头也许能摧毁日本的基础设施，让日本获胜的可能性越来越小，但是这种轰炸完全不可能达到在数分钟内用一颗炸弹消灭一个城市的效果。

美国海军对日本海上供给线的封锁也不可能逼迫日本投降。对日封锁切断了敌人原材料的运输，让其工业生产陷入停滞，同时还能造成食物严重短缺。1945年春，美国海军认为日本已经被击败。⑤威廉·莱希在战争结束之后也称，日本海运被摧毁导致其军事机器"将自己压垮"，而美国军队没有充分认识到这一现实。因此，乔治·马歇尔强迫参谋长联席会议计划入侵日本本土，即使美国海军认为此举并无必要。然而，考虑到日本已经十分贫困，因此继续对日封锁只是迫使日本人继续忍受艰难困苦。事实上，大多数日本领导人，如铃木贯太郎，

---

① See Bernstein, "Compelling Japan's surrender without the A-bomb, Soviet entry, or invasion: reconsidering the US Bombing Survey's early-surrender conclusions", in *Journal of Strategic Studies*, 18/2, (1995), 101–48.
② Butow, 1954, p. 174.
③ Bernstein, "Understanding the atomic bomb", p. 252.
④ Bernstein, "Compelling Japan's surrender", pp. 116–17.
⑤ Skates, 1994, p. 250.

甚至不承认饥民对他们所作的决定造成了重大影响。①

第三种选择是等待苏联加入战争，希望日本能够意识到它的对手已经强大到无法战胜了。8月8日，在广岛被轰炸之后的第3天，苏联红军进入中国东北确实让东京政府十分震惊，因为日本曾期望莫斯科代表日本的利益与西方国家协商更加有利的和平条件，或是为其提供原材料和武器以便日本帝国部队继续战斗。日本部队在亚洲大陆上的迅速崩溃给日本军方造成了决定性的影响，他们开始相信日本部队在美国入侵本土时不太可能获胜。②陆军大臣阿南惟几（Anami Korechika）和陆军参谋总长梅津美治郎（Umezu Yoshijiro）在苏联出兵之前否决了所有的投降提议，而到8月9日，他们都同意参加军事参议院举行的特别会议，讨论日本打算向同盟国提出的条件。陆军副参谋长河边虎四郎（Kawabe Torashiro）称，原子弹实际上对军事领导层的影响很小，因为东京没有遭到攻击。相反，苏联的参战向日本展示了苏联红军的强大。③有学者认为斯大林对日宣战在迫使日本投降中扮演着最重要的角色，然而他们常常以日本陆军司令官的反应为焦点，而忽略了日本内阁的军部高层在广岛原子弹事件与苏联参战之间的关键时期内作出的重要政策决定。若没有原子弹，苏联的行为所带来的真正作用将无人知晓。但是日本官员的战后证词常常将原子弹视为决定性因素。事实上，许多领导人，如东条英机，都怀疑过苏联是否会为其提供支援。因此红军的参战是意料之中的。④相比之下，广岛原子弹事件摧毁了包括首相铃木贯太郎在内的文人领袖的信念，即日本能够继续战斗的信念。更为关键的是，广岛原子弹事件让日本相信，是时候求和了。⑤如果苏联对中国东北的进攻是日本接受战败的

---

① Bernstein, "Compelling Japan's surrender", pp. 122-4.
② R. Pape, "Why Japan Surrendered", in *International Security*, 18/2,（1993）, pp. 156-7.
③ T. Hasegawa, *Racing the Enemy: Stalin, Truman, and the surrender of Japan*（Cambridge, MA: Harvard UP, 2005）, pp. 197-203.
④ Bix, 1995, p. 216.
⑤ Sigal, 1998, p. 225.

必要条件，那么原子弹则在迫使日本领导层中的文人派系加快投降的进程中发挥着不可或缺的作用。仅凭苏联的行动是否能带来同样的结果这一点仍有待商榷。日本也许会在 1945 年 11 月之前投降，但是谁都无法保证。①

最后的选择是以非战斗的形式使用原子弹。1945 年 6 月，由史汀生主持的临时委员会下的科研小组探讨了一项议案，即向日本证实原子弹的强大杀伤力以达到威慑日本的目的。②然而，此举因许多原因而被认定为不可行。因为原子弹有可能会发生故障，那样美国就会陷入十分尴尬的境地。若在日本本土上无人居住的地方进行试验，那么日本可以很容易地将盟军的囚犯迁移至此，而在遥远的太平洋岛屿上进行的试验则很难安排，因为日本观察家必须先以某种方式赶到那里。最重要的是，只有美日两国之间有一定程度的信任才能进行示范活动，而在战争时期最难取得的就是信任。因此，临时委员会承认，技术示范不可能结束这场战争，唯一可取的选择是在战争中使用原子弹，这样日本就能第一时间观察到这种武器的强大杀伤力。

将所有的备选战略联合起来也是可行的。例如，伯恩斯坦设想了三层反事实场景，其中包括苏联的参战、美国对日本天皇制度的承诺以及加强对日轰炸与封锁。③然而，鉴于这些措施在结束战争上只是"十分有可能实现"，日本的投降就没有那么确定了。因此，原子弹是迫使日本结束战争的最有效的途径，其他选择绝对无法在 1945 年 11 月盟军计划入侵九州岛之前取得相同的效果。

---

① Berstein, "Understanding the atomic Bomb", p. 247.
② Allen and Polmar, 1995, pp. 209-10.
③ B. Bernstein, "Truman and the A-bomb: targeting non-combatants, using the bomb and his defending the 'decision'", in *Journal of Military History*, 62/3, (1998), 565.

小　结

　　盟军计划给日本平民带来重大人员伤亡以迫使日本投降，但是美国领导人于1945年8月对广岛和长崎使用原子弹的决定并不是这一周密计划的高潮部分。杜鲁门政府的高级官员以及总统的军事顾问承认，若同盟国想完全摧毁日本的战争工事来获得战争的胜利，那么它们就必须入侵并占领日本本土。替代的行动计划，如继续实施对日封锁和轰炸或是邀请苏联参战等，被认为是对日本抵抗能力的削弱，而非摧毁。原子弹能够减少美国及其盟国部队在入侵日本本土时可能遇到的阻碍。

　　与此同时，从富兰克林·罗斯福总统的政府批准了曼哈顿计划之日起，原子弹的研发就是为了用来对付轴心国或是任何一个与美国作战的国家。1945年7月，原子弹制造完成之时，德国已经投降，美国领导人不得不解决如何战胜日本这个轴心国唯一余孽的问题。动用原子弹被看成是帮助同盟国实现让日本无条件投降这一终极目标的必要手段。同样重要的是，使用原子弹还有政治方面的动机。研发原子弹已经花费了美国纳税人将近20亿美元，美国领导人无法背离群众的意见，放弃以更节约、更迅捷的方式结束战争的机会。

　　因此投放原子弹的主要目的是削弱日本的战争工事，并最终迫使日本领导人投降。强迫苏联节制其在东欧和亚洲的动作只是美国所能获得的潜在利益，但是杜鲁门政府并没有明确的计划利用原子弹来影响莫斯科。有人认为美国想要以此胁迫苏联并阻止其进军远东地区，然而基于两大事实，这种观点仍有待商榷。其一，直至太平洋战争结束阶段，美国领导人都在努力让苏联红军加入到进攻日本本土的同盟国部队中，并且也明白此举会让斯大林更有机会在诸如中国等地区建立势力范围。其二，杜鲁门的顾问就如何利用原子弹帮助美国应对苏联的问题上分成了两派，白宫中的一些重要成员提议向苏联分享这项技术以示善意。与此同时，有些官员倡导将原子弹用于威慑，但他们也不确定苏联在核威慑之下会作出什么样的反应。

就原子弹在迫使日本投降方面是否不可或缺这一问题上，现有的文献显示，在广岛原子弹事件之前，日本政府并没有接受同盟国提出的和平条件的意图。原子弹造成的巨大伤害迫使日本高层领导（其中最具影响力的是裕仁天皇）说服军方主战派痛下决心，决定日本打算提出的条件以尽早结束战争。美国若采取其他方式，如加强对日本本土的封锁和轰炸或是等待苏联向日本宣战，则无法取得同样的效果。同样，修改投降条件以及保证日本天皇制度不变的举措会吸引日本政府中的温和派，然而日本的军事家是不可能在向盟军入侵部队发出最后一击前就投降的。原子弹的使用也许并非必要，同盟国也可以通过入侵日本本土来结束太平洋战争。然而，使用这种武器也是合情合理的，因为它是确保美国及其盟国在原定的1945年11月入侵九州岛之前日本就按照它们提出的条件结束太平洋战争的唯一可行方法。

第 15 章

结 论

太平洋战争正式结束的时间是1945年9月2日，日本军政两界高官分别代表日本政府和日本军队正式向同盟国递交了投降书。投降仪式在东京湾的美国战列舰"密苏里"号（*Missouri*）上举行，日本新任外相重光葵（Shigemitsu Mamoru）代表日本天皇和政府，陆军参谋总长梅津美治郎代表大本营在投降书上签字。道格拉斯·麦克阿瑟被任命为驻日盟军总司令（Supreme Commander of the Allied Powers, SCAP），在他发表了简短的演说之后，重光葵和梅津美治郎便在投降书上签字了。最后，来自同盟国阵营的几乎所有的参战国家——如美国、中国和英国——的代表接受了日本的投降。英国的自治领，即加拿大、澳大利亚和新西兰也出席了该仪式。在最后阶段参战的苏联也是签署国之一，还有法国与荷兰。法国在亚洲的殖民地早在太平洋战争爆发前就被日本占领了，而荷兰则在战争的前几个月里失去了殖民地。

来自各个国家的代表参与了此次投降仪式，这也体现了太平洋战争的一个重要特征，即太平洋战争并非仅是一场区域性战争，无可争议的，它是全球大战的关键战场。然而，由于美国在该战中的贡献远远超过了其他同盟国家，现有的文献中很大部分将这场战争描绘成美国与日本之间的战争。这种观点对太平洋战争的起因和动态没有全面的认识。为了理解为何日本帝国部队会于1941年向美国宣战，我们必须要审视日本的扩张主义政策在前10年里与其他在亚洲享有利益的国家之间的冲突。在许多方面，太平洋战争是1937年爆发的中日之战的扩大。日本为了在中日之战中取得决定性的胜利而不得不寻找其他出路来制服中国，如向印度支那进军以便从侧翼包抄中国军队。然而，日本帝国部队向东南亚扩张，就开始威胁到了在该地区设有殖民地的欧洲国家，如英国和荷兰。美国不希望由敌对国家在亚太地区占据主导，于是也选择站在西方国家一边。作为对日本于1941年7月占领印度支那南部地区的回应，美国冻结了日本海外资产并对其实行石油禁运，美国领导人的目的是阻止日本政府，并让东京政权重新考虑发动战争是否是明智之举。日本在这些制裁措施的刺激之下反而在侵略的道路上走得更远了。日本政府及其最高司令部判断，获取被禁运的资源的唯一可行出路是占领英属马来亚和荷属东印度群岛等地区。美国之所以被卷入其中，是因为日本的统治精英认为在日本实施占领东南亚计划之前必须要消灭美国的海军力量。因此，太平洋战争的爆发是因为日本未能解决与在亚洲享有利益的强国之间的分歧。

太平洋战争一爆发，美国投入的海军力量就远远超过了同盟国的其他国家。然而，美国成功取得战争的胜利还取决于与同盟国形成的密切合作关系。大英帝国的自治领澳大利亚与新西兰为战事行动提供了重要的基地，因为它们靠近日本所征服领土的外围。中国在牵制日本中起着非常重要的作用。日本帝国陆军的主力仍被拴在亚洲大陆上，中国的抗日行动阻止了日本陆军增援日本在太平洋上的要塞，因此日本也就无法利用这些要塞抵御美国的进攻。随着战争的进行，美国领导人开始意识到苏联的参战非常有必要，苏联强大的红军能为同盟国最后入侵日本本土提供强大的助力。最后，但同样重要的是，对于美国实现其在太平洋战场上的战争目标，英国的贡献不可或缺。除了蒙巴顿的东南亚盟军和斯利姆将军的第14集团军进行的战役之外，英国的政治支持也让美国的对日政策获得了国际认可，无论是在战时还是在战后。英国领导人丘吉尔首相及其内阁高层官员和国防官员参与了所有的重大会议，如卡萨布兰卡会议、德黑兰会议、雅尔塔会议和波茨坦会议。罗斯福和美国参谋长联席会议的官员不可能颁布背离美国最亲密的伙伴的政策。因为这种行为会让美国在国际政治舞台上被孤立。美国在制定其战略时也要考虑英国的感受，而英国认为同盟国集中力量于太平洋战场之前要先打败德国。因此，美国的官员在对日战争中分配更多资源的行为必须要慎之又慎。第二次世界大战在太平洋战场上是一场联盟之间的战争，每个国家在战胜日本中扮演着各自的角色。

前面的章节已经分析了同盟国部队战胜日本海军和陆军的主要原因。以美国为首的联盟的表现说明，经济实力和工业产能通常会奠定战争胜利的基础。盟军若无法获得大量原材料供应和制造设施，那么它们就无法制造出足以完全摧毁日本军事力量的军备。伏尔泰（Voltaire）在18世纪曾说过一句名言，"上帝永远站在强者一边"，这句话显然十分适合太平洋战场，很大程度上这场战争的结局是由能够制造并使用更多武器的一方决定的。

同时，尽管物资能为盟军武装部队提供获胜所需的军备，然而这些只是同盟国所享有的众多优势之一。一句转喻的谚语，"笔利于剑"（pen is mightier than the sword）以及军事行动的计划应协调一致，也适用于太平洋战场。西方国家为了利用其资产，建立了战时经济。政府常常介入调停以确保工厂装配的设备能够满足军队所要执行的任务的需要。同盟国在研发更加高效的武器上投入了大量的资金。美国工业生产的武器在数量和质量上都极其优秀。战争结束时，美国海军拥有100多艘能够执行多种任务的航空母舰，如保护特遣部队和事先轰炸岛屿的防御工事。美国陆军航空队的B-29轰炸机将日本的许多城市夷为平地，日本的工业基础设施也成了一片废墟。陆地方面，美国陆军和海军陆战队拥有足够的坦克、重炮群和军需品供其摧毁日本陆军的防御力量。美国之所以能够建造如此庞大的军事机器，不仅是因为其拥有必不可少的资源。美国政府以及国防部门为了提高美国实现目标——完全摧毁日本再次发动战争的潜力——的能力，努力优化其可用的资产。英国的战时经济没有美国那么有活力，而且英国的大部分军备都用于对抗德国，已经无暇顾及远东地区了。尽管如此，武装部队最后还是获得了战胜日本所需的武器。在战争结束阶段，斯利姆将军的第14集团军以及东南亚空军司令部取得了数场决定性的胜利，牟田口廉也的部队被赶出了缅甸。再次强调，这些胜利是因为英国领导人采取了将有限资源输送至战争工业，并善加利用一切可用资源的措施。

同盟国也因工业实力而获得了决定性的优势。日本的基本缺陷是其生产能力无法与对手相匹敌。在战争的最初阶段，日本帝国海军和陆军处于领先地位，尤其是在战舰和飞机方面。然而，随着战争的继续，美国部队能够利用的军备数量越来越多，日本部队所处的形势越来越不利，几乎没有赢得战争的可能。

更糟糕的是，日本政府和军方高层都没有尽一切努力去善加利用其本就有限的资源。举例来说，日本凭借现有的船舶无法从其征服的区域那里运输足够的原材料补给。日本海军也没有留意同盟国部队攻击日本商船带来的危险，而且直到战争最后阶段才开始采取保护措施。直到1945年，日本的运输线最终因这些缺陷而被切断，导致其武器生产一直陷入停滞。日本政府也没有尽心尽力为其经济建立中央控制系统。结果是，日本工业的效率完全无法与西方国家匹敌。日本海军和陆军可以不用政府的批准下达生产命令。因此，国防开支远远超过了国家的能力范围。通货膨胀的泛滥使得日本军方买不起武器。资源的管理不善并不是日本战败的原因，因为日本的战争工事已经因工业基础的薄弱而难以追上对手了。然而，日本经济的无组织状态加速了日本的战败。

就太平洋战争的实际战斗而言，同盟国的优势不仅仅是武器和军需品供应充足。在战略、行动和战术层面上制定有效的行动计划也十分重要。美国和英国曾在战争初期经历过许多战略挫折。日本对珍珠港、新加坡和菲律宾的袭击令西方国家大吃一惊。在1941年12月之前，同盟国的政治领导人及其国防官员判断，日本不可能冒险发动战争。事实上，日本于1942年年初占领了东南亚和西太平洋地区，这出乎美国及其盟友的意料。然而，美国能很快从最初的失败中恢复过来，很大程度上是因为它为各种危机事件制定了计划。美国国防计划制定人将日本视为潜在的对手，并且小心谨慎地制定了与日本发生冲突的情形下的战略。海军计划制定人意识到，削弱日本部队的最有效途径是控制太平洋上尽可能广阔的区域，这样就能限制日本部队的行动，最终攻向日本本土。美国海军的武器制造，如飞机、水上舰队和潜艇，以及指导部队在战斗中使用这些武器的原则，都用来帮助美国在长期的战斗中击败日本军队。尽管美国陆军和陆军航空队更关注的是战胜纳粹德国的可能性，然而日本一宣战，这些人员很快就采纳了海军的战略思路。尽管英国因欧洲战场而无法在远东战场部署足够的兵力，但是英国的战略同样也是在实际计算其行动的基础上制定的，这些行动是实现战争目标所必需的。伦敦的参谋部长以及印缅战场的司令部慢慢地增强了用于对抗日本的兵力，这样他们就能提高作战能力，夺回英国在东南亚的殖民地。

1943年年初，随着日本在中途岛海战和所罗门群岛海战中失败，其防御力量被削弱，并且同盟国在各个战场都扭转了战争局势，美国和英国的战略变得更加协调。美国总统罗斯福和英国首相丘吉尔曾颁布命令称，他们的终极目标是让敌人无条件投降并且完全摧毁其再次发动战争的能力。因此，国防计划制定人有着明确的奋斗目标，并且能够制定出具体的军事行动计划。美国的参谋长联席会议命令海军和陆军部队从西太平洋的边远地区开始反击，这样他们就能为进攻日本本土建立基地。各个军种间就从哪里向日本本土推进产生了分歧，海军想要直插太平洋中部，而陆军则希望在新几内亚和菲律宾实施跳岛战术。与此同时，美国陆军航空队则打算在中国建设基地。然而，这些分歧最终都被解决了，因为陆军和航空队承认海军直插太平洋中部的战略是通向日本帝国腹地的最直接路径。美国的战争计划最终被英国接受。丘吉尔曾准备发起行动以恢复英国在马来亚—苏门答腊地区的统治，然而之后他也接受了其军事顾问的观点，即此举既耗时又耗力、也无法给敌军带来重大的影响。英国的国防计划制定人也认识到，如果英国想要振兴帝国事业，就必须以支持美国的战略来获取美国的同意。与此同时，英国还意识到，想要维持在亚洲的影响力，英国就必须独立夺回被占领的地区。基于以上原因，英国决定在日本防御相对较弱的缅甸发起行动。

就战场层面而言，同盟国为了以高效的方式实现目标，为了让武装部队利用数量优势而制定了相关的行动计划。最首要的原则是在不导致过度伤亡的情况下尽快战胜日本。美国的高级指挥官——如海军上将尼米兹——认为，他们无法发动大规模对日反攻，除非盟军能在一连串的持久战中部署足够的兵力来战胜日本。1942年年末夺回所罗门群岛是为了阻止日本占领瓜达尔卡纳尔岛，防止日本威胁到跨太平洋补给线。同样，麦克阿瑟将军下令向日本陆军在新几内亚的据点进军，其目的是阻止日本在同盟国驻澳大利亚前线基地的范围内建立基地。同盟国部队在驱逐日本部队的最初阶段所遭遇的困难提醒了战场指挥官，他们需要部署足够的船舶、飞机和军备来削弱敌军的抵抗能力。在辽阔的太平洋海域上建立起后勤网络也同样重要，这样一来，战场上的部队就能得到充足的补给。

1943年之后，美国能向太平洋战场分配更多的资源，这多亏了美国高速发展的工业生产能力，此时美国军事指挥官试图利用日本的缺陷，加快其战争工事的崩塌。美国海军增强了潜艇舰队对日本补给线的攻击，其目的是阻止日本陆军增援边远地区的驻地，而且更重要的是阻止日本从其征服的领土获得原材料供应。美国也仍小心翼翼地避免与日本陷入苦战。麦克阿瑟建议从新几内亚地区发起跳岛战术并最终在菲律宾建立基地，而尼米兹指出，在碰到日本固若金汤的据点时，美军部队的陆路推进将十分缓慢。太平洋中部是更利于作战的地区，因为这里有广阔的水域，只是零散地分布了少数日本岛屿据点，因此美国可以充分发挥其海军和航空力量的优势。该地区也是进军日本本土的直接途径。经过了数个月无休止的争论，麦克阿瑟作出让步，决定以尼米兹从太平洋中部推进的战略为主，新几内亚行动则用来牵制日本部队，持续对日本施压。这两个战略都准备在菲律宾—中国台湾地区集结，美国及其盟友计划从该地区向日本本土发起最后的进攻。

盟军的行动计划还具有很强的灵活性，这样他们就能应对一系列偶然因素。在入侵吉尔伯特/马绍尔群岛时，盟军的海军部队遭到了重大的伤亡，尼米兹决定减少准备占领的据点数量。原计划是夺回夏威夷和西太平洋之间的所有岛屿，其中包括加罗林群岛，但是海军上将尼米兹决定直接向马里亚纳群岛进军。剩下的据点，如日本海军在特鲁克岛的主要基地，将会以轰炸而非占领的方式来进行压制。此举是建立起能够打击到日本本土的基地的最有效方法。美国陆军航空队也放弃了从中国向日本发起轰炸的计划，因为基地的建立面临着非常多的后勤困难。相比之下，停驻在马里亚纳群岛的 B-29 轰炸机中队能够很轻易地从夏威夷和美国大陆获得补给。美国计划制定人认识到他们没有足够的兵力夺取日本重兵防御的海外据点时，也放弃了占领台湾岛并以其为基地进攻日本本土的计划。美国转而选择占领那些防御薄弱或是规模更小的岛屿，如菲律宾群岛和冲绳岛。不论在什么样的情况下，其终极目标是利用美国部队强大的火力。行动的方向也是利用日本战争机器的薄弱之处，同时避免与敌军防御强大的据点作战。

英国制定其在东南亚地区的行动计划时也十分审慎。1942 年冬至 1943 年春英国未能突破日本在缅甸边境的防线，这一直提醒着英国，与严防死守的敌人作战时，足够数量的部队以及运行良好的后勤部门十分重要。斯利姆将军在接管新成立的第 14 集团军时，为了确保能够夺回缅甸，一直都在努力为其部队争取足够的装备和军需品。印度东部地区的道路网也被改善了，以便前线部队能够获得所需的补给。1944 年春，牟田口廉也向英国严防死守的英帕尔和科希马发起进攻，斯利姆的部队准备好了抵御敌人的进攻。英—印部队给日本造成了重大的人员伤亡，削弱了日本陆军的防御力量，而且斯利姆还打算利用战局向缅甸发起大规模进攻。同时，东南亚总司令蒙巴顿勋爵曾反复要求解放马来亚—苏门答腊地区,但是他也认为他的计划不可行,因为日本据点的防御固若金汤,而英国的海军部队并不足以支撑起这种两栖行动。集中对付缅甸的话,英国就更有可能消灭日本帝国在南部地区的部队。

同盟国在制定战略和行动计划时的谨慎与日本不经冷静判断就采取行动的行为形成了鲜明的对比。日本海军和陆军的战败生动形象地告诉我们,若军事组织无法准确评估其面对的形势,那么常常会以战败告终。1941年秋,日本领导人最终决定向美国和西方国家宣战,当时他们制定的战争计划就忽视了日本的基本问题,即它不可能在一场胜败由一国产能决定的全面战争中获胜。日本最高司令部寄希望于进行一场有限的战斗,这场战斗的目标是征服东南亚的大部分地区,并将太平洋上重要的岛屿基地囊括进来建立起外围防线。随后,要是同盟国部队试图攻破这条防线,日本部队就会给同盟国部队造成重大伤亡。日本并没有想过占领敌国的本土来迫使其投降,例如占领美国大陆或不列颠群岛。相反,日本希望看到的是,同盟国部队因反攻受阻而失去继续战斗的意愿,最后提出和平协商,承认日本在亚洲的主导地位。日本从来没有考虑过,美国及其盟国也许会将经济力量调动起来建造一支更加优越的部队,并且将继续战斗直至日本投降。即使是在1943年至1944年之后,当时同盟国部队的反攻力量已经开始向着日本防线上的关键据点渗透,包括新几内亚、马里亚纳群岛和缅甸,而且英美两国一直都在重复要求日本无条件投降,但日本的军事高层领导仍对达成妥协的和平协议信心满满。因此,日本战争工事的主要障碍是资源的短缺,但是日本领导人因其军事思想中的缺陷而采取了注定要失败的计划。

就战术层面而言,西方国家十分了解它们要应对的问题,以及克服这些问题的途径,然而日本在这方面则了解得更少。对英美两国的武装部队来说,首要的方针是利用他们手上充足的先进武器供应。同盟国在战争初期所遭遇的失败,以及在1942年下半年初步反攻时所遇到的困难,证明了日本海军和陆军有能力给同盟国造成巨大的损耗。战场上的指挥官承认他们必须要大力提升武器的质量以及战斗人员的训练标准。美国在海陆空各方面的战斗能力都超过了日本。美国海军的作战方针强调要大范围使用现代新技术——如舰载飞机和雷达制导射击——来摧毁敌军的舰队,控制广阔的太平洋。美国陆军航空队发明了可以执行多种任务的飞机和技术,这些任务包括摧毁敌军的航空力量、为地面部队提供近距离援助,以及对敌军的经济设施进行战略轰炸。在地面战斗上,美国陆军和海军陆战队决定采取联合行动,将日本赶出据点。他们用重型军备——如坦克和重火炮——来削弱敌军的防御,然后派出步兵单位实施最后的突进,并消灭敌军部队。英国并没有建立一支规模大到足以与日本进行大规模作战的海军部队,因此,英国海军无法拥有与美军一样的作战效能。然而,英国部队和澳大利亚部队与美国一样成功改进了其战术方针,更适合用来与日本陆军作战。就战争的战术和行动方面而言,同盟国在战术层面的成功并不仅是因为它们能使用更加强大的火力。智力因素在影响战争结果中起着重要的作用,这些因素包括根据敌人提出的挑战调整作战程序的能力以及理解战胜一个强大对手所需要采取的措施的能力。

另一方面,日本武装部队的作战能力之所以衰退不仅仅是因为武器的缺乏。军事部门具有许多根深蒂固的传统,如低估敌军质量的倾向,以及拒绝承认日本海军和陆军的缺陷,这些传统使得日本指挥官在进行改革时总是会遇到重重障碍。日本海军和陆军追求的战术方针是凭借战术技巧来规避数量上的劣势。此举从长远来看不可能让日本取得战争的胜利,而且日本失败的主要原因之一是忽视了作好与装备精良的敌人作战的准备的必要性。直到战争爆发,日本海军都没有努力研发先进的技术,如雷达和搜索设备。航空部队使用的飞机虽然速度很快,机动性能很好,但是缺乏抵挡攻击的装甲和军备。日本飞行员技巧高超,但是数量很少,无法承受这些飞行员的伤亡。日本陆军认为步兵部队的勇敢和献身精神定能带来胜利,因此也没有尝试去改进使用重型武器的方式。1943年日本被迫防御之后，他们才开始意识到敌人的装备更加精良、战术更加高超，而日本的武装部队对于如何提高其作战能力仍感到茫然不知所措。战争结束阶段，日本海军和陆军只能进行自杀式进攻，希望以最后一搏给入侵的同盟国部队造成尽可能大的伤害。日本海军和陆军的战术缺陷很大程度上是因为日本工业基地有限，这给日本制造大量现代武器带来了巨大的障碍。在最后的分析中，日本战败很大程度上是因为他们并没有准备好进行持久的消耗战。

本书除了详细阐述战争双方的优势和劣势，以及解释同盟国胜利的原因之外，还尝试解决一个紧迫的问题，即种族因素是如何左右太平洋战场上的行为的。由于日本与西方国家之间存在巨大的种族差异，研究太平洋战争的学者发现绝对无法忽视种族与文化上的问题。事实上，种族偏见确实影响了交战各国对对方的看法，而这种看法反过来也给他们如何作战带来了深远的影响。日本人具有仇视外国人的观念，这种观念认为英国和美国是帝国主义国家，它们想要阻挠日本帝国的雄心。日本统治精英用来向美国及其盟友宣战的正当理由之一是反抗西方殖民主义，将亚洲人民从剥削中解放出来。日本还认为他们是更加优越的种族，他们有着神圣的权力与责任在远东地区占据统治地位。日本陆军在征服的领土上对当地人民犯下的战争罪行，以及将盟军的囚犯用作奴隶劳工等，很大程度上源自日本想要征服敌人的渴望。日本人坚定地认为他们注定要统治亚洲，并将西方国家赶出这片区域，这种信念也阻止了日本部队中的普通士兵认识到要战胜同盟国所要面对的问题。

对美国及其盟友来说，对日战争同样受到了种族因素的影响。1942年年初，西方国家对东南亚地区的控制被日本瓦解，这让它们产生了一种既恐惧又耻辱的感觉。日本人被看作是十分凶恶的敌人，他们身具令人胆战的战斗能力，而且还野心勃勃地想要征服世界。同盟国部队被灌输要将他们的对手视为必须消灭的敌人的思想。日本士兵死战到底,同时还对进攻的西方部队发起自杀式袭击的作风,再加上同盟国战俘被施以暴行的消息,更加深了盟军对日军的仇恨,他们认为日本人没有一丝人性可言。面对这种敌人,只有将他们杀干净才能打败他们。因此,种族仇恨为太平洋战场上的惨烈奠定了基础,如此惨烈的程度在"二战"的其他战场上并不多见。

然而,前面的章节也已经证实了种族主义者的观点并没有对西方国家的战事决策产生重大影响。政治领导人以及军方决策人最初且最首要的动机是出于现实的考虑,即希望尽快战胜敌人,同时将伤亡降到最低。随着战争的进行,认为日本人落后、残忍且不可理喻的原始观念渐渐地被一种更复杂的情感所取代,同盟国士兵承认日本人自身的独特品质造就了他们的战斗能力。其中最引人注目的特质是高度的献身精神,日本海军和陆军可以凭借这种显著的特征在战斗中使用大胆的战术。同时,由于日本的文化强调循规蹈矩,因此日本人极度缺乏创新精神而难以设计出新的作战方式。日本帝国部队的战斗人员也与西方士兵具有某些相同的特质。士兵们在遭遇战败后会士气低落,这一特质证明日本人的战斗能力也是有不足之处的。对日本部队优缺点的进一步了解,反过来可以说是同盟国的一大优势。日本对西方的认识一直到战争结束阶段仍十分缺乏远见,然而西方国家利用它们对日本的认识来促进战争。同盟国作出判断的基础是实用主义而非种族主义,因此它们设计出了一种战胜敌人的有效方法。

研究战争和国际关系的历史学家对太平洋战争仍十分感兴趣,因为这场战争规模浩大,囊括了许多方面的内容,从战略和行动到战术制定和武器技术,到调动国家经济和公民,到为战胜共同的敌人而与盟友建立政治关系。同样重要的是,这场战争是一场分水岭式的战争,为持续至今的东亚秩序奠定了基础。其中最大的转变是,欧洲殖民帝国的瓦解以及主权国家的诞生,其中很多国家都成了重要的区域性大国。日本在1942年初期成功将同盟国赶出东南亚,这让人们对欧洲列强维持统治的能力失去了信任。尽管日本号称要建立的"大东亚共荣圈"最终证实只是一句口号,但是东南亚的本地居民发现了一条更加可靠的走向独立的道路。战争结束之后,民族独立主义的党派进化到了高级阶段,这多亏两大事件,其一是日本在其征服地区宣扬反西方国家的情绪。其二是亚洲人民在反抗日本统治的过程中形成了统一的组织,便于宣传独立的理念。许多战后新成立国家的领导人——如印尼总统苏加诺(Sukarno)和越南主席胡志明(Ho Chi Minh)——要么是通过掌控日本人设立的民族党派而上任,要么是带头反抗日本才上台的。英国、法国与荷兰试图在日本投降之后重新建立殖民统治,但民众并没有热情地欢迎它们。不到10年时间,几乎所有的前殖民地,如马来亚、印度支那和东印度群岛等,都相继独立了。

　　日本帝国的灭亡也促使战后的政府与社会以避免发生军事冲突来保护自己的国家利益,因此虽然日本的经济实力已经达到了世界强国的地步,但是它仍被禁止发挥出强国的作用。日本的战后宪法在麦克阿瑟的盟军最高司令官总司令部的帮助下起草完成,该宪法禁止日本参与武装冲突。尽管冷战期间,苏联的威胁越来越大,且共产主义在亚洲广泛传播,日本宪法进行了微小的修改,允许日本建立国土自卫队,但是在主岛及毗邻水域之外部署军事部队的行为仍是被禁止的。日本政府与绝大多数的日本人民全心全意地遵守和平主义的理念,以至于冷战期间美国削减了海外部队数量,强迫其盟友为自己的国防承担更大的职责时,日本仍不愿增加兵力。战后日本第一任首相吉田茂(Yoshida Shigeru)支持的方针是,依靠美国保护日本免受外部威胁的同时,集中力量发展经济并且将国防开支降到最低,而这一方针一直以来都是日本外交政策的基础。日本政府现在正想办法在国际政治中扮演更加积极的角色。毕竟,日本是世界上最富有的国家组织G-8的正式成员,它有潜力在亚太地区和国际舞台上成为领军强国。"9·11"事件之后以及美国随后提出的"反恐战争",一系列立法让日本自卫队有了更加积极的非战争角色,日本部队从1945年以来首次被派往外国战区——如阿富汗和伊拉克。这些立法让人们对日本政府是否继续遵守该国宪法第九条表示强烈的怀疑，该条款规定日本没有权利参与外国冲突。虽然日本的主要政党费尽心思想要修改宪法，但是日本民众反对这种做法，因为他们害怕军国主义会因此复苏。然而，更加严重的障碍是亚洲地区的日本邻国对于它们以前敌人的复兴感到不安。这种情况十分复杂，因为东亚目前是世界上最不稳定的地区之一。虽然日本必然有能力发展出为亚洲带来安全的军事部队，但是对该地区的大部分国家来说，它们更加担心日本的军国主义，害怕"二战"期间日本统治时期所带来的剥削和破坏会再度重演。因此，太平洋战争的遗产充当着远东地区国家解决当前紧急的安全问题的一大阻碍。正因为如此，太平洋战争不仅仅是一个历史兴趣的问题，同时也与任何当前国防关系的研究直接相关。

出版后记

1945年8月，裕仁天皇通过广播发表了《停战诏书》，稍晚日本宣告无条件投降，第二次世界大战以同盟国的全面胜利而告终。太平洋战场虽然一直被认为是"二战"的第二战场，但是其作用不容小觑，正是太平洋地区人民的不屈反抗使得轴心国之一的日本最终投降。

战争总是充满疑问，尤其是像太平洋战争这样一场多国参与的大型战争。日本在1942年年初能迅速占领东南亚和西太平洋海域的原因是什么？太平洋战争中的重大战役有哪些？主要参战国在军事、政治、经济等方面具有什么特征？日本最终无条件投降的原因是什么？本书正是一本解答这些疑问的入门式书籍。与大多数美国作家的著述不同，作者同等考量了所有参战国发挥的作用，整合了有关日本行动的研究，并引用了大量最近从英国和美国档案馆解密的档案。

本书共15章，分析了20世纪30年代促使日本在亚洲大陆对外扩张的因素，以及西方列强对于危机日渐加剧的反应，探究了日本在战争初期迅速占领东南亚和西太平洋海域的原因。随后，作者将焦点放在1943年至1945年战局的军事、政治、经济和外交特征上，在此期间，盟军部队逐步将日本从其占领的地区驱逐出去，并建立将日本本土纳入打击范围的军事基地。作者还特别探讨了向日本本土投放两颗原子弹这一行为的原因与后果。

在即将迎来"二战"胜利70周年之际，我们希望通过本书，带读者重新审视那段惨烈岁月，以史为鉴，珍惜当下。

服务热线：133-6631-2326　188-1142-1266
服务邮箱：reader@hinabook.com

后浪出版公司
2014年9月

图书在版编目（CIP）数据

太平洋战争 /（英）福特著；刘建波译 . -- 北京：北京联合出版公司，2014.10
（2024.6 重印）
ISBN 978-7-5502-3635-6

Ⅰ . ①太… Ⅱ . ①福… ②刘… Ⅲ . ①太平洋战争—史料 Ⅳ . ① E195.2

中国版本图书馆 CIP 数据核字（2014）第 214700 号

THE PACIFIC WAR:CLASH OF EMPIRES IN WORLD WAR II
by DOUGLAS FORD
Copyright： © 2012 BY DOUGLAS FORD
This edition arranged with CONTINUUM INTERNATIONAL PUBLISHING GROUP LTD through Big Apple Agency，Inc.，Labuan，Malaysia.
Simplified Chinese edition copyright：2013 POST WAVE PUBLISHING CONSULTING（Beijing）Ltd.
All rights reserved.
本书简体中文版由 Continuum 授权后浪出版咨询（北京）有限责任公司出版。

太平洋战争

著　　者：［英］道格拉斯·福特
译　　者：刘建波
出 品 人：赵红仕
选题策划：后浪出版公司
出版统筹：吴兴元
特约编辑：闻　静
责任编辑：张　萌
封面设计：周伟伟
版面设计：张宝英
营销推广：ONEBOOK
装帧制造：墨白空间

北京联合出版公司出版
（北京市西城区德外大街 83 号楼 9 层　100088）
嘉业印刷（天津）有限公司　新华书店经销
字数 261 千字　690 毫米 × 960 毫米　1/16　19.5 印张　插页 3
2014 年 11 月第 1 版　2024 年 6 月第 8 次印刷
ISBN 978-7-5502-3635-6
定价：42.00 元

后浪出版咨询（北京）有限责任公司　版权所有，侵权必究
投诉信箱：editor@hinabook.com　fawu@hinabook.com
未经书面许可，不得以任何方式转载、复制、翻印本书部分或全部内容。
本书若有印、装质量问题，请与本公司联系调换，电话 010-64072833

清日战争
（甲午纪念版）

著　者：宗泽亚
书　号：978-7-5502-2911-2
出版时间：2014.06
定　价：68.00 元

以日本视角最完整还原亚洲两强较量的战争图景

中文简体版完整呈现　相较于中文繁体版一字未删

甲午战争老大帝国败于蕞尔小国　唤醒中国四千年之大梦

凤凰卫视、《新京报》《第一财经周刊》《羊城晚报》《深圳晚报》《新民周刊》《南国都市报》《信息时报》《看历史》《炎黄地理》、凤凰网、人民网、搜狐网、腾讯网　联合推荐

　　这本书也许也不可能得到很多读者的认同，但是我想谁都没有办法否定，作者在写作这本书的时候的孤诣苦心，他搜集了那么多资料，他对于这场战争的来龙去脉，对这场战争很多具体的方面，所做的研究和探索，我看在中国的历史学家里面，没人能够做得到，至少中国的历史学家好像还没有人能够到日本去做这样的史料搜证。

—— 香港凤凰卫视《开卷八分钟》

明治维新的国度

著　者：宗泽亚
书　号：978-7-5502-3387-4
出版时间：2014.10
定　价：78.00 元

旅日学者宗泽亚又一力作，《清日战争》姊妹篇

图解明治维新世代，给徘徊在"十字路口"的中国振聋发聩的视觉和思想冲击

　　◎明治维新的日本，经甲午海战将垂垂老矣的大清帝国打翻在地，日俄战争对马一战，完成了跻身近代列强的"成人礼"。隔海相望，彼时同光中兴的清国，注定不能实现近代化"蜕变"，反被弹丸小国日本逼至崩溃边缘。

　　◎全盘西化，誓言"求知识于世界"；出动"半个明治政府"赴欧美考察；高杉晋作、伊藤博文、大久保利通、木户孝允、岩仓具视、西乡隆盛等群杰涌现，锐意改革；确立国民国家观，普及教育，国民识字率达85%……明治维新的日本，"脱亚入欧"，一跃成为亚洲第一强国。